들꽃 기행(紀行) II

이상열(李相烈)

북트리

들꽃 기행(紀行) Ⅱ

이상열(李相烈)

북트리

목차

들어가는 말　　　　　　　　　　　　　　　8

Ⅰ. 봉화 닭실마을 들꽃 기행

　1. 닭실 마을(달실 마을)　　　　　　　　14
　2. 낙동강을 살리는 내성천(乃城川)　　　18
　3. 석천정의 적송 숲 이야기　　　　　　21
　4. 청암정과 밤나무 꽃 이야기　　　　　40
　5. 닭실마을 엉겅퀴 보랏빛 꽃향기　　　51

Ⅱ. 포항 오천읍 오어사 들꽃 기행

　1. 영일, 해를 맞이하라!　　　　　　　56
　2. 마타리 그리고 오이풀　　　　　　　63
　3. 보리수　　　　　　　　　　　　　　70
　4. 원효암의 물푸레나무꽃과 부처손　　72

Ⅲ. 영양 두들마을 들꽃 기행

　1. 두들마을의 역사　　　　　　　　　77
　2. 감나무 꽃　　　　　　　　　　　　80
　3. 살구나무 꽃　　　　　　　　　　　89

Ⅳ. 순천 송광사와 선암사 들꽃 기행

1. 순천 송광사 들꽃 기행   95
  1) 산수유꽃   98
  2) 산당화(명자무꽃)   100
2. 선암사   103
  1) 조계산 들꽃   103
  2) 선암사 들꽃   110

Ⅴ. 울산 태화강 십리대밭 길

1. 산업화 달성과 환경오염 극복을
   둘 다 이룬 한국인의 저력   120
2. 십리대밭   124
3. 선바위와 금은화   133

Ⅵ. 서울 청계천 들꽃 기행

1. 청계천 생태 기행   138
2. 서울 중심 하천 청계천(淸溪川)   146
3. 수질 개선에는 역시 버드나무   149
4. 이팝나무와 조팝나무   155
  1) 이팝나무 꽃길   155
  2) 조팝나무 꽃   163

VII. 영주 무섬마을

1. 영주의 물돌이동 무섬마을   172
2. 울 밑에 선 봉선화(鳳仙花)   177
3. 코스모스의 추억   183
4. 접시꽃 당신   191

VIII. 산청 구형왕릉 들꽃 기행

1. 산청(山淸)의 구형왕릉(仇衡王陵)   197
2. 무릇   202
3. 때죽나무 꽃길   210

IX. 천년 신라의 궁터 반월성(半月城)에서

1. 석탈해가 알아본 반월성   216
2. 수크령(스크렁)과 그령   225
3. 신(新) 전설의 고향   235
4. 며느리가 미워서? 며느리가 좋아서?   239
5. 닭의장풀(닭의밑씻개)   248
6. 반월성 뒤를 흐르는 남천   252

X. 건천의 금척 고분군(金尺 古墳群) 들꽃 기행

1. 금척(金尺)   257
2. 쑥부쟁이와 개쑥부쟁이   260
3. 들국화 순정   262

XI. 부산 해운대 들꽃 기행

1. 동백섬의 동백꽃   275
2. 인어상 가는 길의 사스레피나무꽃   280
3. 청사포 젖꼭지 나무   283

XII. 이차돈의 전설을 따라 백률사(栢栗寺) 가는 길

1. 백률사(栢栗寺) 전설(傳說)   289
2. 오동나무 꽃   294
3. 굴참나무 숲을 지나 대나무 숲으로   299

✽ 들어가는 말

누구에게나 여행을 떠난다는 것은 즐거운 것이다. 가는 곳이 어디이든지 간에 그냥 즐거운 것이 여행이다. 일상생활 속에서 지칠 대로 지쳐버린 우리들의 영혼을 위무하고 삶의 디테일에 시달려 너덜너덜하게 헤진 우리들의 가슴을 잠시나마 느긋한 편안함과 일탈에 푹 잠기게 하고 싶은 소망을 누구나 가지고 있기에 여행은 늘 즐거운 것이 된다.

사람마다 약간씩의 차이는 있겠지만, 여행을 싫어하는 사람은 찾아보기 힘들고, 웰빙을 최우선으로 추구하는 현대인들에게 삶의 중요한 활력소가 된다. 여기서 여행이라고 하는 것은 가까운 이웃 마을로 가볍게 찾아가는 '마실 가기'도 좋고 좀 더 멀리 이웃 도시로 가는 긴 여행도 좋다. 그리고 먼 다른 나라를 찾아 떠나는 여행도 좋다. 여하튼 익숙하지 않은 낯설고 익명성이 통하는 곳이면 더욱 좋다. 떠도는 섬처럼 전혀 소속되지 않은 채로 완전한 열외자로 잠시 머물고 올 수만 있다면 족할 뿐이다.

새로운 문물에 대한 호기심을 채워주고 싶은 일차적인 욕구 충족이 여행의 씨앗이라면 이제 버킷리스트 여행지가 유행하는 시절에 살고 있는 우리는 기존의 여행 틀에서 조금 더 벗어나서 자기 삶을 관조하면서 되돌아볼 수 있는 여행을 선호하는 패턴으로 옮겨 가는 중이다. 이것은 당연히 큰 변화의 열매를 맺고 있다고 볼 수 있다. 무슨 결실이냐고 묻는다면 필자는 이렇게 말하고 싶다. 형식을 중요시하는 여행에서

콘텐츠를 중요시하는 여행으로, 많이 보려고 하는 여행에서 많이 쉴 수 있는 여행으로, 사진 찍는 여행에서 마음에 간직하려는 여행으로, 외형적 관찰 여행에서 내면적 관찰 여행으로, 단체여행에서 개별 여행으로, 도심지 관광 여행에서 변두리 오지 여행으로, 우월감 과시 여행에서 공정여행으로 변하고 있는 것은 분명 우리들의 의식이 그만큼 변화한 결실이라고 생각한다.

  그래서 요즘은 국내외를 막론하고 이름난 명소나 관광지가 우리나라 사람들로 붐비고 있다. 불과 얼마 전까지만 해도 못 본 것을 생전 처음으로 구경하고 많은 장소를 한꺼번에 눈으로 확인하려고 욕심을 부렸지만, 오늘날의 여행은 급격하게 변화의 물결을 타고 있다. 이제는 몸과 마음의 힐링을 위한 여행을 선호한다. 많은 것을 안 봐도 좋다. 유명한 관광지를 섭렵하지 않아도 좋다. 눈으로 느끼고 몸으로 느끼고 마음으로 느끼는 그 느낌이 중요한 시대가 되었다. 그래서 특별한 목적이나 필수 코스 뭐 이런 것들이 없어도 좋다. 편하게 가고 편하게 쉬다가 마음의 평안함을 얻어오면 족하다고 생각하는 형태로 여행의 모양새가 변하고 있다.
  그러한 새로운 풍조에 부응하여 삼림욕 여행, 농어촌 체험 여행, 슬로우 시티 여행, 바다낚시 투어, 온천관광, 로마 건축 기행, 로맨틱 가도 여행, 야생화 탐방 여행, 무인도 1박 여행, 맛을 찾아가는 맛 기행, 역사 현장 탐방, 종교 성지 순례 등과 같이 디테일한 주제로 여행은 자가 분열식 진화를 거듭하고 있다.

필자는 국내외를 가리지 않고 여행을 떠나면 꼭 그곳의 식생을 유심히 관찰하고 메모하는 버릇이 있다. 여행지의 식생을 관찰하는 것은 필자 나름대로 여행을 즐기는 방법이자 스스로 치유함을 통한 '즐거움 찾기'의 의미로 여기고 실천하고 있다. 꽃과 나무, 이끼와 버섯, 잡초들과 농작물, 과일과 야채 같은 다양한 식생에 대해 알아보고 조사하고 연구하는 것은 필자 나름으로 여행의 즐거움이다. 그런데 타지의 식생을 관찰하고 조사할 때는 꼭 그때그때 메모를 하고 사진을 찍어 둔다. 그렇지 않으면 귀하게 얻은 기회에서 얻은 모든 자료를 쉽게 잊어버리고 결국 빈손으로 돌아오기 때문이다.

특히 우리나라 곳곳을 여행하면서 그곳에 얽힌 전설, 민담, 역사, 문화, 풍속 등과 얽히고설킨 사람들의 삶과 함께하는 그 지역의 식생에 대한 탐구활동은 필자를 흥분시킬 정도로 동기유발(動機誘發) 시켜준다. 들꽃만 보고 나무와 풀만 보고 그들의 겉모습만 살펴본다고 충분하지 않다. 그곳 땅에 살아가는 각양각색의 사람들이 살아가는 모습이 함께 녹아 들어가야 진정한 '우리 꽃 우리 나무'와 대화를 나누는 들꽃 기행이 된다.

생활 속에서 흔하게 접할 수 있는 과일, 야채, 곡식, 나무, 잡초, 들꽃, 화초들이지만 막상 그 꽃과 열매, 잎과 줄기 그리고 뿌리에 대해서 별 관심 없이 살아왔다. 그래도 살아가는 데 아무런 지장이 없다. 그렇지만 우리가 자주 먹는 사과, 배, 복숭아, 매실, 감, 밤은 물론이고 각종 채소나 곡식의 꽃을 몸을 낮춰 살펴보고 대화를 해보면 몰랐던 즐거움 하나를 더 얻을 수 있다. 더군다나 자라나는 우리 아이들의 공감 능력과 감성 지수를 더욱 풍성하게 해줄 것임을 필자는 확신한다. 들꽃이, 과일나무의 꽃들이, 잡초꽃들이 들려주는 이야기는 무궁무진(無窮無盡)하다. 다만 우리가 그동안 무관심하여서 그들이 가만히 침묵하고 있었을 뿐, 이제 우리가 찾아가서 몸을 낮추어 귀를 기울이면 수많은 이야기보따리를 하나씩 풀어서 들려 줄 것이다. 우리는 입을 닫고 그냥 듣기만 하면 족할 것이다.

이제 필자와 함께 그 두 번째 들꽃 기행을 떠나보자. 들꽃들이 들려주는 이야기를 들어 볼 차례다. 이 글을 읽을 독자들의 '들꽃과의 대화'를 학수고대(鶴首苦待)하면서 이 책을 세상에 내어놓는다.

2025. 04. 07

I.
봉화 닭실마을 들꽃 기행

평소에 텔레비전을 즐겨 보지는 않지만, 필자가 기회가 되면 가능한 한 챙겨서 보는 몇 가지 프로그램이 있다. 요즘 들어서 다소 기호가 바뀌긴 했지만 대체로 이렇다. 개인적으로 제일 자주 보는 프로그램이 주로 여행 프로그램, 자연 다큐멘터리, 전통문화 및 역사 탐방 프로그램 정도이다.

'나는 자연인이다.'라는 모 종편 방송국의 프로그램이 요즘 전국적인 인기를 한창 더해가고 있다. 전국 각지의 첩첩 산골을 어떻게 잘도 찾아내어 그 깊은 산속에 홀로 살아가는 정말 '자연인' 분들의 삶 속으로 출연자가 직접 찾아 들어가서 체험하면서 2~3일 정도 함께 생활하는 과정을 다큐멘터리식으로 보여주는 프로그램이다.

도시 생활에 지친 현대인들에게 신선한 충격을 주면서 많은 사랑을 받고 있다. 상황이 이러하다 보니 타 방송국에서도 이 프로그램과 비슷한 형식의 프로그램을 만들어 경쟁하듯이 방영하고 있다. 특히 중장년층들과 노년층들의 아련한 향수를 불러일으키고 또 젊은이들에게는 말로 표현하기 힘들지만 뭔가 모를 마음속 이끌림 현상을 일으켜 자꾸만 보고 싶은 마음이 생기게 하는 묘한 매력을 가진 프로그램이다.

이 프로그램이 자주 촬영되는 장소들 가운데 인기 있는 단골 출연 장소가 바로 경북 봉화 지역이다. 태백산맥과 소백산맥 등 수많은 산들로 둘러싸인 봉화 지역이라 그만큼 깨끗한 환경이 잘 보존된 자연 때문일 것이라고 생각이 든다. 그래서 봉화라고 하면 제일 먼저 떠오르는 이미지가 청정지역, 송이버섯, 닭실마을, 춘향목 등등이다. 특히 옛날 궁궐을 지을 때나 사용했던 춘향목은 전국 최고 품질의 목재로 이름이 높고 송이버섯 또한 향이 그윽하고 맛도 최고인 것으로 알려져 있다.

이렇게 맑고 청정한 이미지를 가진 봉화의 여러 명소 가운데서도 필자가 즐겨 찾고 꼭 추천해 주고 싶은 곳이 있다. 그곳은 바로 안동권씨 집성촌인 닭실마을이다. 현지 어른들의 발음으로는 '달실마을'이라고 부르기도 한다. 이곳 닭실마을을 중심으로 주위 금계포란형 마을 곳곳에는 전통가옥의 풍경과 함께 다양한 우리 들꽃들이 비교적 잘 보존되어 있고 해마다 꾸준하게 아름다운 꽃을 피우고 씨를 맺어 수많은 이야기를 만들어내고 있다. 우리나라 들꽃들이 대체로 그렇듯이 별로 화려하지도 별로 크지도 않은 아담하고 앙증맞은 모습으로 늘 들과 산을 지켜오고 있다. 이제 봉화 지역의 들꽃이 들려주는 이야기에 귀를 기울여, 그래서 향긋한 이야기를 들어 보러 함께 떠나보자.

❋ 1. 닭실 마을(달실 마을)

　오늘날 처음으로 이곳을 찾아오는 외지인들은 옛 양반들이 참으로 희한한 취향을 가졌음에 틀림이 없다고 여길지도 모르겠다. 왜냐하면 첩첩산중 골짜기 속에 있는 이 장소를 어떻게 알고 찾아왔으며, 왜 하필이면 이렇게 길도 험하고 외진 곳으로 찾아들어 양반촌을 만들었을까 의구심마저 들지도 모르겠다.
　하기야 경상북도 하고도 가장 북쪽에 위치하여 강원도와 거의 비슷한 기후와 지형 지세를 가지고 있을 뿐만 아니라 생활권이 겹치기까지 한 이곳을 택한 선인들의 특이한 취향을 의구심 가득 찬 눈으로 볼 수도 있을 것이다.

그러나 자세히 이곳을 살펴본 수많은 전문가의 의견을 종합해 보면 이곳은 삼한(三韓) 제일의 복지 중 하나라고 입을 모은다고 한다. 마치 황금 닭이 알을 품고 있는 '금계포란형(金鷄抱卵形)'이라고 하니 얼마나 후손들에게 복된 땅이겠는가 싶다. 지세가 뛰어난 삼남 최고의 명당이라고 일찍이 이중환이 택리지에서 말했다. 경주 양동마을, 안동 내앞마을, 풍산 하회마을과 더불어 삼남의 4대 길지로 널리 알려진 곳이니 풍수에 문외한인 필자로서는 그냥 그러한가 보다 할 정도이지만 분명히 첫눈에 보아도 좋은 터인 것만은 확실하다.

닭실마을

경상북도 봉화군 봉화읍 유곡리에 위치한 닭실마을은 전형적인 양반촌으로 안동권씨들의 집성촌으로 형성되고 유지되어 오고 있다. 조선 초기 충재 권벌(1478~1548)이라는 사람이 입향조(入鄕祖)로 이곳에 터를 잡은 뒤 면면히 그 세를 유지해 오고 있다.

닭실마을 종택

그는 안동 출신으로 조선 중종 때 우찬성이라는 벼슬을 지냈으며 낙향하여 이곳에 터를 잡고 살면서 자연스럽게 그의 후손들이 집성촌을 이루고 아직도 살고 있다.

'남녀상열지사', '정도전' 등 영화나 드라마 촬영지로도 유명하다. 옥적봉과 남산 두 날개를 달고 백설령이라는 꼬리를 달고 있는 닭이 황금알 즉 마을을 품고 있는 형상이라고 하여 풍수지리적인 용어로 금계포란형이라고 한다. 물론 일제강점기 동안 이 마을 사이에 기찻길이 천연자원 약탈 루트로 사용하기 위해 주민들의 반대에도 불구하고 들어오면서 약간은 훼손되었지만 그래도 지금도 옛날의 풍광을 대체로 유지하고 있다.

현재 닭실의 본 마을에는 충재 종가 고택, 청암정을 비롯하여 그 친척들이 한 마을을 이루고 있으며 그 인근으로 분파되어 나간 종친들이 근동을 이루고 산다. 도깨비를 쫓아버리는 뜻을 지닌 '청하동천'이라는 멋진 필체의 글자가 새겨진 바위, 우람한 적송이 잘 보존되어 있고 사시사철 물이 맑은 석천계곡, 선비들의 글 읽는 소리가 당장이라도 들려올 것 같은 석천정사를 둘러보고 이곳과 어우러져 철마다 피고 지는 들꽃들과 함께 이야기를 나눠보고자 한다.

마을 양옆으로 두 개의 하천이 마을을 에워싸고 있다. 우로는 동막천이 좌로는 내성천 상류가 흐르고 있으며 두 물줄기는 마을 들녘의 끝에서 합쳐져서 석천계곡을 거쳐 내성천 본류로 흘러 들어간다. 그리고 마을과 두 하천 사이에는 제법 널쩍한 논들이 펼쳐져 있고 양 하천에는 일 년 내내 맑은 물이 끊임없이 흘러내린다. 주위의 높은 산세 덕이다. 하여 이 마을은 빼어난 지세와 풍광만큼이나 인물들이 많이 배출되었다. 그리고 오늘날에도 여전히 수많은 인물이 출중한 활동을 보여주고 있다.

오늘날의 닭실마을은 우리나라 농촌의 대부분 마을처럼 젊은 사람들이 도시로 떠나버리고 대부분 주민은 안동권씨 성을 가진 노인들이나 그 배우자들로 한적한 집성촌 마을로 남아 있다. 그래서 여느 농촌처럼 활기가 넘치는 마을은 아니지만, 원래부터 품고 있는 고즈넉한 품위와 편안함을 주는 여유로운 마을로 남아 아직도 옛 정취와 고향 같은 넉넉함을 전해주고 있다.

이 마을은 물론 봉화군청 차원에서 혹은 경북도청 차원에서 많은 지원을 받아 그런지 전통 한옥마을로서 잘 가꾸어져 있다. 그래서 대부분 집은 전통 기와가 얹혀있는 지붕을 하고 있고, 고풍스러운 흙 돌담으로 둘러쳐진 형태를 유지하고 있다.

충재 종가를 비롯하여 그 친족들의 전통 한옥이 비교적 잘 보존되고 관리되고 있어 방문객들의 감탄을 자아낼 만하다. 특히 요즘은 보기 힘들게 각각 가옥마다 따로 모셔져 있는 사당이 아직도 잘 유지 관리되고 있어서 흥미롭다.

    그리고 모든 집들이 전통적인 화단을 가지고 있고 대부분의 흙돌담들도 온갖 종류의 전통 꽃들로 장식되어 있어 정겨움을 더해준다. 키다리꽃, 봉선화, 찔레꽃, 댑싸리, 양귀비, 맨드라미, 제비꽃, 목단, 함박꽃 등등 철 따라 다양한 꽃들이 찾는 이들을 반겨준다. 아마도 오랜 세월 동안 조상 대대로 이어져 오는 양반촌의 멋이 아닐까 싶다. 전통이 어디 하루아침에 이루어질 수 있는 일인가!

✽ 2. 낙동강을 살리는 내성천(乃城川)

    경상북도 봉화를 출발하여 먼 길을 떠나 영주를 거치고 경북 예천의 낙동강 본류와 합류하여 한반도의 남부를 적셔주며 남해로 흘러 들어가는 내성천은 아직도 최고 1급수의 수질을 지닌 몇 안 되는 대형 하천으로서 정말 낙동강에는 대단한 공헌자이다. 낙동강의 숨 막히는 오염 상태를 그나마 한숨 돌릴 수 있도록 해주는 구원자 역할을 다하고 있기 때문이다.

    옛날 가락국 땅 상주의 옛 지명이 낙양인데 그 낙양의 동쪽을 흐르는 강이라 하여 낙동강이라고 불렀다고 한다. 강원도 태백에서 발원하여 경북과 경남을 거쳐 부산 앞바다로 흘러 들어가는데 그 길이는 510km이고 그 유역만도 장장 23,384 평방 킬로미터에 달한다. 가히 우리나라에서 두 번째 가는 큰 강이다. 영남인들 대부분의 젖줄인 셈이다. 사실 낙동강은 그 본류 길이만 두고 보면 한강보다 더 길다. 따라서 한반도에서는 압록강과 두만강에 이어서 실제로는 세 번째로 긴 강이다.

이 낙동강으로 흘러 들어가는 지류 하천만 해도 그 수가 대단하다. 내성천, 반변천, 위천, 병성천, 금호강, 회천, 영강, 황강, 남강, 밀양강, 양산천 등 수많은 지류를 품어주고 흐르는 강이다. 이 많은 지류 하천들 가운데 봉화의 내성천은 전혀 오염이 안 된 최상급의 맑은 1급수 물만을 낙동강으로 계속 흘려보내 주어서 낙동강의 수질을 개선하고 그나마 현재 상태로 유지 시켜주는 데 크나큰 공헌을 하고 있다.

내성천·내성천 상류

이 맑은 내성천에는 과거에 아주 많은 은어가 잡혔다고 전해온다. 하지만 이제 흘러간 옛 추억으로만 남아 있다. 그래서 그 추억을 가진 봉화 사람들이 해마다 인공으로 키운 은어를 방류하여 은어 축제를 개최하고 있다. 물론 지방자치단체가 주관이 되어 지역경제 살리기 일환으로 하고 있지만 대단한 인기를 얻고 있다. 해마다 봉화에는 몇 가지 축제가 있다. 그중 필자는 두 가지는 대체로 직접 체험하고 즐겨 보았다. 그중 하나가 내성천의 은어 축제이고 다음으로는 봉화 송이버섯

축제다.

둘 다 청정지역이 아니면 도저히 개최할 수 없는 이 지역만의 특권적인 환경 덕을 본 것이다. 특히 은어 축제가 열리는 내성천은 모래가 너무 부드럽고 아름다우며 그 물의 맑기가 가히 거울 같아 '명경수'라 칭할 만하다. 요즘 사람들이 명경이라는 말을 알아듣기는 쉽지 않을 것이다.

내성천은 우리나라 제2의 강인 낙동강의 상류 지류 중 하나이다. 소백산맥의 남쪽 기슭인 봉화 물야면 선달산에서 발원하여 영주를 거치고 다시 안동과 문경을 거치고 지나가면서 예천 지역에서 분지를 만들어 놓고는 결국 낙동강 본류와 합하여 멀리 부산 다대포 앞 바다까지 흘러간다.

내성천 주변은 주로 고랭지 채소나 밭작물들이 많이 재배되고 있으며 근래에는 건강식품 재배 붐을 따라 곤드래, 수리취 등도 많이 재배되고 있다. 인근의 영양 등지와 더불어 고추 참깨 그리고 도라지 등의 재배도 많다.

필자는 내성천을 참 좋아한다. 자주 찾아가서 몸으로 체험해서 좋기도 하지만 무엇보다도 내성천은 모래 강이라서 더욱더 좋다. 몇 년 전 여름에는 마침 비가 많이 내린 후 맑은 날 내성천을 찾았다가 잠시 맨발로 모래사장을 걸어보고 물속 모래를 밟으며 걸어보면서 느꼈던 그 감촉, 즉 발가락 사이로 빠져나가는 부드러운 모래의 감촉을 잊을 수가 없다. 내성천은 원래 모래가 바닥을 이루는 보기 드문 하천이다. 그래서 물이 더 맑고 투명하다. 다른 하천들에 비해 비교적 보존 상태도 좋고 생태계도 건강한 편에 속한다. 우리나라 고유종 물고기인 흰수마자,

여울마자, 꼬치 동자개, 수달, 흰목물떼새, 왕버들, 능수버들, 갯버들, 명아자여뀌 등 다양한 생물들이 아직도 건강하게 생태계를 구성하고 있다.

특히 왕버들은 전통적으로 우리 조상들이 하천가에 심어서 홍수도 방지하고 토양 유출도 막았던 귀중한 나무다. 내성천 상류 지점에 자리 잡은 닭실마을의 종가에 있는 정자인 청암정을 둘러싼 작은 연못에도 내성천 상류에서 흘러 들어온 물길을 따라 왕버들이 자연스럽게 스며들어 번창하여 늙은 고목으로 세월을 말해주고 있다. 갈대를 비롯하여 물뿌리풀들이 길게 물속 뿌리를 뻗어 수질을 정화 시켜주고 왕버들이 뿌리를 물속까지 뻗어내려 수질을 다시 한번 더 맑게 해준다.

내성천의 모래는 다시 말하지만, 대단히 깨끗하고 부드럽다. 그래서 필자는 기회가 있을 때마다 맨발로 얕은 물속 모래밭을 걷는 것을 아주 좋아한다. 발가락 사이로 빠져나가는 모래의 감촉은 대단한 행복감을 준다. 독자들도 한 번 해보기를 희망한다. 내성천의 금모래를 직접 체험해 보기를 적극적으로 추천하고 싶다.

❋ 3. 석천정의 적송 숲 이야기

우리나라에서 제일 흔하고 산마다 터줏대감으로 자라고 있는 나무는 소나무이다. 우리 조상들은 왜 하필이면 이름을 그렇게 소나무라고 불렀을까? 한 번 정도는 누구나 궁금해할 만한 질문이다. 물론 이것은 필자의 오래된 습관이다. 나무나 풀이나 꽃들의 이름을 곰곰이 생각해 보는 것이 취미이자 버릇이 되어 버렸다. 소나무는 말 그대로 '소처럼 우직한 나무'란 뜻이 아닐까라고 필자는 생각해 본다. 우리 민족은 오랜 세월 동안 농사를 천하제일의 근본이라 여기고 다른 어떤 일보다 더 중하게 여겨왔다. 그래서 요즘이야 통할까 마는 사농공상(士農工商)이라는 말까지 있지 않았나. 글 하는 선비 다음은 농사하는 사람이 최고라고 여겼다. 그러다 보니 당연히 힘든 농사일에 필수적으로 노동력을 제공해 주는 소가 우직하게 농부들 옆에서 말없이 도와주니 얼마나 소에게 고마움을 느꼈을까 싶다. 가축이 아니라 가족처럼 소중히 다루었다. 소들이 해주는 그 힘든 쟁기질이며 짐 나르기를 사람의 힘만으로는 도저히 다할 수 없는 일들이다. 그래서 농사짓는 농군들에게는 소가 믿음직스럽고 충실한 조력자가 되었다. 그래서 '워낭소리'라는 다큐멘터리 형식의 독립영화도 만들어져서 잔잔한 감동을 불러일으키지 않았는가! 그 현장도 역시 봉화 지역이다.

　소는 그 특성상 번잡스럽지 않고 우직하며 큰 눈으로 인해 선한 동물로 잘 알려져 있다. 좀처럼 성질을 부리거나 까불고 날뛰거나 조잡스럽게 촐싹거리지 않고 무엇보다도 변덕스럽지 않은 동물이다. 그래서 더욱더 농부들의 마음을 사로잡았던 것일지도 모른다. 아무리 힘들고 고단해도 기껏해야 커다란 눈만 몇 번 끔벅이면서 눈물 몇 방울 흘리고 견딜 뿐이다. 항심(恒心)을 가진 동물 같다.

　그러한 소의 모습을 닮은 나무가 산에 지천으로 자라고 있으니 농사꾼들에게는 얼마나 다행스러운 자연의 축복이었겠는가 싶다. 오랜 세월 함께 이웃해서 살아가며 스스로 터득한 소나무의 특성이 소처럼 우직하고 계절 따라 크게 변하지도 않는다는 사실에 착안하여 아마도 소처럼 우직한 나무라고 여겨서 '소 같은 나무' 즉 소나무라고 이름 지어 주었을 것이다. 물론 필자의 추측일 뿐이다.

우리나라 사람들에게 있어서 소나무는 너무나도 다양한 소용을 제공해 주었다. 제일 흔한 용도는 땔감 재료였다. 삼시세끼를 모두 밥으로 연명해야 했던 우리 조상들은 온돌이라는 전 세계적으로 유래를 찾기 힘든 특이하고도 뛰어난 난방시설과 함께 여기에 접목하여 개발한 취사도구 가마솥을 사용하기 위한 아궁이를 발명하였다.

물론 아궁이에 들어가서 불을 만들고 난방을 해주며 음식을 익혀주는 땔감 재료는 소나무 이외에도 다양하게 많았다. 산에서 자라는 모든 나무는 다 이용되었다. 하지만 가장 많았고 또 가장 화력이 좋으며 오래 타는 것은 역시 소나무 장작이었다.

석천정사

소나무 둥치를 잘라서 만든 소나무 장작뿐만 아니라 소나무의 바늘 모양의 낙엽 또한 '갈비'라고 부르며 좋은 취사용 연료로 사용되었다. 향긋한 불 냄새를 일으키며 타들어 가는 갈비는 깨끗하고 연기가 안 나며 화력 또한 뛰어나서 부엌의 아낙네들에게는 둘도 없이 선호된 땔감이었다.

또한 소나무는 사람들이 살아가면서 반드시 누구나 통과하게 되는 인생 통과의례 중 한 가지인 죽음을 함께 해주는 나무였다. 평생 소나무 장작으로 불 때서 만든 밥을 먹고 살다가 이제 마지막으로 이 세상을 하직하고 저 먼 다른 세상으로 떠나갈 때 그 지친 육신을 담아주는 거룩한 관이 되어서 마지막으로 사람들에게 영원한 안식처를 제공해 주어서, 서민들의 관(棺)이 되어주기도 해다. 그뿐이 아니다. 서민들의 소박한 초가집부터 임금님의 궁궐까지 모든 건축 재료로 쓰이기도 했다.

석천계곡

바로 닭실마을의 석청 계곡에 가면 적송 소나무 숲이 전해주는 편안함을 마음껏 즐길 수 있다. 소나무 중에서 제일이 바로 적송이다. 소나무 종류는 다양하다. 우리나라 소나무는 대부분 적송, 곰솔(해송 혹은 흑송) 이 두 가지로 대별 되지만 그 외에도 백송, 오엽송 등 특이한 종류도 있다. 우리가 일반적으로 산에서 쉽게 만날 수 있는 소나무 종류는 앞에서 말했듯이 두 종류가 흔하다. 적송과 곰솔이다.

이 두 종류의 소나무를 구별하기란 비교적 쉽다. 멀리서 보면 별 차이가 없어 보이지만 가까이 가서 자세히 살펴보면 아주 쉽게 구분하기 가능하다. 먼저, 곰솔 즉 해송은 겉모습이 적송에 비해 다소 거친 느낌과 인상을 준다. 나뭇등걸 표면도 거칠게 느껴지는 거북이 등껍질 모양과 비슷한 형태로 주로 암회색으로 되어 있고 바늘 모양의 이파리들도 적송의 그것에 비해 좀 더 뻣뻣하고 힘을 함축하고 있는 것같이 보인다. 대체로 바닷가 소나무 숲은 대부분 이 곰솔(해송) 나무로 이루어져 있다. 강한 해풍에 잘 견디어 내기 때문이다. 물론 내륙의 숲에서도 가끔 곰솔 숲이 보이기도 하지만 그렇게 흔한 편은 아니다. 특히 바닷가 백사장이나 사구 옆의 소나무 숲은 거의 백이면 백 모두 해송 숲이다. 바닷가 해송 숲은 토양 유실을 막아줄 뿐만 아니라 강한 해풍도 막아주고 피서철에는 그늘도 제공해 주는 고마운 존재다.

그래서 그런지 어떤 지역이 점점 도시화가 진행되어서 주위가 개발되고 사람들이 정착하여 생활해 가는 과정에 처해 있을 때 적송은 그 환경 변화를 못 견디고 대체로 사라지지만 곰솔은 끝까지 남아서 번성하는 경우가 많다. 그래서 도시 주변의 음식점 중에서 '소나무집'이라는 상호가 많은데 그 식당들 대부분 적송이 아닌 흑송(곰솔)을 집안에 몇 그루 가지고 있다. 그런데 이 흑송은 적송에 비해 그 사용 가치가 훨씬 떨어져서 옛사람들도 크게 중요시하지는 않았다. 난방용 화목으로만 사용되었고 다른 용도는 많지 않았다.

반면에 적송은 먼저 외모부터가 흑송과는 많이 다르다. 먼저, 등걸 표면이 흑송과는 다르게 대체로 매끄러운 껍질로 이루어져 있다. 물론 나무의 아래쪽 둥치는 다소 거친 표면도 있지만 전체적으로 보면 흑송에 비해서 표면이 부드러운 편이다. 자연스럽게 떨어져 나가는 표면의 겉껍질도 얇게 일어난다.

그리고 솔잎도 흑송에 비해 많이 연해 보이고 억세 보이지 않다. 그리고 잎의 색도 흑송의 짙은 녹색에 비해 다소 유약해 보일 정도로 좀 더 옅은 녹색이다. 그리고 적송은 다양한 용도로 우리나라 사람들에게 활용되어 많은 사랑을 받아 왔다. 대부분 소나무로 무엇을 만든다고 하면 거의 전부가 적송을 말한다.

적송 중에서 최고는 춘양목이다. 경북 울진 지역과 봉화 춘양 지역 최고의 적송을 벌목하여 봉화 춘양에 집결시키고 그것을 서울로 날라 궁궐을 짓는 재목으로 사용하면서 이름이 춘양목이라고 부르게 외었다고 한다. 울진과 춘양 지역은 붙어 있는 지역이라 울진과 춘양 지역의 소나무는 같은 급의 일등 급 적송 목재로 알려져 있다.

그래서 석천계곡의 적송들도 춘양 적송과 같은 종으로 당연히 최고 품질의 소나무 숲에 든다. 이 맑고 청정한 석천계곡을 찾아가면 유서 깊은 역사를 품고 있는 일 등급 적송 숲의 정취를 마음껏 누릴 수 있다. 말 그대로 누리는 것이다. 보고 지나가는 것이 아니다. 자연을, 적송 숲을, 석천계곡의 청정함을 누린다는 것은 대상에게 해를 끼치지 않으면서도 내가 심리적 위안과 궁극적인 치유함을 받을 수 있는 최고의 자기 충족 활동이다. 남녀노소와 지위 고하를 막론하고 누구나 스스로 힐링할 수 있는 공간을 만날 수 있다는 이야기가 된다. 물이 없는 계곡은 풍요롭지 못하다. 그러나 석천계곡의 물은 일 년 내내 마르지 않고 풍족하게 흐른다. 음이온이 어떻고 하는 말은 뒤로 제쳐두고 석천계곡에 발을 담가 보자. 적송의 은은한 향기를 맡으며 탁족회(濯足會)라도 혼자서 열 수 있을 것이다. 눈을 감고 적송 숲의 솔바람을 오감으로 느끼며 취하다 보면 어디선가 옛 선비들의 낭랑한 글 읽는 소리가 들려올지도 모를 일이다.

소나무를 중국인들은 송(松)이라고 칭한다. 왜 하필이면 송이라는 글자를 소나무에 붙여 주었을까? 또 궁금증이 몸을 근질거린다. 그것은 바로 글자를 풀이해 보면 그 뜻을 이해할 수 있을 것이다. 나무 목(木)자와 공작(公爵) 공(公)의 합성어이다. 즉 중국인들의 눈에 비쳐진 소나무의 모습은 바로 '나무 중의 최고로 공작의 칭호를 받을 만한 나무'라는 뜻이 된다. 중국인들이나 우리 조상님들이나 모두 사람의 눈은 그리고 그것을 꿰뚫어 보는 통찰력은 대단히 유사한 면이 있는 것 같다.

이제 소나무의 꽃을 한 번 살펴보자. 소나무도 꽃이 핀다. 소나무 꽃가루가 봄철마다 성가신 경우도 흔하게 발생하여 자동차 앞 유리창을 온통 뿌옇게 덮어버린다든가 아니면 안 그래도 탁해만 지고 있는 미세먼지 현상에 일조하여 대기를 오염시키는 경우가 있기는 하다. 봄철에 다양한 나무들이 자기 번식을 위하여 꽃을 피우고 또 꽃가루를 멀리 날려서 자신의 후세를 번성시키고 싶은 것은 아주 자연스러운 현상일 뿐이다. 옛날에는 소나무 꽃가루, 참나무 꽃가루, 버드나무 꽃가루, 오리나무 꽃가루 등등 봄철 꽃가루를 두고 크게 탓한 사람들은 없었다. 단지 근래에 들어 우리 인간들이 잘못하여 공기의 질을 떨어뜨려 놓고, 거기 약간의 자연 현상으로 참여한 꽃가루를 탓하면 안 되는 일이다.

중국 대륙에서 날아오는 엄청난 양의 질 나쁜 공해 미세먼지와 황사 혼합물에 대해서는 입도 뻥긋 못하는 사람들이 수만 년 동안 변함없이 조용히 평소대로 자손 번성의 대업을 진행하고 있는 나무에 쓸데없는 탓을 돌린다. 그리고 국내적으로는 자동차 배기가스 줄이기 동참, 미세먼지 과다 배출 업체의 미세먼지 감소설비 국가 지원, 화력발전소 점차적 폐기, 청정에너지 개발 등 스스로 노력하는 모습이 필요한 때이다.

여하튼 소나무는 봄철마다 수만 년 내내 한번 빠짐없이 꾸준히 꽃을 피우고 솔방울 맺고 솔 씨를 뿌려 자손을 번창시켜 왔고, 그리고 앞으로 영원히 그렇게 할 것이다. 우리 인간사와는 거리를 둔 채로 묵묵히 그렇게 할 것이다. 소나무의 꽃은 암꽃과 수꽃이 다르다. 사람들은 수꽃은 많이 보았겠지만 암꽃은 대체로 기억이 없을 수 있다. 왜냐하면 겉으로 보면 온통 수꽃만 화려하고 크게 보이기 때문이다.

소나무의 꽃은 같은 나무에서 다르게 피어납니다. 먼저 소나무는 가지의 끝부분에 새순을 피워 올리고 5월경이 되면 그 새순의 꼭대기 부분에 길쭉한 수꽃의 꽃대가 나오고 그 꽃대에 마치 보리 밥알처럼 생긴 작은 타원형의 수꽃 송이들을 다닥다닥 붙여서 피워낸다. 그리고 곧 그 수꽃은 노랑 꽃가루를 생산하고 배출하기 시작한다. 물론 수꽃이 지고 나면 그 자리에는 솔잎이 돋아난다. 물론 암꽃은 수꽃의 맨 위쪽 부분에 소리 소문도 없이 피어난다.

 수꽃이 먼저 새순의 위쪽 부분에서 피기 시작하면 얼마 후에 그 수꽃이 달린 새순의 맨 꼭대기 끝부분에 몇 송이의 진한 보라색 모양의 앙증맞은 암꽃을 피워 올리는데 보통 하나의 수꽃 꽃대 개당 2~3개 정도의 암꽃이 달린다. 자세히 살펴보면 암꽃은 마치 작은 솔방울 모양을 하고 있다. 아직은 씨를 맺지 못하여 굳게 입을 다물고 있는 새끼 솔방울처럼 보인다. 이제 곧 그 암꽃은 만반의 준비를 마치고 아래쪽 수꽃이 먼저 꽃가루를 다른 나무로 날려 보낸 뒤에 이제 드디어 스스로 준비되었다고 생각하면 바로 입을 벌리고 꽃가루를 받아들일 준비를 한다. 물론 같은 나무 수꽃의 꽃가루가 아닌 다른 나무에서 날아온 꽃가루를 받아들인다.

 그렇게 준비가 되면 다른 나무의 꽃가루가 날아와서 꼭대기에 자리한 6mm 정도의 암꽃의 벌려진 어린 솔방울 구멍으로 들어가 수분(受粉)이 이루어진다. 왜 이렇게 소나무 수꽃과 암꽃은 시간 차이를 두고 활동하느냐 하면 그것은 오랜 세월 동안 유전되어 온 소나무의 지혜로운 처사에 연유한다. 같은 시기에 두 가지 꽃이 함께 활동하면 같은 나무의 꽃가루를 받아서 '자가수분'이 되기 때문에 시차를 두고 다른 나무의 유전자를 받아서 좀 더 건강한 이세를 생산하고자 하는 노력이다. 근친교배는 안 된다는 자연의 섭리가 보인다. 그래서 암꽃의 위치도 당연히 수꽃 아래쪽이 아니라 위쪽으로 자리 잡고 있다.

 소나무 송홧가루가 날리는 5월경에 이곳 석천정 계곡에 와보라. 계곡물 위에 노랗게 떠 있는 적송 꽃가루의 왕성한 활동을 볼 수 있을 것이다. 한 폭의 동양화 풍경으로 들어가 있는 느낌을 받게 될 것이다.

석천계곡의 적송·석천계곡의 청하동천

소나무는 우리 조상들에게는 생활용 재료로 쓰인 것 외에도 두 가지 다른 소재로 먹을거리를 제공해 주기도 하였다. 하나는 멋진 풍류에 관한 이야기이고 하나는 가슴 아프게 하는 아픈 역사의 뒷모습이다. 송화다식과 송기 이야기다.

첫째, 소나무의 꽃가루 즉 송홧가루는 송화다식이라는 우리의 전통음식 재료로 사용되었다. 오늘날에는 송홧가루가 건강식품으로 인기리에 팔리고 있다고 하니 참 세월의 변화에 다시 한번 놀란다. 송화다식이나 건강식품 송홧가루나 모두 약한 자들의 지난한 노동이 뒤따르는 음식이다.

송화다식은 물론 옛 양반들의 기호식품 혹은 양반 집안의 풍류에 속하는 고급 음식에 속했다. 그러니 아무나 쉽게 먹을 수 있는 음식이 아니었다. 송홧가루를 만날 수는 있지만, 그것을 음식 재료로 사용하기에는 역부족인 경우가 많았을 것이다. 왜냐하면 음식을 만들 정도의 양이 되려고 하면 그 자잘한 미세먼지 같은 것을 모아서 어느 정도 이상의 양이 되게 해야 하는데 하루하루 벌어 먹고살기도 힘든

판에 일반 서민들이 무슨 힘이 남아서 무슨 정성으로 송홧가루를 일일이 긁어모아서 송화다식을 즐길 수 있었을까 싶어 애잔하기도 하다. 양반 계층의 사람들은 본인들이 굳이 하지 않아도 '아랫것들'이라고 당시에 불렀을 하인들을 시켜서 하면 그만이니 본인들은 그냥 멋을 즐기기만 하면 되었다. 요즘에야 어디 가당키나 한 이야기일까!

두 번째 식재료로서의 소나무 용도는 앞에서도 말했듯이 가슴 아픈 사연을 가지고 있다. 과거 우리나라에 봄철마다 찾아왔던 춘궁기(春窮期)라는 어휘를 오늘날 기억하는 사람들이 장년 혹은 노년층을 제외하고는 거의 없을 것이라 여겨진다. 해마다 이어지는 가뭄 아니면 홍수로 인해 먹을 양식이 떨어져서 더 이상 먹고 살아갈 식량이 없어서 산으로 들로 먹을 것을 구하러 돌아다니면서 온갖 종류의 나물, 풀뿌리, 나무껍질 등으로 하루하루 연명했고, 빨리 보리가 익어서 추수하여 배불리 보리밥이라도 먹고 싶어 했던 아픈 역사 이야기다. 이런 아픈 역사가 사실은 역사라기보다 멀지 않은 우리들의 현실로 분명히 존재했다. 그것은 불과 50여 년 전에 실재했던 일이다. 우리의 부모들이 바로 겪었던 경험이다.

그렇게 반만년 동안 이어진 춘궁기 동안 사람들은 최대한 쌀이나 보리쌀, 기장, 좁쌀 등을 아껴서 조금만 넣고 산과 들에서 구해온 나물과 나무껍질을 섞어서 밥을 하거나 양을 불리기 위해 죽을 쑤어 먹으면서 고난을 이겨나갔다.

그 고마운 춘궁기 구황식품들에는 칡, 송기, 매꽃 뿌리, 하늘수박 뿌리, 산나물, 들나물 등등 온갖 종류가 있었다. 그중에서 소나무 껍질을 이용한 먹거리 장만하기는 제일 흔한 일이 되었다. 왜냐하면 산에 가면 바로 구할 수 있는 흔한 나무라서 구하기가 일단 쉬웠기 때문이다.

송기떡을 만들려고 하면 먼저 힘 좋은 장정들 몇 명이 함께 산에 올라가서 큰 소나무를 고르고 그 소나무를 잘라 힘들게 집으로 먼저 운반해 왔다. 그리고 집에 도착한 소나무의 껍질을 모두 벗긴다. 벗겨낸 껍질을 거친 표면을 제거하고 속껍질만 사용하는 데 비교적 부드러운 속껍질도 사람들이 쉬이 먹기에는 다소 무리가 있었기 때문에 푹 고아서 더욱더 부드럽게 해야 한다.

그렇게 마련된 부드러워진 소나무 속껍질을 얼마 남지 않은 쌀이나 여타 곡식과 함께 섞어서 떡을 만들어 먹거나 죽을 쑤어 끼니를 해결하였다. 당연히 송기죽이나 송기떡은 벌겋게 색이 변하고 그 떡이나 죽을 먹고 겨우 아사를 면한 사람들은 그다음 날 또 한 차례 고통을 겪어야만 했다. 바로 뒷간 문제였다. 송기가 사람들의 장 속으로 들어간 뒤 심한 변비를 일으킨 것이다. 그것도 쌀이 거의 안 들어간 경우는 더욱더 힘든 변비를 남겨서 밑이 찢어질 정도의 고통을 주었다고 한다. 물론 변의 색도 벌겋게 변해 있었다고 한다. 물론 필자는 직접 경험해 보지는 못했고 부모님 세대 혹은 할아버지 세대 어른들로부터 전해 들은 이야기이지만 가슴 아픈 세월이었다. 바로 적송 껍질을 밥 대신 먹었던 역사다.

그 힘든 반만년의 춘궁기 고비를 지금의 세대들은 아예 기억을 못 할 정도로 우리나라가 발전하게 되었다. 굳이 일부러 그 어려운 시절을 다시 겪을 필요는 없다. 하지만 그 아픈 역사를 기억은 해야 한다. 그래야 다시는 그런 역사를 되풀이하지 않을 수 있기 때문이다. 역사를 잊은 민족은 미래가 없다고 한다.

필자는 정치적으로 편향된 도그마에 빠지는 사람들을 주위에서 많이 본다. 오로지 이데올로기에 빠져서 오로지 내 편과 반대편으로 이 세상을 가르려고 시도하는 사람들을 볼 때마다 마음 아프게 여긴다. 불쌍하기도 하다. 정치적 편견 없이 우리나라 근대사를 보면 이러한 춘궁기를 없애고 우리나라에 진정한 의미의 경제 발전을 가져다준 것은 박정희 대통령 시대였다. 엄연한 사실이다.

모든 지도자는 공과(功過)가 있게 마련이다. 필자는 그의 과를 모른 바가 아니다. 하지만 공(功)으로서 춘궁기를 없앤 업적은 너무나 명백하고 고마워해야 할 엄연한 사실이다. 좌파냐 우파냐 진영논리로 판단해서 안 된다.

이야기가 다소 다른 방향으로 더 치닫기 전에 다시 소나무로 돌아오자. 필자는 어린 시절 산골에서 자랐기 때문에 직접 겪은 먹거리로서의 소나무 이야기를 하고자 한다. 필자는 베이비붐 세대의 마지막에 해당하는 시절인 1960년대 초반 즉 1963년도에 태어났다. 그래서 직접적인 보릿고개라든지 춘궁기를 겪어보지는 못했지만 바로 윗대 선배들의 직접 체험담을 늘 듣고 자라서 어느 정도의 실상을 잘 알고 있는 편이다. 그래서 비교적 많은 간접적인 체험을 하였다. 힘든 시절의 먹거리가 풍습이 되어버려서 다음 세대로 전수된 것이다.

그리하여 그 어렵던 보릿고개 춘궁기 시절의 생활양식이 그대로 이어져 필자 세대로까지 전승되어 온 것 중에는 몇 가지 흥미로운 사례가 있다. 찔레순 꺾어 먹기, 삘기 순(띠 풀의 새순) 빼먹기, 소나무 새순 껍질 벗겨 먹기(송기 먹기), 참꽃(진달래) 따 먹기, 딱주(잔대 뿌리) 캐 먹기, 박주가리 열매 따 먹기, 까마중 열매 따 먹기, 미영(목화 어린 열매

따 먹기 등등 놀이 자체가 거의 모두 먹을 것 구하기 놀이였다는 점이 특이하다.

물론 필자의 어린 시절엔 그렇게 큰 식량난을 겪지는 않았다. 왜냐하면 박정희 대통령 정부의 새마을 운동과 경제 정책 덕분에 식량 사정이 점차 좋아지고 생활 수준이 향상되면서 굶어 죽은 경우는 사라졌기에 단순히 아이들 놀이로서 남아 있는 정도라 할 수 있다. 먹는 문제가 해결되지 않으면 아무것도 안 된다. 필자의 어린 시절은 그나마 다행인 시절이라 먹는 문제는 해결되었다.

그 먹거리 이야기 중에서 송기 이야기를 먼저 하고자 한다. 소나무 가지의 부드러운 맨 꼭대기 부분[1]을 잘라서 거친 겉껍질을 벗겨내고 속살의 부드러운 부분 즉 내피를 풍부한 육즙과 함께 벗겨 먹는데, 아래위 이를 사용하여 벗겨 먹는 놀이다. 향긋하고 달콤한 소나무 육즙과 보드라운 섬유질 속껍질은 씹으면 씹을수록 더 부드러워져서 최종적으로 넘길 수 있게 된다. 당연히 포만감도 주지만 그 향긋한 맛은 오늘날의 어느 과자들보다 훨씬 윗자리 등급이라 할 수 있다.

그러나 그렇게 송기를 만들어 먹을 때는 반드시 주의해야 할 것이 있었다. 누가 시켜서 혹은 누가 감시해서 아니라 산골 아이들이 스스로 깨우쳐서 무언의 전통으로 지켜나가고 있었던 법칙이 있었다. 바로 소나무의 가장 중심이 되는 새순은 절대 자르지 않는다는 법칙이었다. 그 중심을 잘라버리면 더 이상 그 소나무는 똑바로 자라지 못하고 다른 옆 가지로 자라서 비뚤어진 모양을 하게 된다. 참으로 현명한 자율 법칙이었다.

---

1) 소나무의 본줄기 끝부분이 아니라 곁가지의 맨 끝부분

물론 오늘날에는 이런 놀이를 하면 큰일이 난다. 산림보호 차원에서 절대 금지되어 있기 때문이다. 산림보호를 위한 그린벨트 조성한 것도, 적극적으로 산림을 보호하기 위해서 구공탄이라는 연탄을 만들어 대량으로 대체 공급하여 화목으로 쓰이는 산림을 대량으로 보호해 준 것도 박정희 정부에 의한 정책이었다. 그래서 오늘날 우리나라의 전체 산에서 모두 녹화사업이 성공적으로 이루어져 울창한 숲을 가지게 되었다. 그전에는 모두 헐벗은 민둥산이 산지의 대부분을 차지했다. 여하튼 그렇게 송기를 벗겨 먹는 어린 시절의 놀이는 이전 세대 때 유행했던 먹거리 문화가 그대로 전승되어 내려온 것이다.

석천계곡의 아름드리 적송 숲을 보면서 아련한 슬픈 추억도 되살아나서 더욱더 오늘의 풍요로움이 고마울 따름이다. 옛 석천계곡을 누볐던 조선의 선비들은 아마도 오늘 우리들의 풍요로움을 보면 많이 대견스러워할지도 모를 일이지만 그때의 순수성이 많이 망가진 것을 보면 다소 꾸지람하지 않을까 싶기도 하다. 이제 석천계곡에서의 탁족회를 마치고 마을로 올라가서 들꽃을 구경하자.

흘러간 모든 일들은 아름답다고 하지 않는가! 심지어 군대 저대할 때 자신이 근무했던 강원도 첩첩산중은 얼마나 미워했는지 그쪽 보고는 오줌도 안 눈다고 큰소리치고 제대했지만, 시간이 흐른 뒤 그곳에서의 군대 추억은 새록새록 되살아나게 마련이다.

많은 세월이 흘러서 이제는 추억조차도 공유할 수 있는 세대가 많지 않으나, 추억 되새김질을 하고 싶다. 되새김이란 일단 저 깊은 장기 저장고에 깊게 아로새겨져 있는 기억의 파편들이 자발적이든 아니면 외부의 충동에 의해서든지 상관없이 이따금 되살아나는 과거의 현재화 작업이다.

　아직은 무의식의 영역까지는 밀려나지는 않았지만, 현실 살이 속에서는 전혀 필요치 않은 존재가 되어버려 매우 낡아 보이지만, 그래도 내 삶의 일부로서 소중하게 간직되어 있는 자산인지라 누구든 곰곰이 되새겨봄을 싫어하지는 않을 것이다. 누구나 몇 가지 되새김질 거리가 있기 마련인데, 왠지는 정확하게 그 이유를 설명하기가 곤란한 애착을 동반하기가 쉬운 것들이다.

　하기는 먼저 태어난 세상을 남들보다 먼저 살아온 것이 오늘날 크게 자랑하고 다닐 형편과 분위기가 아님은 기성세대들이 암묵적으로 다 알고 있고 또 그것을 피할 수 없는 사회적 분위기에 순응하면서 살고 있다.

　과거의 각 세대 간의 간격이 그래도 멀리서 어림짐작할 수 있는 시야 범위 내라서 어렴풋하게나마 아랫세대의 혹은 윗세대의 세상을 눈대중할 수 있는 십여 리 거리였다면 이제 그러한 행운도 이미 사라져 까마득한 우주적 거리로 변해버렸다. 하여, 전혀 서로의 이해를 요구하지도 기대하지도 못하는 형편이 되어버렸다. 심지어 이제 5년도 세대 차이를 실감한다고들 하니 빠르게 변하는 세상이 두려울 따름이다.

　그렇지만 어디까지나 우리가 각자 힘든 세상을 정글의 생존 법칙에 따르면서 살아간다고 하더라도 저 깊은 원초적 본능 속에는 서로 의지하면서 함께 공존하고자 하는 협력의 본능도 또한 역시 가지고 태어났다. 오로지 생존본능만 작동한다면 인류가 오늘과 같은 위대한 문명을 이룩하고 향유할 수 없었을 것이다. 한편으로는 선의의 경쟁을 통해 발전하고 또 다른 한편으로는 약자에 대한 배려나 이웃에 대한 배려,

더 나아가 동료 인류에 대한 사랑이 그 저변에 깔려 있지 않았다면 인류는 벌써 종말을 맞이했을 것이거나 아니면 아프리카 사바나의 사자 무리와 별반 차이를 보이지 못했을 것이다.

다행히 우리에게는 서로가 공감하고 서로 도우며 서로 이해하려는 본능이 그나마 우리를 유지해 줄 수 있다는 사실을 깨닫는 능력을 가지고 태어났다. 무한 경쟁만이 살길이라는 편협된 생각을 버리고 함께 공유하는 자세를 가질 때만이 인류는 더욱더 발전할 것이고 또 개인도 번영할 것이다. 사람이 짐승들과는 분명히 달라야 하지 않는가!

필자가 체험했던 소나무와 관련된 옛 추억을 지금 하려고 긴 사설을 늘어놓았지만, 힘든 경쟁 속으로 내몰리는 오늘날의 젊은이들도 한 번쯤 들어 볼 만한 가치가 충분할 것이라는 확신을 가지고 이야기할 것이니, 가까운 선배들이 어떠한 삶을 살아왔는지 이해하는 데 도움이 되기를 바랄 뿐이다.

필자는 어린 시절 산골에서 자랐다. 그것도 경북의 깊은 산속 마을에서 자랐으니 얼마나 문화의 혜택을 못 누리고 자랐을지 아마 짐작이 갈 것이다. 심지어 국민학교 3학년쯤인가 아마 그때가 되어서야 마을에 전기가 들어왔으니 짐작하고도 남을 성싶다.

그러니 당연히 다른 도회지에 비해서 변화의 속도도 느리고 나날이 살아가는 방식도 옛날 방식과 크게 다르지 않았다. 바로 우리들의 조부모님들은 모두 고종 황제 시대 혹은 순종 황제 시대에 태어났고 나라를 일본에 강탈당할 때도 힘없는 민초라서 누구한테 원망도 못 해보고 속만 태웠고, 부모님들은 지독한 일제 강제 점령기에 태어나서 육이오를 직접 겪으며 힘들게 살아오셨다. 그러니 필자의 바로 윗세대 그리고 그 윗세대는 한국사의 가장 힘든 과정을 모두 직접 겪은 세대들이다. 얼마나 많은 고통과 얼마나 많은 험한 일들을 겪었을지 말 안 해도 정말로 눈에 훤히 보인다.

그들은 실제로 일제의 무자비한 침탈과 육이오의 비참함을 몸소 겪으면서 최우선으로 자신과 가족이 살아남아야겠다는 절박함을 자연스럽게 체득하였다. 그래서 모든 선에 앞서는 선(善)이 바로 '살아남기'였다. 그들에게는 다른 어떠한 명분보다도 이렇게 자신과 자기 가족들이 살아남기를 최고의 선으로 여기면서 살아왔기에 남을 배려하고 싶어도, 남의 고통을 함께 아파해주고 남의 성장을 위해 스스로 양보해 주는 미덕을 보이고 싶었지만, 현실의 각박함이 현실의 치열함이 늘 그들을 가슴 아프게 했다. 그래서 우리 민족 전래로 내려오던 많은 미풍양속이 희미하게 색바래지듯이 옅어지고 말았다. 다만 색이 바래졌다 뿐이지 그렇다고 전혀 사라진 것은 아니어서 음으로 양으로 미덕을 숨어서 지키며 정을 나누고 살아왔을 뿐이다. 아무리 사회 풍조가 각박하게 치열한 경쟁과 생존 투쟁으로 변한다고 하더라도 한편으로는 이웃과 소담한 정 나눔을 실천하면 살아왔다.

그들이 겪었던 가장 큰 고통 중 하나가 바로 먹거리 걱정이었다. 일제 침략자들의 수탈로 황폐해지고 피폐해진 그들의 생활은 북괴의 남침에 의한 6·25 동란을 겪으면서 더욱더 어려워지게 되었다. 그러다 보니 쌀과 보리라는 주식은 물론이거니와 콩이나 밀 등 보조 작물들의 생산량도 전체 소비량에 비해 턱없이 부족했다. 하는 수 없이 이들은 들로 산으로 먹거리를 찾아다니지 않으면 안 되었다. 물론 쌀과 보리 등 주식이 부족했기 때문에 어떻게 하든지 양을 늘려보려고 감자든 무든 혹은 옥수수든 시래기든 곤드레나물이든 다양한 종류의 산나물드 마다하지 않고 밥 위에 얹어서 그 양을 늘렸다.

그렇게 늘어난 밥 한 끼가 얼마나 오래 배를 든든하게 못 유지해 주었든지, 쉽게 허기를 느낀 아이들은 들로 산으로 또다시 비를 채우러 쏘다니곤 했다. 그때 가장 흔하게 아이들 손에 걸려든 것이 바로 참꽃이며 찔레며 삘기며 송기며 칡뿌리였다.

이제 세월이 많이 흘러 몇 년 만에 세대 차이를 느끼는 시절이 되고 보니 까마득한 선사 시대적 이야기 같지만, 그리 멀지 않은 우리의 자화상이었다. 그래서 오늘의 젊은이들에게 이러한 이야기를 하는 것은 그 시대 사람들의 아픔을 이해해 달라는 것은 아니다. '아하, 그런 적도 있었구나!' 하고 사실만은 알아주기를 소망할 뿐이다. 그들이 이룩한 배고픔 타파 운동, 잘살아보기 운동, 가난 탈피 운동 등이 어찌 오늘날의 젊은이들에게 피부에 와닿을 정도로 실감이 나겠으며 또 실감이 나보아봤자 뭣할 것인가! 다 저마다 타고난 운명이며 시대적 업보로 생각하고 살아온 기성세대가 아닌가 한다.

다만, 그들의 아주 가까운 앞선 세대들이 그 숱한 어려움을 헤쳐 나오는 과정에 자칫 아쉽게 놓치고 어루만져 주지 못한 부분들이 분명히 있다는 사실을 기성세대 스스로 깨닫고 있으니 너두 타박은 말아주었으면 하는 바람뿐이다. 앞만 보고 달려가는 경즈마처럼 그들에게는 생존보다 더 우선시되는 것을 돌아볼 여력이 없었을 뿐, 인류 보편적 가치관은 절대로 완전히 잊었거나 아예 저버린 세대가 아님을 알아주기를 희망할 뿐이다.

이 닭실마을 석천계곡에서 청승맞게도 너무 빗나간 옛이야기를 하고 보니 왠지 속을 다 드러내 보인 것 같아 쑥스럽기도 하다. 하여 이 맑은 석천계곡에서 그런 속세에서나 빚어질 법한 일들은 잠시 잊고 마음을 씻을 수 있는 힐링을 해보자. 닭실마을에 터를 잡은 충재의 후손들은 이 맑디맑은 석천계곡에다 석천정사를 짓고 그들의 학문을 연마하기도 하고 그들의 심신을 수양하기도 하면서 유유자적 자연을 벗하며 선비의 정신을 키웠다. 오늘 우리는 이곳을 찾아 그들의 자연 친화적 삶의 여유를 본받아 봄 직하다.

❀ 4. 청암정과 밤나무 꽃 이야기

'금빛 닭이 알을 품고 있다'라는 닭실마을은 바로 알을 품고 있는 위치에 충재 종가가 자리 잡고 있고 그 뒤쪽 주산이 뒤로 길게 능선을 이루고 맥을 이어 위를 향해서 달리고 있다. 그리고 종가 옆으로 수많은 고택이 즐비하게 자리하고 있어 집성촌을 형성하고 있다. 닭이 알을 품은 형태를 완성하고 있는 셈이다. 본 마을은 이렇게 낮은 야산 아래 조용히 자리 잡고 있다.

닭실마을의 화룡점정(畵龍點睛)은 바로 이 청암정이다. 충재 권벌이 안동에 살다가 급제 후 우찬성 벼슬까지 지내게 되고 기묘사회에 연루되어 낙향하게 된다. 그는 명당을 찾아 이곳에 정착하게 되었고 이후로 이곳은 천하길지로 명성이 날 정도로 많은 인물을 배출하였다. 바로 그 충재 종택에 딸려있는 정자가 바로 청암정(靑巖亭)인데 '푸른 바위 위에 지은 정자'라는 뜻풀이가 된다. 정말로 큰 바위 위에 자리한 정자는 조선 시대 양반들의 기품을 잘 알 수 있는 모습으로 아직도 건재하고 있다. 물론 자연석 바위 위에 지었다.

청암정·청암정 왕버들

 필자는 '청암'이라는 이름을 들으면 먼저 뇌리에 퍼뜩 떠오르는 인물이 있다. 바로 최명희 선생의 소설 '혼불'에 나오는 '청암부인'이다. 양반 집안에 태어나 다른 양반 집안으로 시집을 오자마자 초례도 치르기 전에 신랑은 죽고 평생 청상과부로 살아가야만 했던 한 여인의 기구하지만 강인한 모습을 그려낸 작품이다. 집안의 체면과 명예를 생각하면서 수절하는 과부의 굳은 의지와 새로이 집안을 다시 일으켜야 한다는 강한 집념의 한 여인이 어떻게 살다가 갔는지를 잘 보여주는 작품이다. 그래서 닭실마을의 청암정을 보자마자 그 생각이 확 떠오르는 것은 무슨 연유인지는 모르겠다. 하지만 이곳 청암정과 소설 혼불에 나오는 청암부인과는 아무런 관련이 없다.
 충재 종택과 연하여 있는 큰 거북바위 위에 자리 잡은 청암정은 그 둘레를 마치 해자처럼 깊이 파고 물로 채워두고 다시 그 주위를 흙으로 둘러 둑을 쌓았다. 그 둑에는 왕버들, 소나무, 향나무, 느티나무를 비롯한 다양한 나무를 심어서 둑을 보강하였다. 그래서 정자에 오르기 위해서는 반드시 해자를 건너야 하는데 바로 거북 바위 즉 정자의 기초가 되는 큰 바위와 해자 건너편을 길쭉한 돌을 다듬어 만든 돌다리로 연결하였다. 그리고 정자가 서 있는 거북 바위에는 단풍나무가 한 그루 자연스럽게 자라고 있어 품격을 더 높여준다.

수려한 정자 옆에는 조그마한 별채가 한 채 서 있다. 충재 선생이 공부하던 곳이라고 한다. 그리고 그 옆으로는 충재 박물관이 있어서 충재 선생과 관련된 유물을 전시하고 있다. 이 정자의 해자 속의 물은 겨울철에는 주로 다 빼버려서 없을 경우가 더 많다. 아마도 관리 차원에서 그렇게 하는 것 같지만 운치는 덜 하다.

청암정 해자와 돌다리·청암정의 편액

정자에 오르면 허목 선생이 쓴 '청암수석'이라는 편액과 남명 조식 선생이 쓴 '청암정' 현판이 눈길을 끈다. 팔작지붕과 맞배지붕이 결합 된 이 정자는 정말로 청아한 분위기와 약간은 양반들의 낭만적 멋 내기까지 첨가된 걸작 중의 걸작이라고 생각한다.

유명한 사극 '정도전'에서 주인공 정도전이 고려의 충신 정몽주를 마지막으로 회유하기 위해 술상을 차리고 대작하면서 신경전을 펼치는 장면이 바로 이 청암정에서 촬영되었다. 그 이후 둘은 서로 다른 길을 가게 되어 적이 되고 피를 보게 되는 결말로 치닫게 된다. 그리하여 이 촬영지가 오랫동안 시청자들의 뇌리에 남아 있다. 그리고 이 마을의 모습은 영화 '남녀상열지사'에도 등장하기도 했다.

  이 정자 둘레의 해자 속에 채워져 있는 물은 바로 옆으로 흐르는 내성천의 지천인 동막천에서 끌어다 공급되기 때문에 자연히 동막천의 식생들이 그대로 이 해자 연못에 정착하여 자생하기도 한다. 그 중 대표적인 것이 왕버들이다. 흘러들어오는 물길을 따라 섞여 들어온 왕버들 씨앗들이 해자 둑에 빌붙어 자라서 지금은 거대한 고목이 되었다. 구불구불 용트림까지 하면서 기품을 뽐내고 있다.

  이 마을 뒷산에는 밤나무가 왜 그리도 많은지 온통 밤송이들이 봄철에 쑥 캐는 아낙네들 손을 찌르기 일쑤다. 물론 이 뒷산뿐만이 아니다. 마을 곳곳에는 어찌나 밤나무가 그렇게도 많은지 봄철 꽃이 피면 밤꽃 향기 또한 사람을 취하게 할 정도이다. 특히 늦은 봄철에 닭실마을을 찾아가면 온통 밤꽃 향이 코를 진동시킨다. 밤꽃 향기에 대한 호불호는 분명하다. 사람마다 취향이 다르니 그럴 수 있다. 그런데 이곳의 밤들은 대체로 마을 사람들을 닮아서 그런지 모두 토종밤이 많다. 요즘 흔하게 만날 수 있는 알이 굵은 개량종 밤이 아니지만 그래도 나이 먹은 해수가 만만치 않은지라 봄철마다 꽃은 대단하게 많이 넉넉하게 피워 올린다. 6월의 닭실마을은 밤꽃이 한창인지라 화려한 풍경은 물론 향 또한 독특하게 행객(行客)들의 마음까지도 설레게 한다. '밤꽃 피는 마을'이다.

  이 마을은 전통 한옥 보전 마을로 지정되어 잘 가꾸고 단정하게 유지되고 있을 뿐만 아니라 다양한 전통 꽃으로 차려입고 있다. 그래서 더욱더 필자의 마음을 끌어들인다. 제비꽃, 목련, 라일락, 줄장미, 땅찔레꽃, 키다리꽃(삼잎국화), 과꽃, 양귀비꽃, 모란꽃, 채송화, 감나무꽃, 국화, 엉겅퀴꽃 등이 바뀌는 철마다 제 나름의 멋을 자랑하고 있다. 마을 사람들이 아마도 꽃을 가꾸고 즐기는 것을 오랜 전통으로 체득하여 실천하는 곳인가 보다.

특히 국가유공자의 집이며 도사(都事) 댁인 '권성호 이명숙' 부부가 거주하고 있는 집에는 사시사철 다양한 우리 꽃이 많이 가꿔져 있어 방문객들의 발길을 불러 모으고 있다. 봄철이면 제비꽃, 꽃양귀비, 모란과 함박꽃이 피고 찔레꽃과 줄장미가 피고, 여름이면 어수리 취와 채송화가 피고 가을이면 국화가 피어난다.

'도사댁'의 꽃들을 다 구경하고 나면 이제 마을 이곳저곳에 핀 밤꽃을 구경하러 나가보자. 늦은 봄날 닭실마을을 걷다 보면 자연스럽게 고향의 냄새처럼 익숙한 향을 느낄 수 있다. 그 이상야릇한 향을 따라가 보자. 바로 밤꽃 향수 길이다. 모내기 철이 지나 제법 나락 포기들이 무논에 뿌리를 내리고 병약해 보이던 연둣빛을 벗어던지고 짙푸르게 변하기 시작하는 계절이면 어김없이 밤꽃이 핀다. 보통 6월에 한창이다.

닭실마을의 가을은 온통 밤이 천지로 널려있어 곳곳에서 다람쥐도 밤을 주워 모아 숨기기 바쁘다.

우리나라 대부분의 시골 마을에는 밤나무가 자생하거나 재배되고 있지만 닭실마을에는 유난히 밤나무가 많아서 가을이 되면 더욱 풍요로워 보인다.

만개한 밤나무꽃·작은 연못과 밤나무꽃

종가 뒤편으로 아담하게 솟아있는 주산에도 재실이 있는 야산에도 그리고 동막천 길가에도 내성천 농로 길가에도 밤나무가 너무나 흔하다. 아마도 전통 양반촌으로서 봉제사에 쓰이던 중요한 과일이라서 즐겨 심으면서 그렇게 번창한 것이 아닌가 생각해 본다.

그래서 봄이 지나고 초여름이 다가오는 6월이 되면 온 동네는 밤꽃 향이 진동한다. 밤꽃 향기에 대한 사람들의 반응은 다소 다르게 호불호가 갈린다고 이미 말한 바 있다. 다른 꽃에서는 맡을 수 없는 특이한 향기 때문이다. 어찌 맡으면 꼭 남성들의 정액 냄새 같기도 하고 또 다르게 맡으면 화장실 청소용 소독제로 사용되는 락스 용액 냄새 같기도 하다. 대체로 정액 냄새에 더 가깝다고 할 수 있다. 혹은 화장실 청소할 때 많이 사용하는 락스 냄새 비슷한 냄새가 난다고 느끼는 사람들도 있다. 이것은 바로 밤꽃이 가지고 있는 특이한 화학물질인 스퍼미딘과 스퍼민이라는 물질 때문이라고 한다. 참고로 정액을 나타내는 영어단어는 스펌(sperm)이다.

그래서 옛 우스갯소리에 따르면 밤꽃이 필 무렵이면 더위도 피할 겸 저녁 무렵 동네 과부들이 모두 밤나무 곁으로 몰려든다고 한다. 물론 누군가 웃자고 만들어낸 이야기이지만 얼마나 유머 감각이 넘치고 해학적인가 싶다. 우리 조상님들의 해학으로 이해하면 좋은 이야기다. 필자는 이러한 해학과 맥을 같이하여 우리가 흔하게 접할 수 있는 밤과 밤꽃 그리고 밤나무에 관한 이야기를 하고자 한다.

밤꽃의 색은 옅은 누른색인데 멀리서 언뜻 보면 하얀색으로 보인다. 나무에 따라 다소 색이 다를 수 있지만 대체로 아이보리색 내지 옅은 누런색에 가깝다. 자연의 색을 인간의 언어로 그대로 표현하기란 참으로 어렵다. 암꽃과 수꽃이 함께 달리는데 구분하기는 쉽다. 꽃이 필 때 자세히 보면 수꽃은 기다란 꽃이삭에 촘촘히 돋아나 있고 암꽃은 그 꽃이삭의 밑 부분에 두서너 개 정도 자그마한 밤송이 축소판으로 달린다. 그래서 우리가 흔히 밤꽃이라고 부르는 것은 암꽃이 아니라 겉으로 보기에 크고 화려한 긴 수꽃을 가리키는 말이다. 보통 암꽃은 수꽃의 풍성함에 가려져 있어 거의 볼 수가 없다. 허리 굽혀 자세히 보지 않으면 볼 일이 없는 것이다. 그리고 한 나무 자체의 수꽃이 보내는 꽃가루보다는 다른 나무의 수꽃이 보내준 꽃가루를 가능하면 받으려고 이렇게 분리되어 있으며 대체로 암꽃과 수꽃이 각각 만개하는 시기에 약간의 차이를 둔다. 나름대로 시간차 공격인 셈이다.

아래에 감춰져 있는 암꽃이 일단 수분을 하게 되면 위쪽의 수꽃들은 자연스럽게 도태되어 시들어 떨어지고 아래쪽 암꽃만 남아 밤송이로 영글어간다. 이때 밤나무 아래에는 엄청난 수의 수꽃이 길쭉한 몸체를 떨어뜨려 어지럽게 늘려 있게 된다.

열매를 맺지 않은 시절의 밤나무를 얼핏 보면 마치 참나무와 많이 닮아서 구별하기가 쉽지 않다. 그러나 밤나무와 참나무는 대체로 비슷해 보이지만 확연하게 구분이 되는 특징을 따로 가지고 있다. 제일 쉬우면서 간단한 방법 두 가지만 알아보자. 먼저 어린 가지의 색이 다르다. 밤나무의 어린 가지는 약간 불그스름한 자줏빛을 띠는 갈색이다. 반면 참나무는 회색과 군청색이 섞인 것 같은 색이다. 둘째로, 봄철 밤나무의 가지에는 붉기도 하고 녹색이기도 한 작은 열매 비슷한 벌레집들이 많이 매달려 있고, 참나무는 그렇지 않다.

밤나무의 꽃은 6월경에 피는데 암꽃 수꽃이 함께 핀다. 우리가 흔하게 보게 되는 길쭉한 모양의 우윳빛 밤꽃은 모두 수꽃이다. 먼지떨이 기다란 술같이 여러 개의 가닥으로 뻗어 나온 꽃이삭에 수꽃이 조밀하게 피어난다. 그리고 그 꽃이삭의 밑 부분에 2개 혹은 3개 정도 암꽃이 달려 있다. 암꽃은 아주 작은 밤송이처럼 생겼다. 수분이 되면 점점 자라서 마침내 밤송이가 되어 그 속에 열매를 맺는다. 물론 참나무의 꽃도 밤꽃과 매우 비슷하다. 암꽃은 아랫부분에 수꽃은 기다랗게 꽃이삭을 이루고 핀다. 참나무의 암꽃 수꽃 둘 다 연한 연두색이다. 밤꽃이 필 무렵에 대부분 농촌에서는 모내기를 막 마치거나 아직 진행 중인 경우도 많다.

밤꽃이 흐드러지게 피어난 초여름 저녁 무렵 밤꽃 향기를 맡으며 들녘을 걸어보라. 개구리 소리가 요란하게 귀청을 울리더라도 여유롭다. 온갖 풀벌레가 울어도 매우 한적하다. 자연 그대로의 품이라서 그럴 것이다. 특히 닭실마을의 초여름 저녁 해질녘 마을 앞 논둑 사이 길이나 둘레 길을 따라 걸어가 보라. 나름 낭만 길이 될 것이다. 약간의 멋을 부린다면 막걸리 한잔하고 걸어도 좋을 것이다.

밤은 원래 중국에서 우리나라 들여온 과일이지만 오래전부터 우리나라 토착화가 되어서 전국 어디 없는 곳이 없을 정도로 널리 퍼져 있다. 자연적으로 자라거나 인위적으로 재배하기도 한다. 조상을 정성껏 모시는 제사 풍속을 가진 우리 민족은 전통적으로 밤을 귀하게 여겨서 제사상에 반드시 올리고 또 사당에 모셔있는 조상님들의 위패는 반드시 밤나무 목재로 만들어 모셨다.

그것은 이유가 있다. 우리 조상들의 관찰력이 대단히 뛰어난 면을 볼 수 있는 전통이다. 새로운 밤의 묘목이 자라는 과정을 면밀하게 살펴보고서 그렇게 하였다고 한다. 밤을 땅에 심어서 자라는 과정을 한 번 살펴볼 수 있으면 이러한 사실을 곧 알게 될 것이다. 다른 모든 식물은 씨를 뿌리면 새싹이 씨의 껍질을 위로 밀어 올리면서 자라거나 땅속에서 썩게 하면서 자라는 데 비해 밤은 이상하게도 껍질을 뚫고 새싹이 올라오고 뿌리는 껍질을 뚫고 밑으로 내려간다. 그래서 결국 원래 밤알은 뿌리와 줄기의 중간 부분에 그대로 남아 있다. 그러한 특성 때문에 바로 조상을 잊지 않고 계속 조상의 은덕을 생각하는 나무 군자로 여겨졌으며, 그 때문에 꼭 제사상에 밤을 올렸다고 한다. 참으로 의미 부여가 대단히 과학적이다.

그뿐만 아니라 밤은 비상약으로도 쓰이고 신체를 건강하게 하는 보약으로도 쓰였다고 한다. 밤을 한 말 정도 먹으면 일 년 내내 감기를 안 하고 지낸다고 한다. 동서양을 막론하고 겨울철 군밤은 대단한 인기를 누리는 군것질거리다. 요즘 우리나라 젊은이들이 겨울철 데이트하면서 군밤을 함께 나누는 모습은 흔치가 않지만, 필자가 젊은 시절에는 흔한 풍속이었다. 어느 외국 영화 속에서 연인들이 겨울 데이트를 하면서 군밤을 함께 먹는 모습이 생각난다. 그리고 밤은 수확량이 워낙 좋아서 결혼하고 폐백을 드릴 때 어른들이 후손을 많이 생산하라고 신부의 치맛자락에 밤을 던져 주기도 했다.

요즘에 밤농사를 주업으로 하기는 수지가 잘 안 맞는 시절이 되어버렸다. 일단은 시골의 일손이 부족하고 또 일손을 구한다 치더라도 인건비 자체가 너무 비싸서 수지타산이 안 맞다. 더군다나 최저 인건비까지 올려놓았으니! 시골 할머니들은 동남아 출신의 노동자들만 살판이 났다고 난리다. 일리가 있어 보인다. 그래서 요즘엔 시골에 가면 곳곳에 그냥 내버려진 밤나무가 대부분이다. 몇 개는 주워서 제사상에 올리고 몇 번 삶아 먹을 정도만 주워 가고 나머진 다 버린다. 다람쥐 청설모 외에는 아무도 거들떠보지도 않는다.

불과 수십 년 전만 하더라도 시골에서 밤나무는 중요한 재산으로 취급받았고 당연히 밤 수확기에는 밤을 지키는 노인들이 있기도 했다. 알밤이 후두둑 떨어지는 계절엔 온 식구들이 나와서 한편으로는 가지에서 알밤을 털어내고 다른 한편으로는 줍고 일대 공사가 진행되곤 하였다. 잘못하여 밤송이에 머리가 맞으면 하루 종일 아프기도 하던 시절이다. 그 시차를 노려 남의 밤나무 아래에 가서 알밤 몇 개 주워 가기도 하였다. 그 정도는 다들 눈감아 주곤 하였다.

그렇게 주워 모은 알밤은 단지가 가득 찰 때까지 계속 이어지고 어느 시골의 오일장터에 펼쳐 놓은 좌판에서 쉬이 팔려 가기도 하고 그 알밤을 팔아서 생긴 돈으로 새 운동화 한 켤레 사 오시는 어머니를 눈이 빠져라 기다리기도 했다. 조금 남은 나머지 알밤은 운동회 날이나 소풍 가던 날 요긴한 간식거리로 기쁨을 더해주기도 하였다.

이제 세월이 흘러 그렇게도 귀히 여기던 밤나무도 돌보는 이 없고 시골에 홀로 남은 늙은 할머니 할아버지들은 엄두도 못 내고 부지런히 알밤을 주워가는 다람쥐만 바라보고 옛날을 추억할 뿐이다. 다람쥐들은 밤나무의 공덕으로 쉬이 번식한다고 한다. 다람쥐라는 동물은 알밤이든 꿀밤이든 닥치는 대로 주워 모아 땅속 이곳저곳에 묻어 두고 그중에서 생각이 나는 곳의 밤이나 꿀밤을 겨우내 다시 파내어 식량으로 먹는다고 한다. 자기들이 감춰둔 식량의 십 분의 일 정도만 찾아내고 나머지 십 분의 구는 그대로 잊어버린다고 한다. 덕분에 십 분의 구는 다음 해 새봄에 발아하여 나무로 자랄 수 있다고 하니 참으로 다람쥐 공덕이 크다고 할 수 있다. 식목의 달인 다람쥐다.

하물며 다람쥐도 심는 일에 더 열심인데 해마다 가을철에 온 산의 꿀밤 즉 도토리를 주우러 다니는 사람들이 너무 도토리 싹쓸이에 열중하여 겨울철 다람쥐나 멧돼지들의 식량이 부족할 수도 있다고 하니 멧돼지들의 마을 공격을 줄인다는 차원에서라도 도토리 과다 줍기를 그만두는 것이 어떨지 싶다.

닭실마을의 알밤을 줍는 활동에 직접 참여해 본 적이 있다. 예의 '도사댁' 안주인과 함께 어느 해 가을 엄청난 양의 알밤을 주어 신이 났던 추억이 되살아난다. 봄철의 아이보리색 밤나무꽃이 가을철 알밤으로 익어가듯이 우리의 삶도 화려한 봄꽃 시기를 지나고 알맹이로 익어가는 여름을 지나 드디어 결실을 맺는 가을을 누구나 맞이한다는 엄연한 사실을 되살려본다. 해마다 닭실마을의 화려한 밤꽃은 반드시 알밤을 맺게 마련이다.

✤ 5. 닭실마을 엉겅퀴 보랏빛 꽃향기

이 마을 안의 골목길도 찾아가 걸어보자. 감꽃 향기도 좋고 밤꽃 향기도 좋다. 꽃향기에 취해 골목길을 걷다 보면 마을 전체에서 볼 수 있는 토담들이 참으로 다양하고 자연스러워 보일 것이다. 각 고택의 토담들 곁에는 나름대로 다양한 꽃들이 외롭지 않도록 그 토담에 기대어 피어난다. 어떤 집 토담 위에는 장미가, 어떤 토담 위에는 찔레꽃이, 또 다른 집 토담 위로는 박꽃이, 호박꽃이 혹은 머루 열매가 달려 있다. 토담에 기대어 피는 감나무에서 꽃이 떨어지고 살구꽃이 화사하게 피고 키다리꽃(삼잎국화)이 토담에 기대어 웃어주는 집도 있다.

닭실마을 앞은 제법 아담한 들판이 있다. 지금도 여전히 쌀농사도 하고 해를 몇 해 걸러서 인삼을 재배하기도 한다. 당연히 풍기인삼에 속하는 질 높은 인삼이리라 생각한다. 이곳 들판의 논들은 양옆으로 흘러오는 두 개의 하천으로 인해 넉넉한 수량(水量)이 확보되어 있는 문전옥답(門前沃畓)으로 비옥해서 규모에 비해서 제법 마디다.

이제 고택들 즐비한 본 마을을 나와서 마을 앞 들판을 가로지르거나 정자를 옆으로 돌아 들판을 빙 둘러 지나가는 들길로 나서보자.

가시 엉겅퀴 꽃·지느러미엉겅퀴 꽃

내성천 상류를 따라 춘양 방면으로 난 지방 도로와 마주 보고 나란히 농로가 나 있다. 하나는 태백선 기찻길 굴다리를 통과하고 마을로 들어서는 다리를 건너면 우측으로 시멘트 포장의 농로가 나 있고, 하나는 정자 밑 좌측으로 좁은 포장도로가 나 있다. 이 길은 들판과 내성천 지류와 접하여 난 포장도로인데 들판을 한 바퀴 빙 둘러서 다시 마을 끝으로 돌아온다. 즉 청암정으로 돌아온 포장도로가 마을 길과 합하여 물야 방면으로 동막천을 따라 산으로 달려간다. 그 길을 계속 따라가면 물야 방면으로 이어진다.

　바로 그 들판 옆 좁은 포장도로 가에 그리고 춘양 방면 시멘트 포장도로 가에는 해마다 엉겅퀴꽃이 피어 보랏빛 천지를 이룬다.

큰엉겅퀴·지칭개꽃

　엉겅퀴(korean thistle)는 그 이름에서 알 수 있듯이 '피를 엉겨 붙게 하는 성질'로 알려져서 그렇게 명명되었다고 한다. 우리나라 토종 엉겅퀴 종류로는 가시가 없는 참엉겅퀴, 가시가 많은 가시엉겅퀴, 잎이 좁은 좁은잎 가시엉겅퀴, 곤드레나물인 고려엉겅퀴, 엄청나게 크게 자라는 큰엉겅퀴 등이 있고 귀화해서 우리나라에 정착한 지느러미엉겅퀴 등이 있다. 서양에서 건강식품으로 각광 받고있는 엉겅퀴는 밀크시슬(milk thistle)인데 우리나라로 귀화한 지느러미엉겅퀴처럼 줄기와 잎 전초에 가시가 나 있어 접근하기도 어렵다.

이 다양한 종류의 엉겅퀴 종류의 공통적인 특성은 대부분 보라색 꽃을 피운다는 점이다. 물론 흰색 꽃을 피우는 종도 있기는 하지만 드물고 우리가 쉬이 볼 수 있는 엉겅퀴는 대부분 보라색 꽃을 피운다.

엉겅퀴는 참으로 다양한 용도를 가지고 있어서 우리나라 사람들에게 오랫동안 사랑받아 왔다. 먼저 봄철에는 향긋한 봄나물로, 상처가 나면 지혈제로, 몸이 허하면 보양제로, 또 그 뿌리는 구황식물로 활용되고 있다. 이러한 것은 서양에서도 마찬가지다. 서양에서는 오래전부터 엉겅퀴가 간을 살리는 성분이 있다고 여겨서 약으로 사용해 왔고 오늘날에는 그 특유의 성분을 추출하여 건강보조제로 사용하고 있다. 요즘 밀크시슬 제품이 날개 달린 듯 팔리고 있다.

차를 타지 말고 걸어서 닭실마을 앞 들판을 빙 둘러 뻗어 있는 길을 따라서 내성천 상류로까지 춘양 방향으로 걷다 보면 길가에 수많은 지느러미엉겅퀴꽃을 만날 수 있다. 뒷산의 참꽃과 철쭉이 다 지고 여름이 깊어지면 닭실마을 농로 주변에는 보라색 엉겅퀴꽃이 만발한다.

참엉겅퀴·고려엉겅퀴

이 귀화식물이 어떻게 해서 이곳까지 번져 왔는지는 모르겠지만 베트남 며느리처럼 이제는 완전히 우리 땅에 정착했다. 꽃만 보면 엉겅퀴는 종류를 구분하기 쉽지 않다. 꽃은 모두 비슷하기 때문이다. 닭실마을에서 민박을 하고 난 이른 여름날 아침 들판 길을 한 번 걸어보라. 지느러미엉겅퀴 보라색 꽃을 만날 수 있을 것이다.

마을 안길이 아니고 주변 산속으로 들어가면 지느러미엉겅퀴는 찾기 힘들어지고 가시엉겅퀴를 만나게 된다. 보통의 큰 가시엉겅퀴는 꽤 높이 자라서 어떤 경우에는 1m가 넘게 자라기도 한다. 한 그루에서 여러 개의 곧게 줄기가 뻗어 나와서 가지마다 그 끝에 보라색 꽃을 피운다. 꽃이 지고 나면 모든 국화과 식물이 그러하듯이 엉겅퀴도 솜털 같은 털을 달고 있는 수많은 씨앗을 바람으로 날려 멀리 보내서 후손들이 번창하게 한다.

초여름 밤에 혹시 이 개천 둑길을 걸을 기회가 있으면 권하고 싶다. 온갖 종류의 개구리들 울음소리와 풀벌레 노랫소리와 개천에서 들려오는 졸졸거리는 물소리와 더불어 둑길에 피어난 엉겅퀴 보랏빛 꽃향기를 느끼며 매꽃과 달맞이꽃이 언뜻언뜻 달빛에 나타났다가 또 으스름 속으로 사라지는 파노라마를 풍성한 마음으로 즐겨보자. 가끔 풀밭에 마음대로 돋아난 박 줄기에서 뽀얀 박꽃이 달빛을 받아 이슬 머금은 꽃잎을 펼칠라치면 여기가 어딘지 잊어버리기 쉽다. 내가 누구인지도 잊기 쉽다. 그냥 자연에 속해 있는 연약한 내가 있는 그대로 느껴질 뿐이다. 하늘에는 달이 반쯤 웃고 있다.

Ⅱ. 포항 오천읍 오어사 들꽃 기행

❋ 1. 영일, 해를 맞이하라!

경주 보문호수를 거쳐 감포 가도를 따라 한참 가다 보면 기림사가 나타난다. 기림사의 정문이 나오면 곧바로 우회전하면 오어사로 가는 구불구불 산길로 접어든다. 경주에서 가장 산골이며 포항에서 가장 산골인 지역으로 접어든다. 즉 경주와 포항이 접경한 지역인 것이다.

오어사

행정구역상으로는 포항시 오천읍(烏川邑)에 속하며 수려한 모습의 산은 운제산(雲悌山)이라고 한다. 신라시대에는 수도 서라벌의 일부였다고 여겨진다. 신라에서 좀 이름난 유명한 스님들이 거의 다 이곳을 거쳐 갔다고 하니, 이 절의 법력(法力)이 어떠한지는 잘 모르겠으나 일단 경치 하나는 가히 절경이라고 짐작해도 틀린 말이 아님이 분명하다. 아무리 불법을 공부하고 불심을 연마하는 덕 높은 스님들이라 할지라도 경치 수려한 곳을 마다하지는 않았을 터이었을 것이다.

오어지

여름에 이 산길을 지나가는 사람들은 대부분 아마도 시원한 계곡물에 한 번쯤 발을 담그고 잠시라도 탁족(濯足)2)의 즐거움을 느끼고 싶은 마음이 저절로 들 것이다. 일단 기림사에서 초입의 산길을 차로 오르다 보면 전형적인 산골 마을이 나타날 것이다. 첩첩산중이란 곳이 바로 이런 곳이다. 그 옛날엔 호랑이라도 나타났을 법한 산골 마을인데 요즘은 도로가 발달하여 제법 많이 개방되었다손 치더라도 아직 산골의 정겨움이 그대로 남아 있는 곳이다. 땡감 나무가 집집이 한두 그루씩 높이 자라고 있고, 논보다는 주로 밭농사에 의지하며 살아가는 마을 사람들은 순박할 데가 그지없다.

가끔 유아들을 위한 유모차를 밀고 가는 할머니들의 모습을 보고 혹시 손자라도 밀고 가나 싶어 살펴보면 그것이 아니라 지팡이 대신 못 쓰는

---

2) 옛 선비들이 계곡물에 발을 담그고 시를 읊으며 피서를 했던 풍습

유모차를 대신 밀고 다니시는 것을 알게 된다. 물건도 간단하게 싣고 갈 수 있고 중심 잡기가 훨씬 쉬워서 다들 이렇게 한다고들 한다. 밭에는 사과나무, 단감나무 등을 재배하기도 하고 담배, 콩, 참깨, 고구마, 고추 등을 주로 재배하고 있다.

또 한 가지 이 마을의 특징은 아직도 이곳에 닥나무를 사용하여 한지를 생산해 내는 한지 공장이 재래식으로 운영되고 있다는 점이다. 워낙 산골이라서 한 때는 농사보다 차라리 닥나무 농사를 지어 그것으로 한지를 만들어 근동의 장터에 내다 팔거나 한가할 때 한 짐씩 한지를 등짐으로 지고 이 마을 저 마을 돌아다니며 겨울 한 철 장사로 보내기도 하였다. 그러다 보니 쌓인 인연으로, 안면으로 어느 농가에 들어 하룻밤을 자고 가기도 하고 끼니도 해결하곤 하였다. 물론 갈 때는 보답은 아니지만, 감사의 뜻으로 한지 묶음을 조금 내려놓고 가기도 했다. 필자의 집에도 겨울마다 할아버지의 사랑채를 찾아드는 수많은 손님 가운데 한지 장수가 있었다. 닥나무의 껍질을 벗겨 둔 것을 사들여 가기도 하고 종이로 바꿔 가기도 하고 혹은 돈으로 바꿔 가기도 했다. 좁은 계곡을 따라 줄지어 이어진 곳곳에 좁다란 논도 제법 여기저기 흩어져 있기도 하다. 좁디좁은 천수답 다락논이다. 쌀 소출이라 해보아야 기껏 제삿밥 지을 정도였을 것이다.

좁은 계곡 안에 길게 뻗어 있는 산골 마을을 지나면 길은 다시 오르막으로 오르고 그 오르막의 정상에 올랐다 싶으면 그곳에 휴게소가 있을 것이고 그 휴게소를 지나면 바로 내리막길이 계속 이어진다. 정상의 휴게소에서 시원한 차를 한잔 마시고 가는 것도 좋을 듯하다. 이곳이 경주와 포항의 경계 지대이다. 포항이라 하면 떠오르는 것이 포항제철,

해병대, 영일만 등등의 말들일 것이다. 우리나라 산업 발달의 견인차 역할을 해오고 있는 포항제철로 인해 한산하던 어촌이 이렇게 거대한 도시로 탈바꿈하다니 참으로 격세지감을 느끼지 않을 수 없다. 특히, 어린 시절 잠시 아버지를 따라 포항에서 생활해 본 필자로서는 감회가 대단하다. 세계 어디를 가도 이렇게 포항만큼 빨리 산업화를 거친 도시도 드물 것이다. 아마도 울산이 더하지만. 옛날에는 남쪽 포구인 울산과 더불어 신라의 동해 쪽 포구 역할을 했던 포항 지역이었다.

그래서 우리가 어릴 적 학창 시절에 교과서에서 배운 '연오랑과 세오녀 설화(延烏郞 細烏女 說話)'가 생겨난 것도 바로 신라 서라벌과의 깊은 인연 때문일 것이다. 우리가 지금 찾아가는 오어사(吾魚寺)로 가려면 이제 조금 더 가면 운제산(雲悌山)이 나오지만, 먼저 포항으로 접어들었으니까, 포항의 옛 이름으로 가장 뜻깊은 '영일(迎日)'에 대해서 한 번 알아보고 가는 것도 의미 있다고 하겠다. 언젠가 어느 가수가 불러서 히트를 크게 친 '영일만 친구'라는 가요가 갑자기 생각이 난다. 실제로 필자의 친구 중에는 진짜로 영일만 친구들이 제법 있는 편인데 그 가수의 허스키한 목소리가 아주 매력적이었던 노래 때문에 나의 영일만 친구들이 모두 다 그렇게도 멋있게 보였던 시절이 있었다.

'바닷가에서 오두막집을 짓고 사는 어릴 적 내 친구. 푸른 파도 마시며 넓은 바다의 아침을 맞는다. 누가 뭐래도 나의 친구는 바다가 고향이란다. 갈매기 나래 위에 시를 적어 띄우는 젊은 날 뛰는 가슴 안고 수평선까지 달려 나가는 돛을 높이 올리자. 거친 바다를 달려라. 영일만 친구야. 영일만 친구야.'[3]

---

3) 최백호 노래 '영일만 친구' 가사

요즘 영일만 인근에서 제일 유명한 특산물은 아마도 과메기일 것이다. 겨울 한 철 전국적으로 그 명성을 떨치는 특산물인데 불과 얼마 전만 해도 경북 동해안 지역, 즉 구룡포, 포항, 경주 등지에서만 즐겨 먹던 겨울철 별미였다. 막걸리 한잔에 내장을 그대로 삭힌 과메기는 껍질만 벗기고 내장을 제거한 뒤 초고추장에 찍어 입으로 뜯어 먹는 것이 제맛이다. 요즘은 주로 외지로 많이 나가다 보니 처음부터 꽁치의 내장을 제거한 뒤 바닷바람에 말리고 삭혀서 꼬들꼬들해지면 껍질만 벗겨 먹는다. 하지만 원래의 과메기는 청어를 통째로 바닷바람에 말리고 삭혀서 먹는 것이다. 내장이 안에 들어 있어야 발효가 되면서 깊은 맛을 내는 것이다. 필자는 대학 시절 방학을 맞이하여 고향을 찾아오면 으레 친구들과 경주 역전의 웃시장 아니면 아래 시장에서 막걸리에 과메기로 열정을 토로하곤 했다. 지금도 어촌에서 자신들이 먹을 과메기는 전통 방식대로 통째로 만든다고 한다. 외지인들의 입맛에는 내장 채로 삭힌 것이라 약간의 거부감도 있을 법하지만, 본래의 맛을 즐기려면 통째로 만든 것을 한번 시도해 보라.

한반도에서 호랑이 꼬리를 닮아 유명한 이 지방의 호미곶(虎尾串)은 오늘날에도 해맞이 행사로 유명하다. 지금도 포항 인근지역을 영일만 지역이라고 부르는데, 그것은 그 옛날 신라시대부터 이 지역은 태양신(太陽神)을 숭배하여 국가적인 제례 행사를 지냈던 장소로 유명하였기 때문이다. 영일(迎日)이라는 말뜻은 그대로 풀이하면 '해맞이' 정도가 아닐까 싶다. 해를 맞이하는 장소로 보면 적당하리라 생각한다. 물론 그 의미의 이면에는 어떤 사상적 배경을 가진 철학과 역사적 사실이 바탕을 이루고 있는 것도 사실이다. 많은 민족들이 가지고 있는 태양신(太陽神) 숭배 사상(崇拜思想)과 일식현상(日食現想)에 대한 개념과도 밀접한 관련성이 있는 것 같다. 이러한 '영일 사상'은 일본으로 건너가서 그들의 토착 신앙의 기초가 되었다고 생각된다. 우리말 '해돋이'가 일본 열도로 건너가서 '히다찌'로 변했다고 하니 우리 옛말 '해'가 일본어로 '히'로 변한 것이다.

 삼국유사에 나오는 연오랑세오녀설화(延烏郞細烏女說話)[4]에 따르면 연오랑(延烏郞)과 세오녀(細烏女)라는 어촌마을의 부부는 지금으로 추정해 볼 때 영일 지역 즉 포항 지역에 해당하는 신라의 동해 바닷가에 살고 있었는데, 서기 157년 아달라왕 4년에 바닷가로 해초를 따러 나간 신랑 연오랑은 무심코 바위처럼 생긴 물고기 위에 올라섰는데, 이 물고기가 갑자기 움직이기 시작하였다. 지금 추측해 보면 아마도 큰 고래가 아닐까, 생각해 본다. 물론 필자의 생각이지만. 그런데 그 물고기 마침내 도착한 곳은 일본이었다. 이렇게 큰 물고기를 타고 먼바다를 건너온 연오랑을 보고 일본 토착인들이 그를 범상치 않은 인물로 알아보고 그를 자기네 나라의 임금으로 추대하여 결국 연오랑은 일본의 왕이 되었다. 한편 바다로 나간 신랑이 홀연히 물고기를 타고 일본으로 건너가 버리자, 그의 부인 세오녀는 남편을 찾으러 바닷가에 갔다가 남편이 벗어놓은 신발을 보고 그녀도 역시 다시 나타난 큰 물고기를 타고 일본으로 건너왔다. 그래서 그녀도 왕비가 되었다. 그런데 이렇게 연오랑 세오녀가 일본으로 건너가서 왕과 왕비가 되자 신라에서는 난리가 났다. 벌건 대낮에 해(日)가 사라진 것이다. 이 사실을 알고 신라의 왕이 사신을 보내 연오랑 세오녀가 다시 신라로 돌아오라고 청했으나 이는

---

4) 일연(一然) 저(著) 이민수(李民樹) 역(譯) <삼국유사> 75페이지

필시 하늘의 뜻이라고 여긴 연오랑은 방책을 주어 신라에 다시금 해가 나타나게 했다고 전한다. 그 방책은 바로 자신의 왕비 세오녀가 짠 베를 바치고 하늘에 제사를 지내라고 했다. 물론 다시 신라에 태양이 나타나게 되었다. 태양신(太陽神)에게 제사를 지낸 곳이 바로 영일현(迎日縣) 즉 오늘날의 영일만 지역이라고 전한다.

오늘날의 상식으로 옛날의 설화를 재단하여 다 밝힐 수야 없지만 필자의 짧은 생각으로는 아마도 연오랑이 물고기 잡이에 열중하다 배가 표류하다가 해류를 따라 우연히 일본에 닿게 되었고 아마도 연오랑의 비범한 생김새나 걸출한 출현 모습을 보고 이를 길조로 여긴 일본의 어느 지방의 작은 부족 혹은 씨족이 자신들의 지도자로 추대되었고 다시금 자기 부인을 데리러 사람을 보내 데려갔다고 여겨진다.

태양은 만물의 근원적 에너지원으로서 그 존재 자체가 생명을 보장하고 부재는 곧 죽음을 의미하기 때문에 태양이 없는 세상은 상상조차 할 수 없는 것이다. 그래서 옛사람들은 태양을 숭배하고 태양이 혹시나 없어지면 이는 왕이나 천자가 잘못하여 하늘이 벌하는 것으로 여겨 곧바로 하늘에 제사를 지냈던 것이리라. 그렇게 중요한 태양을 맞이하고 태양을 숭배하여 제사를 지냈던 곳이니 당연히 이 지역의 자랑할 일이라 여겨진다.

이 설화에 관해서 또 한 가지 흥미로운 것은 세오녀가 태양신을 상징한다는 것이다. 다른 것도 아닌 오직 여자인 세오녀의 선물을 받고 하늘이 해를 다시 주신 것은 바로 세오녀가 여성으로서 태양신을 대신한다는 것을 의미할 수도 있다. 세계적으로 유명한 설화에 따르면 대체로 태양신은 여신(女神)인 것도 흥미롭다. 아마도 일본의 천조대신(天照大神)⁵⁾도 우리나라의 세오녀가 화하여 변현 것이 아닐까? 일본 최초의 문명 야마토 문명이 우리 민족의 명칭인 '예객족(濊貊族)의 땅'을 나타내는 '예맥토(濊貊土)'를 순수한 당시 일본 토착어로 발음하면 '야마토'가 된다고 하니 분명 우리 민족이 건너가서 그 뿌리 문화를 이룬 것이 맞을 것이다.

❋ 2. 마타리 그리고 오이풀

이제 드디어 계곡을 따라 내려오다가 작은 호수도 만나고 지금이 늦여름 8월경이거나 9월 초 정도의 초가을이면 중간중간 마사토(磨砂土) 속살을 드러내고 있는 산비탈 곳곳에 노란색 마타리(Patrinia scabiosaefolia)가 필 철이다. 우리나라 꽃말인데도 마치 외국의 꽃 이름 같은 것이 우리의 뇌(腦)가 하도 실화와 영화 속의 여자 스파이 '마타하리⁶⁾'라는 이름에 익숙하게 젖어 있어서 그럴 것이다. 묘하게도 이름이 닮았다.

 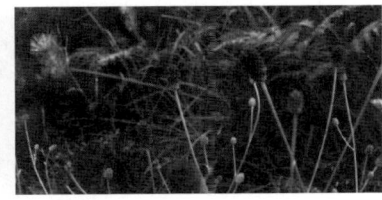

마타리꽃·오이풀 꽃

---

5) 일본의 신화 속 태양신, '아마테라스오오카미'
6) 세계 1차대전 때 독일과 프랑스 사이를 오간 이중간첩으로 유명한 여자. 네덜란드 태생으로 말레이어로 '새벽의 눈동자'라는 뜻의 가명으로 사교계에서 활동함

우리나라 봄철 들꽃과는 다르게 여름철 들꽃들이 대부분 흰색인 경우가 많다. 마타리꽃은 드물게 원색으로 노랗게 핀다. 이름마저도 특이하여 사람들이 흔히 착각한다. 외래종 꽃이 아닌가 하고 말이다. '말다리'처럼 기다랗게 생겼다고 해서 붙여진 이름이다. 혹은 '마다리 포대' 즉 지게 위에 올리는 '바지게'에서 유래했다는 설도 있다.

그러나 분명 마타리는 우리 들꽃이다. 물론 한국, 일본, 중국, 러시아 등지에서 모두 자생한다. 그런데 이 꽃을 보려면 반드시 비교적 습기가 덜한 건조한 지역을 찾아보고 가능하면 토양이 마사토와 같은 모래 성질의 지역을 살펴보는 것이 좋을 것이다. 그리고 요즘은 산림 녹화 덕택에 그늘을 싫어하는 이 꽃의 특성상 자생지를 많이 잃어버려 찾기가 쉽지 않다. 과거 산에서 나무를 해서 땔감을 하고 소를 산에 방목하여 기르던 시절에는 키 낮은 나무들로 인해 마타리가 많이 번성할 수 있었지만, 어느 순간 짙어진 숲으로 인해 차츰 살 곳을 잃어버리고 자꾸만 도로 쪽 나무가 없는 곳, 특히 햇볕이 내리쬐는 양지바른 비탈을 찾아 번식지를 찾아 헤매고 있다.

그래서 남사면으로 잘려 나간 도로 옆 비탈을 유심히 보면 찾을 수 있다. 똑바로 자라기 때문에 키는 60cm가 넘으며 큰 키의 윗부분에 자잘한 가지가 많이 나고 그 끝에 노란색 꽃이 달린다. 키가 훨씬 작은 20cm 내외의 돌마타리종(種)도 있다. 물론 흰 꽃을 피우는 사촌 식물 뚝갈도 있다.

마타리라고 하는 특이한 이름은 긴 '말 다리'에서 유래했거나, 사투리 바소쿠리 혹은 '바다리' 혹은 '마다리'에서 유래했으며 패장이라고도 부른다. 뿌리 부분에서 장[豆醬] 썩은 냄새가 난다고 하여 패장이라고도 부른다. 마타리 어린 순은 나물로 먹을 수 있고 이를 가얌취 나물이라고 부른다. 다시 한번 우리나라 사람들의 산나물 즐기기 특성을 알 수 있다. 원줄기는 곧추서기 줄기이고 윗부분에서 여러 개의 가지가 갈라져서 그 끝에 7월 8월경 혹은 9월경에 노란색 꽃을 피운다. 가끔 하얀색 꽃을 피우는 종(뚝갈)도 있다. 줄기가 땅바닥과 접한 부분에서 여러 개의 새싹이 자라나서 그것으로 번식하기도 한다.

산오이풀꽃

황순원 선생의 소설 '소나기'에도 등장하는 마타리꽃 어원인 바다리, 마다리에 대해서 좀 더 알아보자. 옛날 농촌에서 필수 농기구였던 지게와 연관이 있다. 지게 위에 장작 같은 긴 짐이 아니라 두엄 같은 자잘한 무더기의 물건을 더 많이 싣기 위해서 지게 위에 새로운 도구를 하나 장착해서 사용하였다. 그 도구의 이름은 표준말로 바작 이고, 경북 지역 사투리로는 바소쿠리 경남지역 사투리로는 바다리가 된다. 그 바다리가 세월 따라 변하여 마타리가 되었다고 한다.

흰마타리(뚝갈)꽃

어쨌든 '소나기' 속의 두 주인공 소년과 소녀의 순수한 사랑에도 등장하는 노랑 마타리꽃이 서양에서도 신화 속에 등장한다. 물론 오늘날에는 터키 지역인 소아시아에 옛날 프리기아 왕국이 있었다. 프리기아 하면 유명한 왕 미다스가 떠오를 것이다. 욕심 많은 미다스가 신에게 갈구하여 자기 손이 닿으면 모두 황금으로 변하게 되어 기뻐했지만 마침 등장한 자기 딸을 반갑게 안아주자 곧바로 황금으로 변하여 미다스 왕이 통곡하면서 자신의 욕심을 한탄했다고 한다. 그 황금으로 변한 딸의 영혼이 바로 마타리꽃이라고 한다.

어린 시절 필자가 자랐던 경북 지역의 산골 마을에도 늦여름부터 가을까지 이 마타리꽃이 군데군데 수북수북 피어 있어서 어린아이들의 정서를 한층 부드럽게 어루만져 주었다.

특히나 바쁜 농사일로 일손이 부족하면 아버지를 따라 들로, 산으로 일손 돕기로 따라나섰다. 소 꼴 먹이기, 소먹이용 풀 베어오기 등등으로 들꽃과 접하는 경우가 허다하니 자연스럽게 눈에 확 띄는 꽃을 만나서 그것이 마타리인 것을 알게 되고 차츰 그 꽃에 마음이 끌리고 또 봄이면 어머님이 캐어온 산나물 속에서도 발견하고 그 이름을 알게 된 것이다. 오어사 가는 이 길에서 만나는 마타리는 주위 자연의 청정함으로 인해 더더욱 샛노랗게 보인다.

마타리와 거의 비슷한 곳에 오이풀(Sanguisorba officinalis L.)이 자란다. 자생하는 곳은 특별히 마타리처럼 토질(土質)을 따지지는 않지만 대체로 나무숲이 우거진 곳은 찾기 힘들고 산속의 풀밭에 자란다. 장미과의 식물로 키가 거의 1m 가까이 자라며 잎이나 줄기를 잘라서 손으로 비비면 오이 냄새가 난다고 해서 붙여진 이름이 오이풀이다. 역시 우리나라가 원산지이며 대표적인 우리 들꽃이다. 그런데 의외로 이 꽃을 잘 모르는 사람들이 많다.

꽃은 7월 여름에서 9월 가을까지 오래도록 피는데, 꽃의 색깔은 두 가지 종류가 있다. 주위에서 흔히 찾아볼 수 있는 종이 짙은 자주색의 동그란 모양의 꽃을 피우고 또 다른 한 종류는 하얀색의 길쭉한 모양의 꽃을 피운다. 물론 다른 외국종 오이풀 혹은 교잡종들도 많다. 줄기나 잎은 거의 비슷한 모양이다. 1m 가까운 큰 키에 많은 가느다란 줄기를 달고 있으며 키에 비해 잎은 아주 작다. 장타원형으로 가장자리는 톱니 모양으로 둘러쳐져 있다. 일반적으로 흔하게 볼 수 있는 짙은 자주색 꽃은 마치 솔방울을 축소해 놓은 것 같다. 실제로 꽃을 만져보아도 부드럽지 않고 까칠하다. 겉으로 보기에 전혀 화려해 보이지 않는 수수한 꽃이지만 숲속에 기린처럼 긴 가지를 흔들며 바람을 맞고 있는 모습은 절제된 아름다움을 느끼게 하는 꽃의 귀족처럼 느껴진다. 스스로 아름답다고 요란하게 떠들지도 않고, 모양새에 맞지 않게 짙은 향을 염치없이 마구 뿜어대지도 않고, 마치 학의 다리처럼 기다란 줄기와 가지로 서서 처연하게 자줏빛 바람을 보내는 반가(班家)의 안방마님을 닮은 꽃 같다. 나의 삶도 저 오이풀같이 수수하면서도 위엄이 있는 그런 삶이기를 바랄 뿐이다.

  오어사로 꺾어 들어가는 길 초입에 이르면 고려 충신 정몽주의 원고향 마을(조상들의 고향) 오천읍을 지나가게 된다. 길가에 포은 정몽주 선생의 고향을 나타내는 푯말이 이를 말해주고 있는데, 포은 선생의 고향은 영천, 포항, 용인, 개성 등 다양한 설이 있으나 아마도 부모님의 고향은 영천이고 포은 선생께서 아버지의 벼슬을 따라와 살게 된 영일의 오천에서 태어난 것으로 짐작이 된다. 고려 최고의 충신 중 한 명이 이 고장 출신이라니 가히 명 산천이 걸출한 인물을 배출하나 보다. 평평한 길에 이르러 안내 표지판을 따라 좌회전하여 운제산 계곡으로 들어가면 우리의 목적지 오어호(吾魚湖)를 거쳐 오어사(吾魚寺)가 나온다. 사방이 숲으로 둘러싸인 오어사(吾魚寺)는 특히 옆에 시원하게 호수를 거느리고 있어 더욱더 신비롭고 '오어(吾魚)'라는 이름에 걸맞게 물고기가 막 푸드덕푸드덕 뛰어놀 것만 같다.
  좌(左)로는 원효암(元曉庵) 우(右)로는 자장암(慈藏庵)의 시위를 받으며 나지막하게 앉아 있는 모습이 신라 고찰의 숭고함을 느끼게 한다. 신라의 의상(義湘), 원효(元曉), 자장(慈藏), 혜공(惠空) 등 당대 '내놓으라'하는 유명한 고승들이 모두 이 절에서 불공을 닦았다고 하니 이 절의 위세와 덕을 느끼고 남음이 있다. 특히나, 이 절의 이름이 유래된 설화가 옛날부터 지금까지도 전해져 내려오고 있어서 그 진위야 어떻든 참 재미있다. 그 설화에 따르면 원효(元曉)와 혜공(惠空) 두 스님에 관한 전설이다. 보통 이상의 폭넓은 두 스님의 도량을 느끼게 하는 이야기인데, 먼저 이 절에 머물고 있었던 혜공(惠空)을 그의 동무 원효(元曉)가 찾아오자 두 사람은 그 계곡에서 물고기를 잡는 천렵을 하게 되었다. 마침 두 마리의 물고기를 보고 서로 자기 똥이 변한 물고기라고 주장하였다 하여 그 이름이 '내 물고기다'라는 의미의 '오어(吾魚)'가 되었다고 한다. 이 설화가 사실이든지 꾸며낸 이야기든지 간에 여하튼 '살생(殺生)'을 금(禁)하는 불가에 머무는 두 스님이 천렵하여 매운탕을 끓여 먹는다는 것은 보통의 상식으로는 이해하기 힘든 모습이지만, 일반적인 기준의 도덕률이나 평범한 수준의 종교 도그마를 뛰어넘는 큰 스님들에게 있어서는 과히 일반이 이해하지 못할 어떤 나름의 기준으로 살아가지 않았나 싶다. 과감히 파계(破契)하여 일국의 공주와 야합(野合)하고 아들 설총을 낳은 것만 보더라도, 길고 복잡한 불교 경전을 간단히 축약하여 '나무아미타불 관세음보살'이라는 대중적인 구절을 내어놓으면서 일반 민중들의 고통을 끌어안은 그러한 유(類)의 관점을 아마도 일반 대중들이 좋아하고 받들어 일부러 만들어낸 이야기가 아닐까 싶다.

태종무열왕의 과부가 된 딸 요석공주와 사랑을 맺어 신라의 석학 설총을 낳았다고 전해지는 원효는 과연 대단한 도량과 폭넓은 민초들에 대한 이해심을 가진 선각자였을 것이다. 그만큼 덕이 높고 신망이 두터우니 일반 민초들이 우러러 따르지 않았을까 싶다. 오어사의 오어지

옆에 서면 아직도 원효의 너털웃음이 들리는 듯하다.

❋ 3. 보리수(Linden Baum)

이 절에 들어갈 때 호수 쪽의 정문이 아니라 주차장 쪽의 작은 문으로 들어가면 제일 큰 나무를 만나게 될 것이다. 이 나무가 불가(佛家)에서는 귀히 여기는 보리수나무이다. 부처님께서 해탈하신 곳이 바로 인도의 어느 보리수나무 아래라 하여 그 보리수나무는 불교가 전파된 모든 나라마다 불도를 따라 퍼져나갔다. 우리나라에도 들어와서 이제 어지간한 절에는 대부분 이 나무를 볼 수 있다. 마치 미루나무가 좀 더 굵은 잎을 매달고 있는 모습으로 잎이 제법 넓고 미루나무의 그것을 닮았다. 열매는 털이 보송보송 짧게 달라붙은 옅은 갈색으로 열리는데 이것으로 옛날엔 염주(念珠)를 만들어 불공드릴 때 사용하였다 한다. 지금도 여전히 열매는 달려 있고, 그 아래 바닥에는 여름철 몇 개의 보리수나무 열매가 떨어져 있을 것이다. 한 번 열매를 주워서 살펴보라. 익지 않았을 때는 약간 폭신폭신하여 누르면 뭉개진다. 겉의 짧은 갈색 털로 인해 앙증맞은 구슬 같다. 몇 개 주워서 딸아이 호주머니에 넣어 두었다가 실에 꿰어 목걸이나 팔찌를 만들어 주면 좋을 것이다.

전혀 다른 보리수나무꽃(토종 보리밥)·오어사 보리수

보리수나무를 구경했으면 이제 이 절의 대웅전을 비롯한 절집을 구경하면 된다. 절집 구경을 다 마치면 오른편 언덕 위를 한 번 살펴보라. 마치 중국영화에 나오는 산꼭대기 구름 위에 얹혀있는 듯한 절집이 하나 보일 것이다. 바로 자장암(慈藏庵)이다. 굉장히 높은 곳에 선 낙락장송(落落長松)같이 벼랑에 겨우 버티고 선 절집을 올라가는데 약 30분의 시간이 소요될 것이다. 급경사 언덕배기를 타고 오르면 등에 땀이 흠뻑 젖을 때쯤 해서 자장암에 도달할 것이다. 다 올라 보면 암자는 정말 절벽 위에 위태위태하게 앉아 있다. 그 절집 주위로 온갖 꽃들이 피어 있고 가을철에는 군데군데 산국(山菊)도 노랗게 핀다. 아마도 야생의 산국을 그곳에 옮겨 심어 놓은 듯하다. 이 암자에서 아래의 오어호(吾魚湖)나 오어사(吾魚寺)를 내려다보면 발끝이 찌릿찌릿한 느낌이 돌 것이다. 필자는 약간의 고소공포증(高所恐怖症, acrophobia)을 느끼는데 어떤 높은 위치의 낭떠러지나 높은 빌딩에서 아래로 내려다볼 때 심하면 현기증을 느낄 정도이다. 그런데도 비행기 여행은 굉장히 즐기니 참으로 아이러니하다. 파리 에펠탑을 오르는 엘리베이터에서 쩔쩔매고, 베를린 승리의 탑을 오르다 현기증 느끼고 타이베이의 어느 아주 높은 빌딩을 오르는 엘리베이터의 유리로 된 바닥을 보고 기겁하면서도 줄기차게 그런 유의 모험을 시도는 한다. 어찌 되었든지 간에 자장암에서 아래를 내려다보면 진짜로 당신이 중국영화 속의 주인공이 되어 하늘을 날아올라 깎아내린 듯 절벽을 타고 오르고 다시 저쪽 절벽을 발로 차고 치솟아 악당을 물리치는 느낌이 날 것이다.

그런데 이 암자의 뒤를 돌아보면 다소 실망한다. 힘들게 걸어서 올라왔지만 뒤편으로는 차가 다닐 수 있는 길이 있다. 그래도 건강에

도움이 되니 걸어가는 것이 좋을 듯하다.

❋ 4. 원효암의 물푸레나무꽃과 부처손

다시 오어사의 왼편 호수를 가로지르는 다리를 건너 계곡으로 오르면 원효암(元曉庵) 가는 길이 나온다. 원효암(元曉庵) 가는 길은 호수 위 다리를 건너자마자 절벽과 어울려 좁은 산길로 이어진다. 그 절벽을 따라 난 길을 5월경 봄에 오면 물푸레나무의 향기 짙은 꽃을 감상할 수 있을 것이다.

물푸레나무꽃

가을에 오면 꼭 추천하고 싶은 것이 거북손이다. 꽃인지 아닌지는 잘 모를 일이지만 '부처손(Selaginella tamariscina Beauv. Spring)'이라는 다년생 상록풀이다.

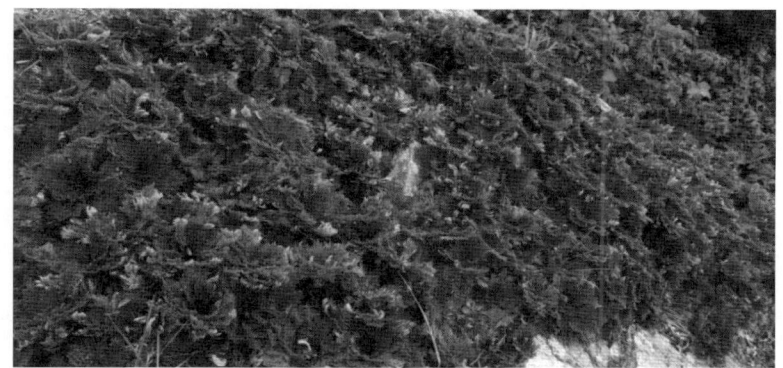

부처손

  이 풀은 우리나라 고유종으로서 주로 바위에 붙어 사는데 주로 서늘한 그늘에서 자생한다. 습기가 있으면 잎 즉 손을 쫘아악 펼쳐서 마치 부처님의 손바닥처럼 벌리고 있지만 일단 날씨가 건조하여 물기가 없어지면 펼쳤던 손바닥을 안쪽으로 오므려서 둥글게 말아버린다. 아마도 자신이 가지고 있는 수분을 빼앗기지 않으려는 행동처럼 보인다. 그런데 말랐을 때 자세히 이 풀을 살펴보면 정말 아기가 손을 오므리고 있는 모습과 흡사 닮았다. 폈을 때는 부처님의 손바닥을 닮고 오므릴 때는 아기의 손바닥을 닮았다는 느낌이 드니까 어린아이의 손이나 부처님의 손은 결국 하나인 것이 될까?
  어린이의 마음이 곧 부처님 마음인가? 아마도 그럴 것이다. 아직 때 묻지 않은 채 타고난 그대로의 마음이 부처님 마음이 아니고 그 무엇인가? 이 부처손 풀은 민간에서 약초로 많이 사용하는 것으로 전한다. 특히 시골의 늙은 할아버지 할머니들은 산길을 걷다가 '부처손'을 발견하면 한두 포기 고이 캐내서 쌈지 속에 넣고 집에 가서

볕에 바짝 말려서 차로 달여 마시곤 했다. 물론 그 마음 쓰는 정성이 더욱더 중요해서 기분이 한결 더 좋아졌으리라 생각하지만, 부처의 손이라고 여기고 마시는 차(茶)니까 아마도 그런 효과가 나기도 하겠거니 생각한다. 부처손은 꽃이 피지 않고 아마도 고사리나 버섯처럼 잎 위에 붙어 있는 포자(胞子)로 번식하는 것 같다.

부처손이 피어 있는 절벽을 지나서 계곡을 따라 계속 오르면 왼편으로 시원한 약수터가 나타날 것이다. 흔히 말하기를 '산삼 썩은 물'이라고 할 정도로 맑고 정한 물이다. 한 모금 마시고 길을 이어가자. 약 20 내지 30분을 오르다 보면 산속엔 보기 드물게 감나무가 몇 그루 나타나고 곧이어 자그마한 원효암이 나타난다. 감나무가 있는 곳은 반드시 민가든 절집이든 사람이 거처하는 곳이거나 옛날에 거처했던 곳이다.

원효암에 이르면 꼭 그곳 스님들이 돌보고 가꾸는 텃밭을 구경해 보시라. 아기자기하게 다양한 먹거리를 직접 길러서 자급자족하는 것 같다. 노동하지 않으면 먹지를 말라고 누가 말했다고 하지만 자기 몸을 직접 움직여 생산 활동하지 않고도 순전히 남의 덕으로만 살아가는 사람들도 많은 요즘 세상에서는 꼭 한번 반성할 수 있는 계기를 이곳에서 스스로 접해볼 수 있다. 너무 앞만 보고 달리지 말고 잠시만이라도 자기반성의 기회를 가져보는 것도 좋을 듯하다. 대체로 절집에 기거하는 스님들은 스스로 정화하는 한 방편으로 몸을 움직여 스스로 먹을거리를 생산하는 모습은 참으로 도를 아는 자의 모습 같아 보여 우리같이 일상의 생활 속에 빠져서 그것조차도 힘들어하며 허우적거리다가 시간을 다 보내는 사람들은 크게 깨달음을 얼듯이 감명받게 된다.

동서고금을 막론하고 사람이 살아가는 과정에서 소요되는 잡다한 자원은 소득이라는 수단을 통해서만 얻을 수 있다. 그 소득의 원천은 다양한 형태를 이루고 있는데, 크게 자본소득과 노동 소득이다. 노동활동 없이 얻어지는 소득은, 즉 자본소득이고 이는 배당금, 이자, 임대료 등과 같은 불로소득으로서 크게 존경받지 못하는 소득이다. 물론 자본주의 사회의 기본은 자유 시장경제가 그 근저를 이루는 사회이고 건전한 경쟁을 통해 발전해 나가는 것이 마땅하고 권장할 만한 프레임이다. 하지만, 시간이 지나고 세월이 흘러 자본소득과 노동소득의 격차가 심화하고 양극화가 심화하면서 그 폐해를 해소하기 위한 다양한 노력이 있어 왔다. 어느 사회 시스템이든지 절대불변의 완전한 사회 시스템은 있을 수 없다. 왜냐하면 그것을 만들어내는 인간 자체가 불완전한 존재이기 때문이다. 그러므로 우리들은 스스로 불완전성을 보완하기 위해서 늘 수정하고 보완해 나가려는 자세를 가지고 살아가야 한다.[7]

그리고 이 암자의 처마 밑에 심어진 다양한 들꽃들도 잘 살펴보면 소박한 시골 농가의 화단을 보는 느낌이 날 정도이다.

---

7) 21세기 자본(Capital in the twenty-first century) 참조. Thomas Piketty 지음. 장경덕 외 옮김

Ⅲ.
영양 두들마을
들꽃 기행

🌸 1. 두들마을의 역사

경북 영양하면 전통 양반촌으로 이름 높은 곳이다. 석계고택, 이문열 문학관, 음식디미방 등의 이미지가 먼저 떠오른다. 영양 역시 안동 문화권의 여러 도시 가운데 한 곳이다. 안동을 비롯하여 영주, 봉화, 의성, 영양 등지를 일컬어 흔히 안동 문화권이라고 부른다.

영양은 청송과 더불어 청양고추로 유명한 농촌 지역이다. 우리가 보통 청양고추라고 하면 정말로 충청도 청양 지역 고추로 착각하기 쉽지만 사실은 그렇지가 않다. 이 지역 어느 육종학자가 고향인 영양과 인근 청송에 처음 심어서 아주 매운 맛의 고추 종자에 지역 이름 첫 글자를 따서 새로 지어 주었다고 한다.

두들마을 1

경북 영양군 석보면 원리리 마을이 바로 유명한 재령 이씨(李氏)들의 집성촌인 두들마을이다. 1640년 석계 이시명 선생이 병자호란을 피해 이곳으로 처음 들어온 입향조(入鄕祖)이며 그 이후로 그의 후손들이 집성촌을 형성하며 살고 있다.

석계고택

조선 고종 때 이 마을에 광제원이라는 국가에서 세운 원(院)이 있는 마을이라고 하여 원리(院里)라고 부르기도 한다. 요즘으로 치면 보건소쯤 되는 의료복지 기관이다.

'두들마을'이라는 이름이 붙은 것은 원래 이 마을이 동고서저의 둔덕 위에 세워진 마을이라서 붙여진 이름이다. 전문 풍수가들에 의하면 명당 중의 명당으로 소문나 있는 곳이다. 그 명성만큼이나 두들마을은 유명한 학자들을 많이 배출하였다.

두들마을 하면 가장 대중적으로 이름이 높은 두 사람이 생각난다. 첫 번째 인물로서는 여인 군자로 이름 높은 정부인 안동 장씨로 '음식디미방'이라는 최초의 한글 요리책을 지어서 후손들에게 물려준 분이다. 둘째로는 현대 우리나라 문학계에서 가장 이름 높은 소설가 이문열 씨이다. 물론 이문열 본인은 서울에서 태어나서 이곳에서도 자랐다. 이문열 씨의 아버님 위로 모든 조상들의 고향인 것이다. 그래서 두들마을에 가면 이 두 사람의 기념관이 잘 꾸며져 있다.

안동 장씨 기념관과 이문열 문학관이다. 물론 석계 선생의 고택인 석계고택과 석천서당 등 30여 채의 전통가옥들이 잘 보존되어 있다. 두들사대(四臺)인 세심대, 낙기대, 동대, 서대 등도 유명한 화매천 절벽바위에 유묵으로 남아 있다.

필자는 이문열 선생을 아주 좋아하고 그의 작품은 아주 많이 읽어보았다. 아니 그의 작품 세계를 참으로 좋아한다고 해야겠다. 어쩌면 그렇게 휘황찬란한 필력을 가졌을까 하고 늘 궁금하던 차에 순전히 이문열의 고향을 찾아가 본다는 생각으로 두들마을을 찾았다가 안동 장씨의 '음식디미방'이라는 한글 요리책이 단순한 역사적 지식으로만 알고 있던 그 책이 바로 이곳 두들마을에서 탄생했다는 사실도 새롭게 알게 되어서 매우 소중한 여행이 되었다. 물론 필자는 두들마을의 들꽃도 함께 즐기면서 옛사람들의 정취도 호흡할 수 있었다.

필자는 수많은 이문열 선생의 작품들 중에서 '변경'이 아마도 이문열 선생 본인의 삶이 가장 많이 녹아 있는 작품이 아닐까 여긴다. 일제강점기 시절에 전통 양반 가문에서 태어난 아버지는 일본 동경 유학을 마치고 돌아와 공산주의자가 되었고 6·25동란 동안 자진 월북해 버린다. 그렇게 남한에 남겨진 월북자의 가족들이 힘겹게 1960년대와 1970년대를 살아가는 과정을 그린 작품이다.

도시빈민으로 살다가 고학을 하고 대학을 중퇴하면서 동생의 친구인 요정 집 딸 모니카를 알게 되고 우여곡절을 겪으면서 사이비 기자로 살면서도 늘 몸부림치면서 현실에서 벗어나려고 고향마을인 두들마을로 내려와서 간척사업도 해보지만 결국 다 실패하고 마침내 탄광에서 어용노조원들에게 집단 폭행당하여 삶을 마감하는 영훈이라는 주인공을 통해 작가의 고뇌를 공유할 수 있었다.

 그 치열했던 삶을 살아가는 주인공 영훈이 상록의 꿈을 안고 고향으로 돌아와 농지를 개간해서 성공해 보려고 노력했던 현장이 바로 두들마을이다. 지금은 광산문학관에서 그의 작품이 여전히 이어져 내려가고 있다.

✾ 2. 감나무 꽃

 어릴 적에 벼 지푸라기의 속 줄기를 뽑아내어 거기에 하나씩 꿰어 모아 반쯤 피데기[8]로 말려 먹었던 감꽃에 얽힌 추억을 가진 사람들은 이제 거의 많지 않을 것이다. 지금은 사라져 버린 필자의 어릴 때 추억이다. 시골 어디를 가나 만날 수 있는 대표적인 과일나무가 바로 감나무인데 아직 5~6월 늦은 봄철에 감이 날 리가 만무한데 다행스럽게도 감꽃이 피고 떨어지는 계절이라 아이들에게는 더없이 좋은 군것질거리로

감나무 꽃봉오리·땡감나무

---

8) 반쯤 말린 음식. 바다 생선 혹은 농산물을 반 정도로 말려서 음식 재료로 사용하는 것

사랑받았다. 1960~70년대 이야기이다.

감꽃은 새로 돋아난 가지의 잎겨드랑이 부분에서 돋아나는데 연한 황백색 혹은 아이보리 색을 띠고 있다. 대체로 꽃의 모양은 네모난 형태를 유지하지만 각지지 않고 둥그스름한 모양과 형태를 하고 있다. 물론 모자의 네 끝부분은 모두 뒤로 약간 말려져 있다. 감나무 종류에 따라서 꽃의 모양도 다소 차이가 있지만 대체로 이러한 형태를 닮았다. 시골 아이들은 감나무 꽃이 떨어질 철이 되면 먼지가 안 묻은 꽃들만 골라서 주워 모은다. 그냥 모아두면 감꽃이 서로 부딪혀 상처가 나고 색이 변할 수 있기 때문에 항상 긴 풀줄기나 지푸라기 속 줄기에 꿰어 모은다.

길게 축 늘어지게 모은 감꽃 다발은 나뭇가지에 매달아 두거나 아니면 그늘에 매어 두어 반쯤 마르게 한다. 원래 처음 주워 모은 감꽃을 그냥 먹어도 되지만 약간 떫은 맛이 난다. 그래서 많이 먹으면 목이 메기 때문이다. 그래서 어디서 배운 지혜인지는 모르지만 약간 말려서 먹으면 단맛도 더 하고 목도 안 멘다고 하는 사실을 알고 모두 그렇게 따라 하게 되었다. 그렇게 반쯤 마른 감꽃은 시골 아이들에게는 더없이 훌륭한 간식이 되어주었다.

감나무꽃

감나무는 주로 중국, 한국, 일본에 자생하거나 재배된다. 낙엽교목으로 목질은 아주 단단하여 바둑판, 골프채 헤드 등으로 사용되기도 한다. 우리나라에도 다양한 품종의 재래종 감나무가 재배되어 오고 있다. 토종 감나무로서는 떫은 맛이 강한 참감(땡감), 약간 납작한 납닥감, 그리고 제일 큰 대봉, 둥근 토종 단감, 아주 작은 돌감 등이 있다. 비슷한 종으로는 고욤도 있다. 물론 필자의 경험으로 알고 있는 감의 종류이다. 식물학적인 분류법이 아님을 밝혀둔다.

두들마을 2

하지만 오늘날 우리나라에서 재배되어 가장 많이 팔리는 감은 모두 일본에서 들어온 일본 단감 종류이다. 아주 달고 맛이 좋아서 현재 널리 재배되고 있다. 우리나라에도 재래종 단감이 있다. 대봉감과 모양이 흡사하게 둥근 모양이다. 크기도 일본 종 단감보다 거의 두 배 정도는 크다. 차이점은 우리 토종의 단감은 완전히 익기 전에는 아주 떫은 맛이 난다. 반대로 일본 종 단감은 어느 정도 익으면 바로 단맛이 난다.

참감 혹은 땡감이라고도 불리는 감은 다 익어도 그냥 먹으면 떫다. 목이 메 넘기기도 힘들다. 하지만 그 감을 큰 항아리 속에 차곡차곡 쌓아두고 겨울이 될 때까지 그냥 두면 된다. 항아리 속에서 땡감이 스스로 익어서 몰랑몰랑한 홍시로 변한다. 그러면 겨우내 하나씩 꺼내어 먹는 재미는 최고의 별미다. 시골의 할머니들이 몰래 숨겨두었다가 손자들에게 하나씩 쥐어 주곤 하였던 시절이 있었다. 제사 때 귀하게 쓰이는 곶감도 역시 땡감으로 만든다.

　이 참감을 깎아서 처마 밑에 매달아 놓으면 저절로 곶감이 된다. 곶감은 반드시 간식용으로만 필요했던 것이 아니다. 집집마다 기제사나 명절 차례상에 꼭 필요한 필수 제수용품이었다. 우는 아이에게 호랑이 온다고 해도 안 그치던 아이가 곶감을 준다고 하니 바로 울음을 그쳤다는 이야기를 듣고 호랑이가 곶감을 자기보다 아주 더 무서운 존재로 알았다고 하는 옛이야기도 있듯이 곶감의 위력은 대단하였다. 모아둔 돈을 야금야금 써버리는 행동을 곶감 빼먹듯이 돈을 쓴다고 하는 말도 있다. 옛날 시골에서 가장 고급 간식이었다.

　여름철 아직 감이 덜 익어서 생으로 먹기에는 너무 떫지만, 태풍이나 비바람으로 떨어지는 제법 굵어진 땡감은 나름대로 용처를 가지고 있었다. 시골 아이들은 그 떨어진 덜 익은 감도 지혜롭게 익혀서 먹을 수 있었다. 장맛비나 태풍으로 감이 많이 떨어지면 아이들은 양푼이나 바구니 한 개씩 들고 감나무 밑으로 가서 떨어진 감을 주어 온다. 주워 온 감을 이어서 작은 단지 속에 넣고 그 단지 속으로 소금물을 부어서 감들이 푹 잠기도록 해둔다. 그렇게 3일 정도 지나면 그 단지 속의 감들은 모두 잘 익어서 먹기에 안성맞춤이 된다.

　필자가 직접 경험해본 어릴 적 추억이다. 오늘날같이 음식이 풍부하여 어지간하면 버리는 이런 시대에는 전혀 맞지 않을 것 같은 아날로그

시대의 풍경이다. 음식은 무엇 하나라도 소중하게 여기고 줄이고 아껴서 사용하였던 시절 이야기이다.

풍습이 바뀌는 속도가 이렇게 빠르다니 믿을 수 없을 정도이지만 현실이니 믿을 수밖에 없다. 그래도 향수 어린 그러한 추억들이 감을 먹을 때마다 하나씩 튀어나와 입가에 엷은 미소가 번지게 한다. 이제야 아무도 그렇게 감을 줍고 소금물에 삭혀서 먹는 사람이 있을까마는 그래도 다소의 아쉬움이 남는다. 이어졌으면 더 좋을 것 같은 풍습이 사라져 간다고 생각하니 이렇게라도 글로써 남겨두고 싶어진다. 덜 익은 떫은 감을 삭히는 작은 항아리가 그리워진다.

두들마을의 토종 감나무도 이제 오래된 고목들만 남아 있고 알뜰하게 재배되고 가꾸어지는 것 같지는 않다. 그냥 예전부터 있어 왔던 나무이니 그냥 그대로 두어진 것일 뿐이다. 더 맛 좋고 더 수확량이 많은 계량종들의 많이 있는데 어느 세월에 토종 감나무의 감을 따서 겨우내 장독에 넣어서 홍시로 만들어 먹을까!

그래서 참감 홍시는 슬로푸드의 일종이다. 적어도 두어 서너 달 오랜 시간이 소요되어야 완성되는 디저트인 셈이다.

두들마을의 감나무는 이제 봄철에는 들꽃으로서 가을철에는 진홍색 익은 감홍시로 사람들의 눈을 즐겁게 해주는 관상용 나무의 역할을 더 많이 하고 있다. 모두 다 나이 많은 노인들만 남은 시골에서 그 높은 감나무 위에서 어떻게 참감을 다 딸 수 있으며 딴다고 한들 어떻게 모두 곶감으로 만들거나 홍시로 만들 것인가! 그래도 여전히 두들마을의 감나무는 훌륭한 관상용 고목으로 남아 있고 싶어 하는 것 같다.

개중에는 제사상에 곶감으로 올려져서 제수로 사용되는 행운을 가진 감들도 나오겠지.

감나무는 항상 새로 돋아난 가지에만 열매가 열리기 때문에 감을 따는 사람들은 아예 작은 가지를 꺾으면서 감을 딴다. 그래야 다음 해 새로운 가지가 더 잘 돋아나기 때문이다. 새로운 가지라야 꽃이 피고 열매가 열린다. 그래서 가을에 잘 익은 감을 딸 때도 두 갈래로 약간 벌어진 끝을 가진 대나무 긴 장대를 이용하여 의도적으로 잔가지 채 잘라내어 감을 채취한다. 그래도 감나무에는 오히려 더 득이 된다. 왜냐하면 내년 봄에 새싹이 더 많이 돋아나기 때문이다. 그래서 다음 해 가을에 더 많은 감을 수확을 할 수 있기 때문이다.

우리나라 시골 마을에 가면 거의 대부분의 집에는 감나무가 있기 마련이다. 감나무 한두 그루, 살구나무 한두 그루는 보통 기본으로 집 안에 있고 집 근처 구릉지나 밭둑에는 밤나무가 한두 그루 있다. 그리고 좀 더 신경을 쓰면 대추나무 한두 그루가 집 근처에 함께 자리하고 있다. 평균적인 시골 마을 농가의 모습이다. 왜 감나무 살구나무 밤나무 대추나무가 농가와 함께할까? 그것은 약 세 가지 이유가 있다.

첫째, 과일을 손쉽게 구하는 방법으로서 집 주위에 심어 가꾸는 것이다. 사실 시골 사람들이 일부러 과일을 사서 먹기에는 여러 가지 장애 요인들이 많았다. 특히 요즘처럼 과일이 흔한 시절이 아닌 옛날에는 더욱더 그러하였을 것이다. 농촌에 살면서 거의 대부분 음식물을 자급자족하면서 살았던 우리네 조상들은 과일도 여전히 자급자족해야 하는 것으로 생각했다. 그런데 주업인 벼농사 보리농사 등으로 일손이 바쁜 와중에 따로 시간을 내어 과일 농사를 짓기에는 역부족이라고 생각하여 한 번 심어두면 크게 일손을 더 들이지 않고도 오랜 세월 동안 심지어 후손들까지도 풍성한 과일을 얻을 수 있는 방법을 고안해 냈다. 그것이 바로 위의 과일나무들을 집안에 심어두는 것이었다.

둘째, 농촌에서 이 과일들이 비상약으로 사용되기도 하였다고 한다. 병원 시설이나 의원을 만나기 쉽지 않았던 옛날의 우리나라 농촌에서는 급채라든지 토사곽란과 같은 갑작스러운 질병에 늘 노출되어 있으면서도 별다른 뾰족한 수가 없었다. 그래서 생활 속에서 체득한 민간요법으로 이러한 몇 가지 과일이 비상약으로 쓰일 수 있음을 알고 집안에 일 년 내내 상비해 두기 위한 방편으로 이용하기 위해서였다.

셋째, 또 한편으로는 중하게 여겼던 조상숭배와 연결하여 제상의 필수품목으로 이들 과일들이 선택되어서 그렇다고 한다. 농촌의 봉제사 풍속 때문이다. 모든 제사상이나 차례상에 반드시 들어가야 할 중요 제수들 가운데 과일을 빼놓을 수 없다. 기본적으로 조(棗)율(栗)이(梨)시(柿)가 들어가야만 최소한의 형식이 차려진다. 대추, 밤, 배, 그리고 감이 기본적인 과일 자리를 차지한다. 물론 제상의 맨 앞자리를 차지하는 과일은 집집마다 그 순서가 약간씩 다를 수 있다. 어느 순서가 옳고 그른 것이 아니다. 집안의 전통이나 의미 부여에 따라 다르게 할 수 있는 형식의 문제이다.

이 기본적인 과일 세팅이 끝나면 그 외의 다른 제철 과일들을 차려놓을 수 있다. 그래서 이미 시대적 변화에 따라 바나나, 멜론까지도 제상에 오르고 있고 참외 토마토 키위 등등의 과일들도 제상에 올리기도 한다.

정성으로 생각하니 당연하다고 생각한다.

그런데 왜 제상 위에 이 네 가지 과일을 반드시 올리게 되었을까? 제일 먼저 대추[棗]는 자손 번창과 후손 잇기를 의미하고 절개를 의미하기도 한다. 대추나무에는 한 나무에 엄청나게 많은 열매를 맺어서 자손 번창을 의미하고, 꽃 하나에 반드시 열매 하나를 맺기에 후손 잇기를 의미하고 씨가 하나뿐인 특성은 절개를 의미한다고 한다. 그래서 제상의 첫째 줄하고도 첫째 자리를 차지한다.

다음으로 밤[栗]은 조상의 은덕을 잊지 않은 효를 나타내는 과일이다. 밤을 땅속에 심으면 뿌리가 땅속으로 뻗으면서 새싹이 땅 위로 솟아 올라온다. 그래도 밤의 새싹은 모체(母體)가 된 밤알을 그대로 싹과 뿌리 중간 부분에 그대로 달고서 한 참의 세월을 지난다. 즉 자신의 출신인 조상을 잊지 않고 기억한다는 의미를 부여한다. 그래서 밤은 조상숭배를 첫째로 하는 우리 조상들의 마음에 쏙 들어맞았던 과일이다. 심지어 사당에 모신 조상들의 위패도 밤나무 목재로 만들어 사용하였다고 한다.

그리고 밤은 평균적으로 밤 한 송이 안에 세 개의 밤알을 가지고 있는데 이는 삼정승 즉 영의정, 좌의정, 우의정을 의미하는 것으로 해석이 되었고 이는 자손들이 관직으로 나아가서 높은 벼슬자리에 앉기를 바라는 의미도 포함하고 있다.

그리고 배[梨]는 겉은 황색이요 속은 백색이라는 특징에 또 다른 의미 부여를 하여 중히 여겼다. 한국인들의 우주관인 음양오행설(陰陽五行說)에 따라 우주의 중앙을 나타내는 색을 황색으로 보았다. 즉 우주의 중심을 황색으로 보고 황색인 배를 매우 귀한 과일로 여겼으며, 속살이 하얀 백색임을 강조하여 백의민족의 순수함과 순결함을 의미부여 하였다고 한다. 또한 배는 씨앗이 6개 들어 있다. 이는 곧 조정의 육조인 이조, 호조, 예조, 병조, 형조, 공조를 의미하고 자손들이 그 육조의 판서가 되라는 의미를 둔 것이다.

또 감[枾]은 두 가지 이유로 결혼과 자녀 양육과 관련이 있다. 모든 감 씨앗은 그대로 땅에 심으면 감나무가 나오지 않고 고욤나무가 나온다. 고욤나무가 몇 년 자란 이후에 그 고욤나무 본체에 기존의 다른 감나무의 가지를 잘라 와서 접을 붙이면 진짜 감나무가 된다. 접을 붙이는 감나무 가지의 종류에 따라서 새로운 감나무의 종류도 결정된다. 더 이상 그 나무는 고욤나무가 아니다. 접붙인 가지가 땡감이면 땡감나무로, 단감나무면 단감으로, 대봉 감나무면 대봉감나무로 자란다. 물론 몇 년 후 그 열매를 맺는다. 이러한 감나무의 특징은 태어나서 다른 곳으로 시집 장가를 가는 인간들의 결혼과 같은 의미를 갖는 것으로 보았다.

또 감나무를 잘라보면 열매를 맺는 감나무의 속은 검은 색으로 변해 있고 열매를 맺지 않는 감나무는 속이 검지 않다고 한다. 이것은 자식을 키우는 부모의 검게 타버린 속과 같다고 하여 부모를 생각하는 마음에서 감을 제상에 올린다고 한다.

참고로 사과는 원래 우리나라 과일이 아니다 비슷한 야생종 능금은 있지만 과일 사과는 외국에서 들여온 과일이다. 그러나 흔하기 때문에 새로운 귀한 과일로 여겨져서 제상에 올리기 시작했다고 한다.

두들마을의 오래된 감나무를 보고 다양한 생각들이 떠올라 감나무에 대한 생각들을 몇 가지로 정리해 보았다.

❋ 3. 살구나무 꽃

이 호우님의 시(詩) [살구꽃 피는 마을은 어디나 고향 같다]는 우리 한국인들의 정서를 너무나 잘 담아내어 노래한 시로서 전 국민적인 사랑을 받고 있다. 그래서 누구든지 시골을 찾아가게 되면 입으로 흥얼거리는 시구다.

살구꽃 피는 마을은 어디나 고향 같다.
만나는 사람마다 등이라도 치고 지고
뉘 집을 들어서면은 반겨 아니 맞으리

바람 없는 밤을 꽃그늘에 달이 오면
술 익는 초당마다 정이 더욱 익으려니
나그네 저무는 날에도 마음 아니 바빠라.

살구나무꽃

정말로 이른 봄 4월쯤에 우리나라 어느 시골 마을을 가든지 살구꽃이 피지 않는 마을을 만나기는 어렵다. 오래된 시골 마을일수록 군데군데 고목이 된 살구나무가 고향의 정취를 더해준다. 사실 살구꽃이 필 때쯤이면 온 사방에 아직 푸른 기운은 거의 볼 수 없고 지난겨울 동안 사물이 다 잠든 채 그대로일 경우가 많다. 그 삭막한 한겨울을 막 벗어난 것 같은 풍경 속에 유난히 화사하게 피어난 살구꽃은 활기와 생동감을 전해주는 반가운 존재가 될 수밖에 없다. 특히 그무티티한 고목에서 피어난 살구꽃은 구원이다.

오래된 돌담과 흙담 사이를 비집고 들어서서 굵다랗게 덩치를 키운 살구나무 고목이 제법 구불구불 세를 부리며 용트림하듯이 치솟아 있는 풍경은 어느 시골을 가나 만나기 쉬운 오래된 풍경이다. 정겹기가 그지없는 그림 같은 이미지로 많은 이들의 기억 속에 깊이 아로새겨진 채로 보릿고개와 새마을 운동과 산업화와 민주화를 모두 거쳐 오늘에 이르렀다.

살구나무[杏]는 중국이 원산이고 우리나라를 비롯하여 전 세계적으로 재배되고 관상용으로도 가꾸어지고 있다. 장미과에 속하는 낙엽교목인 살구나무는 중국, 한국, 일본, 미국과 터키, 이란 등 중동 국가들과 파키스탄의 훈자 장수왕국에 이르기까지 널리 재배되고 있다. 건강에 좋아서 약용으로도 널리 애용되어 왔고 현재도 약용으로도 쓰이고 있다.

중국에서는 살구[杏]라는 글자를 자세히 살펴보면 나무[木]와 사람의 입[口] 두 글자가 합쳐진 노양이다. 그만큼 오래전부터 살구는 사람들이 식용으로 혹은 약용으로 사용해 왔다는 것을 의미한다. 중국에서는 옛날부터 의사를 행림(杏林)이라고 불렀다고 전해온다. 즉 살구나무 열매나 씨앗 등으로 사람을 치료하기 위해서는 반드시 주위에 살구나무 숲을 조성하여 살구를 치료에 많이 이용했다는 것을 의미할 것이다. 의원들의 집 주위에는 살구나무 숲이 있기 마련이어서 붙여진 별명일 것이다.

필자는 어릴 때 실제로 살구 씨앗을 모아서 짭짤한 용돈벌이하는 시골 노인들을 보았고 또 스스로도 살구 씨앗을 모아서 할아버지께 가져다드린 기억이 난다. 시골 마을에는 초여름 철에 제일 흔한 과일이 바로 살구이다. 그래서 집집마다 두서너 그루씩 있는 살구나무에서 주워 모은 엄청난 양의 살구를 맛있게 먹고 모든 씨앗은 한군데 모아서 마당에 덕석을 깔고 말렸다. 햇볕에 바짝 다 마른 살구 씨앗은 그대로는 약용으로 쓸 수 없다. 그래서 일일이 다 망치나 뻰찌로 딱딱한 겉껍질을 까고 그 속의 작은 속 씨를 빼내야만 했다. 그렇게 구해지는 속 씨가 바로 행인(杏仁)이라고 불렸고 그것을 약용으로 한약방이나 수집상에게 넘겨주었다. 아니면 직접 그 속 씨앗을 가지고 가정에서 상비약으로 사용하기도 하였다. 기억하기로는 기침이나 천식 등에 쓰인다고 한다. 물론 비상약으로 쓰였다고 한다.

중동 지역에서는 살구의 과육을 말려서 겨울철 비상식량으로 사용하거나 맛있는 과자를 만들거나 아니면 특산품을 만들어 활용하기도 한다. 특히 파키스탄의 훈자마을은 옛날에는 훈자왕국이었는데 그곳은 장수마을로 이름이 높다고 한다. 이 마을은 히말라야산맥의 험준한 산속에 위치하여 척박한 농지뿐이라서 기껏해야 작은 규모의 보리농사가 전부이고 양이나 염소를 치면서 생활하는데 집집마다 반드시 살구나무를 재배하고 살구를 수확하여 연중 내내 식량으로 사용한다고 한다. 그래서 요즘 봄철에 이곳을 방문하는 많은 트래커(tracker)들이 이 마을의 살구꽃 피는 풍경을 사진에 담아 오곤 한다고 한다.

살구를 많이 먹어서 장수를 하는지 정확히 밝혀진 것은 없지만 아무튼지 간에 우리의 조상들이나 중국 사람들이 모두 살구를 건강식품으로 여기고 있으니 장수에 다소의 효험이 있는 것은 확실한 것 같다.

두들마을에도 오랜 세월 동안 마을의 역사와 함께하면서 이제 고목이 된 살구나무들이 많았다. 지금은 개발과 전통 마을 단장 사업 등으로 많이 베어져 사라졌지만 그래도 아직 명맥은 이어지고 있다. 살구의 용도가 옛날만큼 많지가 않고 차츰 외래종 과일들이 재배되어 풍성하게 출하되어 나오면서 이들 과일들에게 밀려 살구는 제 자리를 자꾸만 잃어가고 있다. 이제 얼마 있지 않아서 살구를 과일로 보지 않고 단지 관상용 꽃나무로만 바라볼 세대가 나타나지 않을 걱정 아닌 걱정도 든다.

사실 다른 시골 마을처럼 두들마을의 고목이 된 살구나무들도 당연히 수 세대 이전의 조상들이 심고 가꾸어 후손들에게 물려 준 것들이다. 당대의 살구 맛을 위해서만 살구나무를 심을 사람들은 분명히 많지가 않았을 것이다. 자기의 후손들이 이곳에서 번창하고 자기가 심어 준 나무에서 과실을 따 먹고 건강하기를 바라면서 심어둔 것이다. 이것이 조상의 음덕이다. 별다른 조상의 은혜가 따로 있는 것이 아니다.

두들마을에서 과일로서의 살구가 아니라 들꽃으로서의 살구꽃을 찬찬히 감상해 보고자 한다. 우리나라 토종의 살구나무도 종류가 제법 다양하다. 개살구, 떡살구, 참살구 등등이 필자의 기억 속에 남아 있다. 살구의 종류는 분명히 맛으로 구분이 가능했지만 지금은 자신이 없다. 요즘은 시중 과일가게에서 어쩌다가 팔고 있는 살구는 전부다 외래종이다. 왜냐하면 재래종 살구는 굵기가 일단 작고 단맛이 좀 덜한 대신 신맛이 좀 더 강하기 때문이다. 그래서 지금은 농가에서도 판매용으로 농사짓는 거의 대부분의 살구나무는 수입해서 개량한 외래종 혹은 개량종이다. 토종은 시골에 가면 늙은 고목으로 남겨져 있는 살구들뿐이다. 물론 상품으로서는 가치를 얻지 못하고 있다.

살구꽃은 일단 잎이 피기 전에 꽃부터 먼저 핀다. 용트림처럼 꿈틀꿈틀 굵은 살구나무 거무튀튀한 둥치에서 뻗어 나온 가지마다 촘촘하게 빼곡히 꽃이 핀다. 당연히 묵은 가지에서 꽃이 달린다. 불그스름한 잔가지에서 연붉은색 꽃봉오리가 터질 듯이 피어나고 봉우리가 벌어지면서 분홍빛 꽃잎이 펼쳐진다. 살구꽃의 꽃대는 아주 짧고 벚꽃의 그것에 비해 비교적 굵어 보인다. 꽃이 다 피면 붉은색 꽃받침은 뒤로 젖혀진다. 전체적으로 살구꽃이 핀 가지는 풍성한 느낌을 줄 정도로 꽃이 풍요롭게 핀다.

그렇게 핀 살구꽃은 이제 가만히 있으면 알아서 벌들이 제 할 일을 알아차리고 열심히 수분을 시켜준다. 이렇게 꿀벌 등 벌레에 의한 수분을 충매(蟲媒)라고 말한다. 벌들도 점차 사라진다고 하니 그것도 염려가 되는 시대가 되어버렸다. 아쉬움은 증가하고 말이다.

IV.
순천 송광사와 선암사 들꽃 기행

❋ 1. 순천 송광사 들꽃 기행

우리나라 남도 끝자락 순천 땅에는 하늘의 뜻을 따르는 착한 백성들이 살고 있다고 전해 내려오는 도시가 있다. 하늘[天]에 따르고 순응하는[順] 자들이 칠게 농게 노니는 기수지역의 갈대숲을 곁에 두고 평화와 정을 짙게 우려내면서 살고있는 순천에는 국가정원인 순천만 습지생태공원을 비롯하여 역사가 아직도 살아서 움직이는 조계산과 선암사 그리고 송광사가 자리하고 있다. 한국인들의 오래된 깊은 신앙심을 키워내는 도량이자 끝없이 계속 퍼 올리고 퍼 올려도 마를 것 같지 않은 향수를 자아내게 하는 고장이다.

대한민국 사람들 대부분은 아마도 이미 순천만 습지생태공원을 한두 번은 다녀갔을 것이라고 믿는다. 왜냐하면 필자는 총 세 번 다녀왔는데 갈 때다 인파로 북적거렸고 모두 다 입을 크게 벌리고 감탄해 마지않았다. 그렇게 개펄과 습지가 잘 보전된 지역을 전에는 구경해 보지 못했기 때문일 것이다.

기수지역의 갈대는 일반 내륙의 습지 갈대와 다소 모양도 다르다. 특이한 형태의 갈대숲 사이로 칠게와 농게가 한쪽 팔을 길게 뻗고 이리저리 분주히 왔다 갔다 하고 연신 개펄의 진흙을 씹고 뱉어내는 것 같은 동작을 끊임없이 반복하고 있는 모습이 너무나 평화롭고 한가로워 보인다.

이 멋스러운 바다 풍경을 뒤로 하고 이제 조계산으로 발길을 돌려보자. 조계산이 품고 있고 우리들에게 잘 알려진 두 사찰이 송광사와 선암사다.

송광사

조계산을 사이에 두고 양쪽으로 나뉘어 있는 두 사찰은 닮은 듯 다른 모습으로 흥미로운 이야기를 많이 담고 있다. 필자는 두 사찰을 찾아가는 즐거움은 그 모태가 되는 조계산으로 인해 배가 된다고 생각한다.

조계산의 원래 이름은 송광산이라고 불렀다. 신라 말의 혜린이 작은 규모로 절을 열고 그 산을 송광이라 부르고 절 이름을 길상이라 했다고 전해온다. 신라 말의 허다한 정치권력 암투에 싫증을 느낀 민중들이 지방호족들의 비호 아래 새로운 세력으로 성장하기도 하고 민란을 일으켜 중앙정부에 대항하기도 했던 시절이다. 정치가 혼란스러우면 민심도 혼란스럽게 되는 법이다.

고려 명종 때 승려 수우를 거쳐 보조국사 지눌이 이 절에 수선사를 세우고 도(道)와 선(禪)을 닦으면서 대찰로 변모하였다. 지눌이 조계종을 펼치면서 산 이름도 조계산으로 바뀌게 되고 절 이름을 송광사라 칭하게 되었다고 한다.

우리나라 삼보사찰 해인사, 통도사, 송광사는 각기 불법, 부처님 진신사리, 불승으로 이름을 떨치고 있다. 즉 송광사는 우리나라 불교의 핵심적 역할을 하는 조계종의 모든 스님들이 공부하고 수련하는 도량으로 널리 알려져 있다. 조계종의 발상지이며 현재 조계총림이 있는 사찰이다.

목조삼존불감, 국사전 등 가장 많은 국보가 있는 사찰로도 유명하다. 필자는 송광사를 찾을 때마다 맑은 개울이 자연스럽게 사찰 안으로 흘러들게 가람배치를 한 선인들의 안목이 대단히 부러웠다. 특히 임경당 육감정과 삼청교 위 우화각의 모습은 경내 개울물과 너무나 잘 어울려서 정말로 선경의 세계에 와있는 듯 착각을 일으키기 충분하다. 아니면 불국사 청운교 백운교 아래에 물이 흘렀던 그 옛날의 모습이 이곳 송광사에서 재현된 것 같은 모습이다.

1) 산수유꽃

　이른 봄에는 화려한 노란색 꽃으로 제일 먼저 봄을 알려주어 사람들의 눈을 즐겁게 해주고 늦은 가을 서리가 내린 뒤에는 붉은색 열매를 맺어 귀한 한약재로 탈바꿈하는 산수유는 원래 고향이 중국이다. 중국에서 우리나라로 유입되어 경작되어 온 것인데 전남 구례 산동면의 봄은 매년 산수유꽃 축제로 전국적으로 유명세를 타고 있고, 경기도 이천시 백사면이나 경북 의성군에서도 특산물로 재배되고 있다.
　간(肝) 보호나 신장(腎臟) 기능 개선 등에 특효가 있다고 알려진 한약재로 특히 남성들에게 좋은 것으로 알려져 있다. 그래서 그런지 예부터 우리나라 사대부 집안 혹은 일반 서민들의 집에 한두 그루 화초 겸 비상약 대비책으로 심어서 가꾸었다. 특히 대부분 절집에서도 비상약 대비책으로 심어 가꾸었다. 스님들의 비상 약재로 쓰였다.
　송광사에도 역시 군데군데 오래된 고목 산수유나무가 세월과 함께 절집을 더욱 운치 있게 꾸며주고 있다. 특히 송광사의 산수유는 구례 산수유 마을의 산수유군락과 거의 같은 시기에 꽃을 피우기 시작하여 봄을 제일 먼저 알려준다. 다른 모든 나무들이 아직은 봄 기지개를 켜려고 준비하는 시기인데도 벌써 샛노란 꽃을 몽글몽글 피워내어 산속의 생강나무랑 초(初)를 다툰다.
　얼음이 녹고 눈이 녹아 졸졸 흘러내리는 송광사 경내의 계곡물 옆으로 산수유가 가지를 늘어뜨리고 무거울 만큼 빼곡히 봄을 토해내는 모습은 누구나 경탄의 눈으로 바라볼 수밖에 없다. 세상 어디에도 생명의 흔적을 느끼지 못할 것 같은 한겨울을 방금 지나온 차가운 마음이 언감생심 꽃을 지금에 볼 줄이야! 그래서 산수유꽃은 이른 봄의 전령사다.

산수유 꽃·층층나무 꽃

층층나뭇과에 속하는 산수유는 낙엽교목으로 봄철의 아름다운 노란색 꽃들이 지고 나면 녹색의 타원형 열매를 맺는다. 차츰 그 열매는 붉은 기를 더해가다가 가을이 되면 완연한 붉은 색을 띠게 되고 서리가 내린 뒤 수확하여 열매의 겉과 속을 분리하여 붉은색 과육은 다양한 약재로 사용된다.

다리 불편한 아버지와 효녀 딸에 얽힌 전설이 전해오고 있다. 불구의 아버지가 산신령이 전해준 산수유를 먹고 나았으나 산신령과의 약속을 어기고 온 동네 산신령 이야기를 자랑삼아 하는 바람에 너도나도 산신령에게 그 특효약을 구하러 산으로 찾아와서 산을 망쳐놓아 산신령의 화를 돋우어 가족이 다 죽게 되자 아버지가 딸이라도 살려달라고 빌어서 딸만 살아났지만, 그 딸이 하도 빌고 또 빌어서 다시 아버지에게 산수유를 먹게 하여 되살려 주었다고 한다. 전설이야 어떻든지 간에 산수유가 사람에게 좋은 것은 확실한 듯하다. 그러니까 가정에서도 특히 글 읽는 선비들 집에도 한 그루씩 다 심어 가꾼 것이 아닌가 싶다.

　산수유의 잎을 자세히 살펴보면 다른 잎들과는 확연히 구분되는 특이한 면이 보인다. 잎맥이 아주 뚜렷이 돋보인다는 점이다. 그런데 더욱더 놀라운 일은 산수유가 속해 있는 층층나무과 식물들이 대부분 다 그러한 특성을 가지고 있다는 사실이다.

　송광사 산수유꽃은 송광사의 봄을 알리는 첫 전령이다. 뒤이어 피는 송광사 매화 그리고 뒤 이은 왕벗꽃과 산당화 그리고 박태기나무꽃이 연이어 피고 연보라 오동나무꽃도 핀다. 한참 시간을 두고 여름이 되면 배롱나무 붉은 꽃과 흰 꽃도 피어난다.

2) 산당화(명자무꽃)

　송광사의 그 많은 꽃을 어찌 다 소개할 수 있을까마는 명자나무꽃 즉 산당화는 꼭 소개하고 싶다. 흔히 시골에 가면 제법 풍류를 안다는 시골 소지주들은 예부터 집안에 작은 화단을 만들고 익숙한 우리 꽃들로 치장을 했다. 봉숭아, 키다리 꽃, 맨드라미, 꽃치자, 과꽃, 진달래, 줄장미, 함박꽃, 목단. 죽단화(황매화) 그리고 산당화가 주종을 이루고 있는 소박한 화단이다. 그런데 대체로 산당화를 그냥 편하게 부르기를 홍매화라고 하는 경우가 많다. 분명 홍매화는 아닌데 그렇게 쉽게 부른다. 매화처럼 봄에 빨갛게 피는 꽃이니 이름을 몰라서 그냥 그렇게 부른 것이다.

　그리고 이 꽃은 평소 생활 속에서 너무나 자주 보았다. 바로 화투 놀이

할 때 사용되는 홍단의 주요한 구성요소인 매조 즉 홍매화에 새가 그려진 바로 그 화투짝에 나오는 꽃이다. 보통 매화 종류로 알고 있는 꽃이지만 매화는 아니다. 이 꽃이 바로 산당화 혹은 명자나무 꽃이다. 장미목 장미과에 속한 낙엽관목이다.

명자나무꽃은 원래 중국이 원산지라고 하지만 중국과 우리나라에 분포하며 중국에서 우리나라로 넘어온 기록은 없다고 한다. 주로 화초로 길러지고 번식되어 오고 있다. 그러다가 근래에 들어서는 원예용 나무로 널리 심어지고 있어서 과거 어느 때보다 더 자주 사람들 눈에 띄게 된 것이다.

홍매화·산당화

이 꽃은 4월경이 되면 대부분 봄꽃이 다 지고 녹음이 날로 짙어갈 즈음에 즉 벚꽃이 이제 막 지고 있을 즈음에 빨강 원색이지만 요란스럽지 않게 소리와 소문 없이 피어나서 가는 봄을 잠시 더 붙잡아 둔다. 하지만 대체로 빨간색 꽃을 피우지만, 흰색과 분홍색 꽃이 피는 종도 있다.

꽃이 지면 열매가 맺히고 8월경이 되면 제법 노랗게 물들어 가는 조그마한 모과 모양의 열매를 쉽게 만날 수 있는데 모과보다는 약간 작다. 형태는 거의 모과와 흡사하다. 과실주 재료로 사용하기도 하고 한약재로 사용하기도 한다.

요즘은 명자나무가 관상용 화단을 조성하는 원예식물로 각광을 받고 있다. 쉽게 정착하고 관리도 비교적 쉬운 나무라서 정원의 생울타리 재료나 꽃을 보기 위한 관상화 재료로 많이 이용되고 있다.

요즘은 또 특이한 취미를 좋아하는 사람들이 일본산 산당화를 들여와서 분재로 가꾸는 일이 많다고 한다. 자연스럽게 여러 가지 종류의 산당화 나무끼리 교잡종이 생기고 꽃의 모양이나 색깔도 다양하게 변하고 있다. 필자는 그래도 우리 고유의 붉은색 산당화가 제일 마음에 든다. 시골의 담벼락 아래 조용히 봄을 알려주던 그 '홍매화'를 아직도 기억 속에서 물 주고 거름 주고 잘 가꾸고 있다. 송광사 산당화가 열매로 익을 즈음 다시 한번 찾아오고 싶다.

화투 놀이 홍단 삼 점 나서 좋아하실 경로당 단골이신 필자의 어머님[9] 생각이 난다. 십 원짜리 고스톱 치시느라 자식 걱정 시름을 잠시 내려놓을 수 있어 좋을 것 같은 그런 느낌이 확 끼쳐온다. 평생을 자식들을 위해 노심초사하고 늘그막에 경로당에 가서라도 자꾸 하나씩 떠나가는 친구들을 놓치고 싶지 않은 마음을 달래고 계실 어머님의 양손에 들려 있을 화투장 그림 속에 홍단 그림이 생각난다. 새가 함께 앉아 있는 산당화 그림이다. 바로 명자나무꽃이다.

---

9) 김필련. 1936생. 경주 출생. 산채 요리 연구가

✿ 2. 선암사

1) 조계산 들꽃

송광사에서 조계산을 넘어가자. 원조보리밥집을 통과하는 코스를 잡아 두어 시간이면 가능한 일이다. 필자는 이 코스를 너무 좋아한다. 조계산 등산 코스는 하도 다양하여 어느 길로 접어들어 어디로 내려올지를 미리 예상하고 가지 않아서 엉뚱한 곳으로 내려온 적이 있었기 때문에 산도 즐기고 들꽃도 즐기면서 선암사까지 무리 없이 가는 코스를 잡았다. 송광사에서 조계산으로 들어서면 제일 먼저 만나는 나무 중에서 특이한 한 가지를 먼저 소개하고 싶다.

(1) 사람주나무(산호자 나무)

불과 얼마 전인 1970년대 산골 풍경 하나 소개하고 싶다. 부처님 오신 날을 기점으로 산골 사람들이 가장 분주하게 산허리를 헤집고 다니며 커다란 보자기마다 터질 듯 가득 담아 나르는 산나물이 있다. 바로 '사노자 나물'이다. 정식 명칭은 산호자(山好者) 나물이다. 이름 그대로 '산에서 나는 좋은 것'이다. 경상도 지역에서는 봄철 모내기 철만 되면 이 산나물 채취로 잠시 분주하다. 이 철이 지나면 먹을 수 없게 되기 때문에 시기를 잘 맞추어 산을 타야 한다.

사람주나무꽃·사람주나무 열매

산골 사람들이 '사노자' 잎을 채취할 무릎이면 '사노자'는 이제 막 여린 꽃을 피우기 시작할 무릎이다. 사노자 즉 사람주나무는 기다란 밤꽃처럼 생긴 꽃이삭을 가진 수꽃과 그 수꽃의 밑 부분에 암꽃을 따로 매달고 있는데 둘 다 꽃인지 아닌지 구분이 안 갈 정도로 색도 밋밋하고 향도 별로 못 느낄 정도의 꽃이다.

대극과의 낙엽활엽수로 높게는 4내지 6미터까지 자라며 줄기의 색은 멀리서도 확 눈에 띌 정도로 회백색을 띠고 있다. 주로 산골짜기 정상 가까운 높은 곳에 살며 봄에 채취한 타원형 어린 모양의 잎은 나물로 사용되는데 경상도 지역에서는 주로 멸치젓갈을 이용하여 쌈으로 즐긴다.

사람주나무 어린잎을 산나물로 즐길 때는 특히 주의해야 한다. 약간의 독성이 있기 때문에 뜨거운 물로 데친 후 충분히 찬물에 우려낸 후에 식용으로 해야 한다. 또한 잎을 딸 때 하얀색 즙이 나오는데 그 흰 즙이 피부에 닿으면 다소의 트러블을 일으킬 수 있다. 사람마다 다른 체질적 특성도 있겠으나 대체로 가려움증을 일으키기 쉽다.

옛 우리나라 산골 사람들은 겨울철 채소의 부족으로 비타민 부족 현상을 체험적으로 알고 있었기 때문에 봄, 여름, 가을철 동안 다양한 겨울용 채소를 건조 저장해 사용해 왔다. 시래기, 건조 호박 나물, 건조 가지나물, 말린 토란대, 고사리 등등이 여기에 속한다. 그중 가장 많은 양을 차지한 것이 바로 이 사노자 잎을 삶아서 말린 '묵나물'이다. 물론 취나물이나 아주까리 잎 등도 묵나물로 많이 사용되었다. 그중 양으로 가장 많이 준비해 둔 것이 바로 사노자 묵나물이다. 물론 필자의 고향에서의 이야기이다.

보통 5월경에 마을 사람들은 몇 명씩 짝을 이루어 깊은 산 속으로 들어가서 묵나물용 사노자를 채취했다. 대나무로 만든 간단한 도시락에 보리밥을 가득 채우고 된장 고추장 등의 밑반찬만 준비하고 산을 오른다. 그 준비해 간 도시락과 현지에서 직접 조달한 더덕 잔대 취 등등을 반찬으로 된장 고추장을 함께 활용하여 훌륭한 쌈밥을 만들고 허기를 때우고 난 후에 다시 오후에도 한나절 사노자 잎을 채취하고 어둑어둑해지기 전에 태산 같은 보자기를 두어 개씩 짊어지고 산을 내려왔다.

일단 집에 도착하면 희미한 호롱불 아래서 온 식구들이 둘러앉아 사노자 보따리에서 이물질을 골라내고 또 사노자 잎에 딸려 온 사노자 꽃들을 떼어 낸 후에 넓은 덕석에 널려 펴고 마지막 단장을 마친다. 곧이어서 가마솥에서 끓는 물에 차례대로 데쳐 내어 찬물에 넣고 우려낸다. 밤새 찬물로 우려낸 사노자잎 나물은 다음 날 아침부터 바로 별미로 쌈을 싸 먹을 수 있는 훌륭한 재료가 된다. 그리고 어느 정도 몇 날 동안 먹을 양만 남겨두고 나머지는 모두 물기를 없앤 후 덕석에 널려 바짝 말린다. 바짝 말린 사노자를 축구공처럼 둥글게 말아서 짚으로 감싸고 처마 끝에 얼마간 걸어두고 마지막으로 건조한 후 광속의 알맞은 장소에 보관하고 겨울 동안 내내 밑반찬으로 이용하였다. 특히 정월대보름 때 보름 음식을 할 때 좋은 재료로 쓰였다. 묵나물 사노자 잎을 물에 다시 푹 담가 두었다가 다시 삶아낸 후 들기름에 볶아주면 최고의 정월대보름 나물이 되었다. 지금은 아예 남아 있지 않은 얼마 전의 우리 역사다.

송광사에서 선암사로 가려고 절 뒤편을 나가자마자 거대한 사람주나무(사노자 나무) 거목을 만나게 된다. 필자는 지리산, 토함산,

함월산, 달음산, 대운산 등 수많은 사람주나무 군락지를 가보았지만 이렇게 큰 사람주나무를 본 적은 없다. 대체로 가느다랗고 길쭉하게 생긴 하얀 나무의 모습이 대부분인데 이곳 송광사 뒷산 사람주나무는 엄청나게 거대한 거목으로 자라 있다.

사람주나무의 기다란 수꽃과 그 수꽃 이삭의 밑 부분에 달라붙어 자그마한 암꽃이 어찌어찌하여 수분이 이루어지고 열매가 녹색으로 맺어지면 울퉁불퉁한 모양으로 생긴 둥그스름한 세모꼴 모양으로 자란다. 차차 익어가면서 녹갈색으로 변하고 나중에는 그 안에 세 알의 씨앗이 익어간다. 오동통하게 생긴 열매는 윤이 날 정도로 반짝인다. 앙증맞고 귀여워서 오히려 꽃보다 더 보기 좋다.

기분 좋게 큰 사람주나무를 한 번 껴안아 보고 다시 길을 나서면 이제 원조보리밥집까지 내리 오르막길을 따라 걷게 된다. 그렇다고 큰 오르막길은 아니다. 키 큰 나무숲으로 인해 그늘도 충분하고 중간중간 걷기 길이 잘 관리되고 있어 상쾌한 산행이 될 것이다. 또 길옆으로 수많은 야생화를 만나게 되는 즐거움은 덤으로 얻어 갈 수 있다.

조금 지칠 때쯤이면 원조보리밥집에 도착한다. 얼마 전까지만 해도 해마다 봄이 찾아오는 길목에서 각종 다양한 방송국이 앞다퉈 봄소식을 전하는 코너에 단골로 등장했던 보리밥집 아주머니가 안주인이다. 어스름 속에서 얼음이 녹아서 물방울이 떨어지는 계곡 물가에서 빨래 방망이질하는 모습과 버들강아지 피는 모습이 오버랩되면서 마음속으로 벌써 봄기운을 느끼곤 하였다. 요즘은 텔레비전 방송을 거의 안 보는 필자는 그때의 아련함이 아직도 남아서 추억처럼 이곳을 기억하고 있다.

순천 사람들뿐만 아니라 전국에서 찾아오는 모든 조계산 등산객이 누구나 한 번 정도는 다 찾아가 보았던 그 보리밥집이 참으로 깊은 인상을 남겨주어서 갈 때마다 대접받는 정겹고 구수한 숭늉처럼 깊이깊이 마음속에 각인되어 있다. 순천 토박이 아저씨와 멀리 경상도에서 시집와서 이제는 신랑보다 더 전라도 사람이 되어 있는 아주머니의 영호남 사랑이 영원히 아름답게 이어지기를 빌면서 다시 길을 걸어 선암사로 향한다.

(2) 선암사 가는 숲길에서 만난 산딸나무꽃

우리가 흔히 산딸기라고 하면 야생의 복분자, 멍석딸기, 줄딸기 등을 이르는 말이다. 모두 산에서 만날 수 있는 야생 딸기류가 다 여기에 속한다. 그러나 정식 식물 명칭으로 산딸기라는 식물은 없다. 물론 산딸기와는 다르게 산딸나무는 정식 나무 종류의 명칭이다. 물론 산딸나무는 딸기나무 종류가 아니다.

산딸나무

산딸나무는 우리나라 중부 이남 지역 어디에서나 잘 자라고 있다. 층층나무과에 속하는 낙엽활엽수인데 꽃이 너무 아름답다. 이 꽃을 보는 사람은 누구나 그 순백색 아름다움에 빠져들게 마련이다. 층층나무과에 속하는 나무들이 대체로 그렇듯이 산딸나무의 잎들도 아주 특이하게 잎맥이 매우 뚜렷하게 돋보인다. 산수유나무나 층층나무와 마찬가지다. 다들 사촌지간이다.

꽃은 십자가 모양의 순백색인데 꽃잎이 4장으로 십자가 모양으로 펼쳐져 있고 그 한 가운데 작은 열매 모양의 씨방 위에 수술과 암술이 둥글게 모여 돋아나 있다. 수술의 머리 위에는 연한 황녹색 꽃가루가 묻어 있고 꽃잎 4장은 각각 두 장씩 마주 보고 길쭉한 하트모양으로, 위쪽으로 활짝 펼쳐지고 그 위에 다시 두 장이 아래 꽃잎들과는 대조적으로 즉 십자가 모양으로 서로 마주 보고 겹쳐 핀다. 그래서 꽃의 형태가 전체적으로는 마치 십자가 형태로 보일 수 있다. 순백의 꽃잎 위에는 마치 배꽃처럼 군데군데 점들이 포인트를 주고 있다.

수분(受粉)이 이루어지고 꽃이 다 지고 나면 꽃의 한가운데 있던 씨방만 남아 차차 영글어가면서 녹색의 열매를 단단하게 만든다. 이 열매가 다 익어가는 여름철이 지나고 가을이 다가오면 **빨갛게 익어** 맛있는 산딸열매가 된다. 마치 생긴 모양이 구지뽕 열매와 흡사하게 생겼다. 물론 둥글기는 산딸열매가 더 고르게 둥글다. 맛이 엄청나게 좋아서 산딸열매에 한 번 맛 들이면 쉬이 나무 곁을 떠나지 못한다. 나무가 높아서 못 따면 며칠만 기다리면 떨어진다.

산딸나무 열매

한때 이런 십자가 모양의 꽃으로 인해 한국의 많은 교회에서는 기독교를 상징하는 꽃으로 생각하여 교회에 즐겨 심었다고 한다. 그리고 심지어 예수님께서 십자가에 못 박혀 돌아가실 때도 바로 이 산딸나무 목재로 만든 십자가에서 돌아가셨다고 하는 허무맹랑한 소문이 돌기도 했다. 그러나 사실이 아니라고 한다. 왜냐하면 당시 이스라엘에는 산딸나무가 자라지 않아서 사용 불가능했다고 한다. 위도상 산딸나무가 자라는 곳은 훨씬 이북 지역에서 많이 자라기 때문에 더운 이스라엘 지역에는 이 나무가 자라지 않는다고 한다. 여하튼 기독교인들은 이 나무를 신성시하기도 한다고 한다. 모든 것은 일체유심조(一切唯心造)라고 하지 않든가. 다만 마음으로 믿으면 곧 그렇게 되기 마련이다.

조계산에 가면 꼭 산딸나무를 찾아보고 철에 따라 다르지만 봄이면 꽃을 즐기고 가을이면 열매를 즐겨보기 바란다. 그냥 여름이면 풋풋한 젊은 열매 구경이라도 하고 오면 족할 것이다. 요즘은 전국 곳곳에서 정원수로 심어지고 있다.

2) 선암사 들꽃

　조계산의 동쪽을 점하고 있는 선암사는 그 서쪽을 점하고 있는 송광사와는 많은 대조를 이루고 있는 절이다. 한국 태고종의 총본산이며 우리가 잘 알고 있는 소설가 조정래 선생이 이곳에서 태어나 자랐다. 대처승으로 알려져 있는 조정래 선생의 부친이 바로 이곳의 스님이었고 또 태고종 절이라서 가능한 일이었다.

　강선루가 승선교 아치 사이로 보이는 풍경이 너무나 아름다워 사람들의 마음을 앗아갈 정도이다. 이끼와 풀들이 자라고 있어 더욱 운치가 있는 오래된 돌다리 아치 사이로 바라보이는 강선루는 많은 영화의 장면으로도 나온 적이 있다. 875년 신라 헌강왕 때 도선국사가 창건하고 신선이 내린 바위라고 하여 선암사라고 이름 지어 주었다. 고려 선종 때 대각국사 의천이 중건하였고 화재로 소실되었다가 1824년 조선 순조 때 중창하여 오늘에 이르고 있다.

　그런데 이 아름다운 절집을 두고 조계종과 태고종이 그 소유권을 두고 다투고 있으니 썩 아름답지는 못한 구석이 있어 아쉽다. 어쨌든 현재의 실제 주인은 태고종인데 법적 소유권은 조계종으로 되어 있다고 한다.

(1) 선암사 매화

　선암사 경내의 칠전선원과 무우전 사잇길에 매화 고목들이 줄지어 늘어서 있다. 그리고 대복전 뒤뜰에는 100년도 넘어 보이는 매화 고목이 구불구불 뒤틀림도 범상치 않게 세월의 풍모를 뿜어낸다. 아직 어린나무에서 피는 매화보다야 고목에서 피는 매화가 더욱더 운치가 있을 터이고 고색창연한 둥치에서 뿜어내는 하얀 꽃잎은 고고함을 더해준다.

선암사

승선교

필자가 선암사에서 꼭 소개하고 싶은 꽃이 두 가지 있다. 하나는 오래된 매화꽃이요 두 번째는 꽃무릇이다. 먼저 오랜 세월 선암사와 함께 해온 매화나무를 보러 가자. 이곳의 매화나무는 담장을 따라 제법 군락을 이루어 세월을 이기며 아직도 쟁쟁한 힘으로 해마다 화사한 꽃을 피우고 있다. 매화꽃만 하여도 충분히 아름다운데 그 줄기마다 수북수북 덮고 있는 이끼가 연륜에 얽힌 여유와 절집의 품위를 더하여 주고 있다.

이끼 옷을 입은 나무는 바로 청정 공기의 바로미터가 되므로 이곳의 맑은 공기가 키워낸 소박한 상장일 것이다. 이끼만큼 공기오염에 약한 지표식물도 드물다고 한다. 그래서 이끼의 성장이 나무의 밑둥치부터 출발하여 어느 높이까지 올라가느냐가 진정한 공기 청정 바로미터가 된다. 이곳 선암사 매화나무 고목들은 이 사실들을 매우 잘 증명해 주고 있다.

이 매화나무 고목들은 최소한 100여 년 전에 어느 불심 깊은 스님이 울력으로 심어 놓아 후손들이 눈으로 마음으로 즐길 수 있도록 배려한 덕이라 여긴다. 4월의 선암에서는 홍매화를 비롯하여 백매화, 청매화 등 다양한 종류의 매화꽃을 만날 수 있다. 겹꽃보다 홑꽃을, 다닥다닥 핀 꽃보다 드문드문 핀 꽃을, 홍매보다는 청매 혹은 백매를 더 선호하기도 하지만 홍매를 유독 좋아하여 심어 가꾸는 이도 있다. 취향이 다르니 다양성이라 할 것이다.

그런데 요즘은 어디서 보지도 듣지도 못하던 품종의 매화 아니 매실나무가 교배종으로 생산되어 엄청나게 많은 꽃과 열매를 맺도록 하여 매실 생산에만 온 정성을 다하니 옛 매화의 정취를 논하기에는 너무 세월이 많이 변한 것인가! 토종 매화는 꽃도 열매도 작고 향이 많았는데 요즘 새로이 재배되는 신품종 매실나무는 살구와 매실을 교배하여 만들어낸 매실 농사용이다.

꽃의 크기도 토종보다 훨씬 더 크고 양도 많이 달리고 열매의 굵기는 거의 살구 크기와 맞잡이다. 그러니 매실액 담그기에는 안성맞춤이지만 옛 매화의 정취를 느끼기에는 역부족이다. 이미 토종 매화는 편리함과 용이함과 실용성에게 자리를 내어주었다. 건강식품 붐이 일어서 온 나라 사람들이 집에 한두 단지씩 매실액을 담그니 어찌 그 양을 다 충족시킬 수 있을까 하여 계산 빠른 장사꾼들이 교배종을 탄생시켜 여기에 부응한 것이다.

꽃을 볼 때는 매화나무요 열매를 얻을 때는 매실나무라고 부른다. 사군자 중에 속하는 귀한 식물로 예부터 글하는 선비들의 사랑을 받아왔고 한국, 중국, 일본 세 나라에 걸쳐 귀하게 여김을 받아왔다. 꽃피는 시기가 대체로 겨울철부터 이른 봄이다 보니 일단 시기적으로 드물게 세찬 겨울바람과 차가운 눈을 이기고 핀다고 여겨서 꼿꼿한 선비의 절개를 상징하기도 하고 불의에 굴하지 않는 굳세고 굽히지 않는 고결함과 청결함을 대신하기도 한다. 옛사람들은 이 꽃의 이러한 특징을 잘 파악하여 화괴(花魁)라고 부르기도 하였다.

사람에 따라서 선호도가 다르지만, 한때는 백매(白梅)를 선호하여 화가들의 그림의 대상이 되기도 하였고 한때는 홍매(紅梅)를 더 선호하기도 하는 경향이 있었다. 하지만 오늘날에는 매화가 가지는 관념적 의미와 본래의 특성을 쫓아 좋아하는 사람들보다는 그 결실인 열매 즉 매실을 얻기 위한 대상으로서 매실나무를 더 선호하는 세태로 변하였다.

김부식의 삼국사기에 처음 등장하기도 하고 중국 삼국시대 어느 전쟁터에서 꾀 많은 조조가 위나라 대군을 거느리고 행군하다가 길을 잃어 지치게 되자 '저 산 넘어가면 매실 숲이 있으니 모두 빨리 가서 매실을 따 먹자'라고 하여 위기를 모면하기도 했다고 전한다. 물론 입에 고이는 침으로 갈증을 해소했다.

한국, 중국, 일본의 많은 문인들과 화가들이 매화에 관한 글이나 그림을 남겼다. 당연히 많은 문인 화가들이 직접 매화를 가꾸고 그림이나 글로 남기기도 하였다. 우리나라에서 가장 오래된 매화나무는 지리산의 단속사에 있는 정당매(政堂梅)로 약 600년 조선 초기 김일손이 그에 관한 글을 남겼다.

퇴계 이황이 남긴 유명한 유언 '매화 분재에 물을 주거라'라는 말도 우리나라 사람들이 많이 알고 있는 선비들의 매화 사랑의 좋은 예가 된다. 가까운 일제강점기 때에는 이육사가 '광야'라는 저항시를 읊으면서 '지금 눈이 내리고 매화 향기 홀로 아득한지'라고 조국 독립을 고대하는 소회를 노래하였다.

시인 황동규는 [풍장]이라는 시에서 선암사 매화를 노래하여 '선암사 매화 처음 만나 수인사 나누고'하며 노래하였다. 선암사 매화가 얼마나 시인의 마음에 남았으면 이렇게 시속에서도 읊었을까 싶다.

매화

복숭아꽃(복사꽃)

벚꽃

살구꽃

매화꽃, 살구꽃, 복숭아꽃, 벚꽃 이 네 가지 꽃은 구분하기가 상당히 어렵다. 그래서 웬만큼 사전 지식이나 경험이 있지 않으면 바로 구분이 쉽지 않다. 벚꽃은 비교적 구별하기 쉬우니 제외하고 먼저 꽃잎의 색과 모양부터 비교해서 세 가지를 구분해 보자.

매화는 꽃잎이 아주 얇고 색이 연하다. 매화나무의 새 가지는 초록색이며 꽃가지가 없고 꽃이 바로 가지에서 돋아나온다. 그리고 매화의 꽃받침은 꽃에 달라붙어 있다. 매화의 꽃받침이 붉고 꽃잎도 붉으면 홍매(紅梅)라 하고, 꽃받침이 녹색이고 나뭇가지에서 푸른빛이 나며 꽃에 푸른 기가 약간 있는 하얀색이면 청매(靑梅), 꽃받침이 붉고 꽃잎은 하얀색이면 백매(白梅)라고 칭한다.

살구꽃은 매화보다 꽃도 약간 더 크고 색도 조금 더 분홍색이 더 첨가된 색이다. 살구나무의 새로 나온 가지는 붉은 색을 띠고 있고 또 살구꽃의 꽃받침은 뒤로 젖혀져 있다.

그리고 복숭아꽃은 그중 꽃이 제일 크고 색도 완연한 분홍빛이다. 그리고 매화는 꽃받침이 꽃에 바짝 붙어 있고 살구꽃은 약간 떨어진 형태이고 복숭아꽃은 제법 많이 떨어져 있다.

벚꽃은 일단 나머지 셋과 확실히 구분되는 것이 바로 꽃자루가 길다는 점이다. 그리고 벚꽃은 꽃잎의 색이 다른 꽃들에 비해 좀 더 흰색에 가까운 매우 연한 분홍이다. 벚꽃의 나무껍질은 가로로 자잘한 무늬가 있다.

(2) 선암사 삼인당 꽃무릇

선암사 입구 쪽 자그만 연못이 있어 다양한 꽃들이 철마다 절집을 치장한다. 9월이 되면 절집 곳곳에는 가을꽃들이 피기 시작한다.

삼인당은 신라시대 도선국사가 직접 불교의 사상을 참작하고 고안하여 축조한 것으로 알려져 있다. 제행무상인(諸行無常印), 제법무아인(諸法無我印), 열반적정인(涅槃寂靜印)이라는 뜻을 담고 있다고 전한다. 필자의 이해 부족으로 그 깊은 뜻을 다 헤아리지는 못하지만, 타원형 연못에 작고 둥근 섬도 하나 품고 있는 모습이다. 이 연못 속 작은 섬에 해마다 피어나는 꽃무릇이 참으로 아름다워 사진 촬영하는 분들도 많다. 꽃무릇 하면 근처 고창의 선운사도 유명하지만, 이곳 선암사의 꽃무릇도 초가을의 정취를 돋우기에 충분하다.

꽃무릇·무릇

수선화과의 꽃무릇은 보통 9월에서 10월 사이에 짙은 빨간색 꽃을 피우지만, 열매는 맺지 않는다. 백합이나 나리 종류처럼 비늘 뿌리로 번식한다. 여러해살이 알뿌리 식물로 가을에 없어지는 긴 잎과는 만나지 못하는 긴 꽃대가 솟아오르고 그 긴 꽃대 줄기의 끝에 화려한 붉은 색 꽃을 피운다. 꽃잎은 길게 자라 뒤쪽으로 말려 있다. 가운데 암술 하나와 주위에 여러 개의 수술이 있고 꽃잎보다 더 긴 수술은 꽃 밖으로까지 삐져나와서 벌들을 유혹한다.

꽃무릇의 알뿌리는 한약재로도 쓰이지만 배고팠던 시절에는 구황식품으로 활용되기도 하였다. 다소의 독성이 있지만 잘 법제하여 먹을 수 있는 녹말로 이용하기도 하였다. 지금도 울릉도에 가면 섬꽃무릇 알뿌리를 특용작물로 재배하여 식용으로 쓰기 있다. 보통의 무릇의 알뿌리도 식용으로 쓰이고 있다고 앞에서 언급한 적이 있다.

V.
울산 태화강 십리대밭 길

✱ 1. 산업화 달성과 환경오염 극복을 둘 다 이룬 한국인의 저력

우리나라에 공업단지가 1962년에 국가 단위로 처음 생긴 곳이 울산이다. 박정희 대통령 시절 이야기다. 물론 박정희 대통령의 정치적 공과를 따로 하고 여기서는 그의 업적 중의 하나이면서 국가와 민족을 위해서 가장 큰 공헌이 되는 국가 산업화의 기지개 켜기를 잠시 짚고 넘어가고 싶다.

혹시 그 시절 혹독한 피해를 입은 분들도 있기에 함부로 그의 공적을 여기서 말하기가 좀 그렇지만 이 책은 어디까지나 기행을 적은 글이다. 그렇게 이해하고 읽어주면 좋겠다.

태화강1

울산은 원래 신라시대부터 경주의 변두리 지역으로서 염포라고 하여 경주로 올라가는 길목이요 중요한 항구였으며 조그마한 어촌마을이었다. 이렇게 조용하던 울산에 갑자기 개발의 힘찬 역동의 소리가 울리기 시작한 것은 바로 1962년 울산미포국가산업단지 건설의 역사가 첫 발걸음을 뗄 때였다.

태화강 2

1962년 2월의 기공식을 시작으로 1966년 기반 시설 확충과 1967년 7월 울산 정유공장 확장으로 석유화학공업단지로 선정되면서 급격한 발전을 이루게 되었다. 1971년 장생포 여천지구 건설과 1976년까지 염포 미포지구 자동차 및 조선 공업 건설 그리고 효문지구의 부품 공단이 착착 들어서게 되었다.

이후 1970년대부터 1980년대와 1990년대를 거치면서 울산은 명실상부한 우리나라 최고 최대의 산업단지가 되어 우리나라 수출의 가장 큰 소임을 수행하고 있다. 그렇게 시작된 울산의 공업화 내지 산업화는 수출 목표 달성과 국력 신장이라는 화려한 업적도 달성했지만, 환경오염이라는 별로 원하지 않았던 부산물도 남겨두었다. 그 결과 울산 지역은 전국에서 가장 오염이 심한 지역이라는 오명을 얻게 되고 수질오염과 공기오염은 물론 이미지까지 오염되어 버리는 결과를 가져왔다.

그래서 한때 울산은 사람이 살기 어려울 정도로 공기가 탁하여 숨쉬기도 쉽지 않았고 강물이 하도 오염되어 검은 기름 웅덩이 같은 태화강을 보고 사람들이 한탄하던 때도 있었다. 그리고 어디서 날아온 지도 모를 수많은 모기떼와 이름 모를 날벌레들로부터의 공격으로 주민들이 더운 여름철에도 문을 걸어 닫아야만 했던 시절이 있었다.

그런데 다행스럽게도 2000년대로 접어들면서 문제의 심각성을 깨닫기 시작한 주민들과 시정 관계자들의 협동작전으로 울산의 오염도시 이미지 개선과 실질적인 오염탈피 작업이 시작되었다. 울산이 산업단지로 바뀌기 전에 태화강에는 은어, 연어, 각시붕어, 버들치 등 수많은 어종의 민물고기들이 살았다. 그 시대로의 회귀를 시도 중이다.

새로이 시작된 태화강 살리기 운동으로 하수처리장을 새로 만들고 하천 정화 작업을 병행하여 우선 태화강을 다시 1급수 수질의 강으로 원상회복시키고 시민들의 관심을 기반으로 도시환경 개선을 위한 다양한 공기 및 수질 오염 방지 노력이 하나씩 성과를 나타내기 시작하면서 오늘날의 청정 울산의 이미지를 회복할 수 있었다.

민관이 합심하여 스스로 오염을 퇴치한 국내 최초이자 매우 성공적인 환경 회복 사례로서 그 가치가 대단하다고 할 수 있다. 생활 속의 자연보호 실천 운동은 간단하면서도 쉽게 할 수 있는 것들이다. 비누나

샴푸 적게 사용하기, 설거지할 때 세제 적게 사용하기, 음식물 쓰레기 함부로 버리지 않기, 대기오염 물질 배출을 자제하고 감축 장치 설치하기, 일회용품 사용 줄이기 등등 시민들의 자발적인 협조를 이끌어낼 수 있는 작은 실천 운동들이 큰 성과를 눈으로 확인할 수 있도록 해주었다.

    노력의 결과는 기대 이상으로 대단하였다. 자연의 생태가 원위치 하자 수많은 생물 종들이 다시 찾아오고 울산 지역 생태계가 빠른 속도로 복원되었다. 강물 속으로는 은어와 각종 민물고기들이 찾아오고 바다에서 연어들이 찾기 시작하고 해오라기, 쇠백로, 중대백로, 왜가리, 물닭, 논병아리, 고니 등 다양한 새들이 찾아들고 있다. 드디어 생태계 먹이 사슬의 최고인 수달들이 둥지를 틀고 생활하게 될 정도로 생태계 복원에 속도가 붙기 시작했다.

    마침내 우리나라 제2호 국가정원으로 지정되어 전국에서 많은 이들이 찾아오고 있다. 십리대밭 복원도 톡톡히 한몫하였다. 일본 강점기 시절부터 심기 시작한 대나무 숲이 이제 그 규모가 십 리를 넘게 조성되어 장관을 연출하고 있다. 처음에는 태화강변에 홍수가 자주 발생하여 이를 방지하기 위해 대나무를 심기 시작하였다고 한다. 그 이후 의도적으로 대나무 숲 조성이 이어지고 오늘에 이르게 되었다고 한다.

    참고로 태화강에서 만날 수 있는 새들 가운데 몇 가지를 소개하고 싶다. 먼저 가장 흔하게 만날 수 있는 새가 쇠백로와 중대백로이다. 이 두 종의 백로들은 생긴 모습은 거의 흡사하지만 일단 큰 차이가 두 가지 있다. 첫째, 덩치가 다르다. 쇠백로는 중대백로보다 훨씬 작다. 그리고 부리의 색이 다르다. 쇠백로는 부리 색이 검고 발의 색이 노랗다. 반대로 덩치가 비교적 훨씬 큰 중대백로는 부리가 노랗고 발색이 검다. 그리고 둘 다 털의 색은 온통 하얗다.

그리고 왜가리는 백로 종류의 새들 중에서 덩치가 제일 크다. 그리고 특이하게도 목 뒷덜미에 댕기 머리처럼 깃털 댕기를 달고 다닌다. 그리고 덩치가 큰 동시에 다리도 엄청 길다. 털 색깔은 회색과 흰색이 섞여 있다. 전체적으로 회색으로 보인다. 마지막으로 해오라기는 백로 종류의 새들 중에서 가장 덩치가 작고 다리도 짧고 목도 짧다. 다만 체면치레인지는 모르겠지만 왜가리처럼 목 뒷덜미에 깃털 댕기를 달고 다닌다.

태화강 십리대밭 걷기 길을 걷다 보면, 수많은 물새를 만나게 될 것이다. 한번 시도해 보라. 위에서 설명한 백로 종류 3가지 새들을 구분할 수 있는가 시범 삼아 한 번 해볼 만하다. 걷기 운동의 작은 즐거움을 더해줄 것이다. 자연은 영원한 우리들의 고향이다. 함께 자연과 친해 보자. 그 외에도 논병아리, 물닭, 각종 오리들도 태화강을 유유자적 노닐고 있다.

태화강 인근에는 그 유명한 태화루(太和樓)와 이휴정(二休亭)이 유명하다. 태화루는 진주 촉석류, 밀양 영남루와 함께 영남지방의 3대 누각이며, 이휴정은 학성이씨들이 보전 관리하는 망루이다.

❋ 2. 십리대밭

대나무 숲이 뿜어내는 공기는 특히나 청량감이 유별나다. 혹시 필자만의 생각은 아니기를 바라지만 대체로 사람들의 생각과 비슷하리라 여긴다. 정확한 과학적 근거야 잘 모르지만, 피톤치드 발생이 편백나무 숲이나 참나무 숲, 혹은 소나무 숲 못지않을 것으로 생각된다. 실제로 연구 결과에 의하면 대나무는 이산화탄소 흡수량이 엄청나게 많고 산소 발생량도 많다고 한다. 그래서 더운 여름날에도 대나무 숲속에서는 다른 곳보다 평균적으로 기온이 4~7도 정도 낮게 유지된다고 한다.

십리대밭

대나무의 종류는 전 세계적으로 1,200여 종이 있고 우리나라에서는 14 종정도가 자란다. 우리나라에서 흔히 볼 수 있는 대나무의 종류는 시누대, 오죽, 왕대, 맹종죽, 조릿대 등이 가장 많이 접할 수 있는 종류들이다. 그중에서 맹종죽은 원래 중국에서 들여와서 재배하다가 스스로 번식하게 된 종으로 가장 굵고 죽순도 대단히 커서 보통 죽순 상품으로 많이 재배되고 판매되고 소비되기도 한다.

왕대나무숲

　대나무 번식은 땅속줄기 즉 지하경에 붙어 있는 모죽에서 이루어진다. 대나무는 가장 큰 맹종죽의 직경이 20cm가 넘는 경우도 있고 시누대나 조릿대처럼 아주 가느다란 것들도 있다. 따뜻한 기후를 좋아하여 주로 남부 지방에 많이 자란다. 우후죽순이라는 말이 있듯이 봄철 비가 온 뒤 죽순은 하루에 1m가 넘게 자랄 수 있을 정도로 성장이 빠르지만 일단 다 자라면 더 이상 성장을 멈추고 줄기가 점점 단단하게 변한다.

　동양 대나무 삼국지가 참 재미있다. 원래 중국에서는 대나무가 남방지역의 특산품이었다. 중국 남방지역 사람들은 대나무를 나타내는 한자 '죽(竹)'을 '덱' 혹은 '댁'이라고 소리 내어 읽는다. 이 남방 중국 말이 중국 북방으로 그대로 따라와서 '덱 혹은 댁'으로 발음하였고 우리나라로 전해지면서 받침 'ㄱ'이 탈락하여 '대'로 변하여 일반에 통용되게 되었다.
　또 일본 사람들은 우리나라 말 '대'를 그대로 차용하여 갔으나 '다'로 변경하여 사용하였고 여기에 나무를 뜻하는 '케' [木]가 붙어서

'다케[竹木]'라고 부르고 있다. 오랜 세월 동안 동양 삼국은 서로 빌려와 사용하기도 하고 빌려주고 하면서 그렇게 문화적으로 많은 동질성을 가지게 되었다.

꽃이 핀 대나무 숲·시누대

대나무의 꽃을 본 적이 있는가? 대나무는 벼과에 속하는 외떡잎 화본식물이다. 이 사실을 가장 잘 확인할 수 있는 것이 바로 대나무 꽃을 보는 것이다. 대나무는 그 종류에 따라서 꽃 피는 시기가 30년, 60년, 120년처럼 긴 시간이 걸리는 종도 있지만 3~4년마다 꽃이 피는 경우도 있다. 대체로 대나무 숲 전체가 한꺼번에 꽃을 피우고 전체 대나무 숲이 죽어버린다.

대나무 꽃을 자세히 살펴보지 않으면 그것이 꽃인지 잎인지 구분하기조차 어렵다. 꽃인지 아닌지 희미한 꽃의 모습을 하고 있는데 여름철 논에서 자주 마주치는 벼꽃과 흡사하다. 다만 크기가 더 클 뿐 모양은 아주 비슷하다. 대나무 꽃은 씨를 맺기 위한 것이 아니다. 일종의 돌연변이로서 하나의 병(病)이다. 그러니 꽃 피고 나서 나무가 죽는 것이 아닌가 싶다.

대나무 죽순은 고급 야채로 각광 받고 있고 건강식품으로도 인기가 높다. 중국인들이 이 음식을 특히 좋아하여 옛날부터 다양한 요리의 재료로 활용되어 오고 있다. 그뿐만 아니라 중국에서는 야생 곰의 일종인 판다조차도 대나무나 죽순을 좋아한다. 죽순으로 이용될 수 있는 대나무 종류는 굵기가 맹종죽 혹은 왕대 정도는 되어야 가능하다.

요즘 태화강 십리대밭은 수많은 조깅객들과 산책객들이 찾고 있다. 건강에 대한 관심과 자기 관리가 점점 중요시되어 가는 세태를 잘 반영하는 풍경이다. 과거처럼 자식에게 기댈 수만은 없는 부모 세대들이 스스로의 건강을 조금이라도 더 챙겨서 건강해짐으로써 자식들에게 부담을 안 주려는 뜻일 거다.

대숲에서 청정한 공기로 속을 정화하고 푸르른 댓잎으로 눈을 정화하고 덤으로 건강까지 얻을 수 있으니 일거양득이 아니라 일거다득인 셈이다. 어디 그뿐인가. 태화강에 노니는 다양한 물새들을 보면서 자연 속으로 동화되어 가는 나를 잠시라도 잊어버릴 수도 있으니 금상첨화가 아닌가 싶다.

필자가 어릴 때 살던 집은 서쪽과 북쪽 양 방면으로 울타리가 대나무 숲으로 이루어져 있었다. 대체로 시누대와 왕대가 섞여 있는 대숲인데 군데군데 참나무 살구나무 밤나무 소태나무 등속과 혼재해 있었다. 그래서 늘 그 대나무를 이용하여 겨울철에는 연도 만들어 날리고 대숲 속에 숨어들어 숨바꼭질도 하면서 지냈다. 그리고 어른들은 오래 쓰고 버릴 물건들 혹은 깨어진 그릇 조각들을 모두 그 대나무 숲으로 버렸다. 그래서 어쩌다 놀이 삼아 들어간 대숲 안에는 온갖 깨어진 항아리 조각

그릇 조각 다 떨어져 헤진 바구니 조각 빗자루 몽댕이 등등과 마주치곤 하였다.

그런데 재미있는 전설 같은 이야기를 동네 친구들이 하고 다녔다. 일본처럼 우리나라에도 언젠가 큰 지진이 일어날 것이고 만약 지진이 일어나면 땅이 갈라지고 그 속으로 빠져 떨어지면 영원히 땅속에 갇혀서 죽게 된다고 겁을 주고 다니는 좀 더 나이가 든 형들의 놀림이 진짜라고 생각이 되어서 그날은 밤에 잠도 잘 못 자고 혹시나 지진이 일어나면 어쩌나 하고 고민한 적이 있었다. 지금 생각해 보면 참으로 재미있는 일이지만 당시에는 너무 겁이 났다.

그러다가 또래 친구들의 말이 간신히 고민하는 필자를 구해주었다. 지진이 일어날 기색이 보이면 바로 대나무밭으로 도망가면 아무런 일이 없다고 했다. 대나무 땅속줄기가 하도 촘촘하여 어지간한 지진에도 결코 땅이 벌어져서 커다란 아가리를 벌리고 아이들을 집어삼키는 일은 없을 것이라고 했다. 아참 그렇지 우리 집에도 대나무밭이 있잖아! 지진만 오면 바로 대밭으로 뛰어 들어가야지 하고 마음을 놓은 적이 있다. 지나고 나니 정말 우스운 장난이었지만 그때는 제법 심각한 걱정을 주기에 충분한 위협이었다.

한창 마루치 아라치라는 라디오 드라마가 인기를 끌면서 전국적인 선풍을 일으켜서 시골 아이들이 저녁 무렵 라디오 곁으로 모두 몰려들게 만들었던 시절이다. 그때만 하더라도 텔레비전 보급은 매우 저조하여 필자가 살던 시골 동네에는 텔레비전 구경을 아직 하지 못했던 시절이다. 물론 얼마가 지난 뒤 한 집 두 집 텔레비전을 구입하기는 했지만, 여하튼 당시에는 아직 그 전의 일이다. 그래서 라디오 드라마가 얼마나 재미있고 즐거웠든지 하루종일 그 드라마만 기다리고 있었다. 마루치 아라치라는 태권 소년 소녀가 악당 두목 파란 해골 13호를 물리치는 장면에서 괜히 어깨까지 으쓱하면서 손에 땀까지 쏟아내며 즐겁게 청취하였다.

어느 날 그날도 우리 집 대밭에서 친구들과 열심히 뱁새[10] 알을 꺼내서 양은 냄비에 넣고 삶아 먹고 노는데[11], 아차 '마루치아리치' 하는 시간을 약간 넘겨서 부랴부랴 라디오 곁으로 뛰어온다고 몰래 부엌에서 들고 갔던 냄비를 놔두고 헐레벌떡 왔다. 그리고는 그대로 잊어버리고 있다가 어머님께 들켜서 혼이 난 기억이 난다. 그 작은 뱁새의 알을 그 높은 시누대 맨 꼭대기에 지어놓은 둥지에서 꺼내 모아 물이 든 냄비에 넣고 삶아서 먹던 어린 시절의 추억이 대밭과 얽혀 뇌리로 스치고 지나간다. 뱁새는 아주 작은 참새과의 새다 흔히 붉은머리오목눈이라고 부르기도 한다. 그런데 이 새는 특이하게도 우리 집 시누대 숲에 둥지를 많이 틀었다. 그것도 뱀들이 공격하지 못하게 대나무 제일 꼭대기에 틀어둔 둥지는 아무 걱정 안 하고 두어도 될 듯했지만, 장난꾸러기 철부지 시골 아이들에게 들켜서 알을 잃게 되는 비극을 겪었을 그때의 뱁새들에게 미안함을 깊이 느낀다. 그렇다고 뱁새알을 모두 꺼낸 것은 아니고 둥지마다 약간씩은 놔두고 일부만 꺼냈다. 연한 하늘색 조그마한 뱁새알에게 지금 생각하니 정말로 미안하다는 생각이 든다.

울산의 십리대밭이 또 전국적인 이슈로 등장하게 만드는 것이 있다. 바로 갈까마귀들의 집단 서식지이다. 매년 겨울철만 되면 울산 태화강

---

10) 붉은머리오목눈이. 참새과에 속하는 작은 텃새
11) 지금은 전혀 해서는 안 되는 불법 행위. 자연보호로 금지되어 있는 놀이. 당시에는 불법인줄도 모르고 하였는지 아니면 불법이 아니었는지 정확히 알지 못함.

변은 온통 겨울 철새인 까만 갈까마귀들이 점령하여 주위의 모든 전봇대 전깃줄은 물론 대나무 숲과 나무 위에 터를 잡고 앉아서 한가로운 겨울 저녁 풍경을 만들어낸다.

낮이 되면 인근 경주 지역, 울주 지역 등지의 넓은 농토가 있는 지역으로 먹이 활동을 나갔다가 저녁이 되면 다들 이곳 태화강 변으로 몰려든다. 아마도 대나무 숲이 편안한 잠자리를 제공해 주기 때문일 것이다. 잡식성으로 인근 농지에서 떨어져 있는 낟알이나 벌레들을 실컷 잡아먹은 뒤 잠자리를 구하기 위해 이곳을 찾아드는 것이다.

갈까마귀는 우리 텃새인 까마귀와는 다른 종이다. 텃새인 까마귀들과 비교해서 덩치가 훨씬 작다. 그리고 멀리 몽골 시베리아 지역에서 날아와서 겨울을 이곳에서 나고 봄이 오면 다시 몽골 시베리아 지역으로 날아가서 번식한다.

갈까마귀든 까마귀든 까마귀 종류의 새들은 오래전부터 우리 민족의 역사 속에서 대단히 귀한 새로 여겨졌다. 바로 천신(天神)의 메신저로서 하늘과 인간 세계를 이어주는 역할을 수행하였다. 그래서 그 유명한 고구려의 삼족오(三足烏)는 고구려 정신의 상징이 되어 고구려 역사 내내 귀한 대접을 받았다.

그리고 신라의 석탈해 신화에 등장하는 까마귀도 유명하다. 즉 고구려뿐만 아니라 몽골 시베리아 한반도 그리고 연해주 캄차카 지역 등 전 극동지역에 까마귀 숭배 사상은 존재하고 있었다. 특히 오늘날의 캄차카반도 지역에는 까마귀가 등장하는 신화가 삼국시대 석탈해 신화처럼 지금도 존재한다고 하니 까마귀 숭배 사상이 분명히 과거에도 존재했음을 잘 증명해 주고 있다.

다만 일본 강점기 동안 일본 식민주의자들이 우리나라 역사를 폄훼하고자 날조하면서 귀물 까마귀가 으스스하고 불행을 가져다주는 존재로 각색되어 민간에 퍼뜨려지고 허무맹랑하게 날조되었다는 것을 이제는 우리도 깨닫고 있다.

서양에서 공포 영화에서 자주 등장하여 불운을 미리 알려주는 상징물(omen)로 까마귀가 등장하기도 하지만 대체로 서양에서도 까마귀는 좋은 이미지로 언급되었다. 바른길을 가는 형태를 '일직선으로'라는 뜻으로 사용되는 영국 관용어에 역시 까마귀가 등장한다. 'As the crow flies' 즉 까마귀가 날아가는 방식처럼 즉 똑바로 간다라는 의미를 가지고 있다. 또 서양에서 까마귀는 농부들의 일상생활 속에서 늘 마주치고 함께 살아가는 존재로 등장한다. 밀밭에 자주 찾아와서 성가시게 하는 까마귀를 쫓아내기 위해서 허수아비를 세워두고 이름하여 'scarecrow'라고 불렀다. 그 의미는 바로 '까마귀를 겁줘서 쫓아내는 허수아비'라는 뜻이 된다.

울산 지역에서는 처음에 겨울철 갈까마귀들을 시민들이 불편해하고 싫어했지만, 지금은 시민들의 사랑을 받는 존재가 되었다. 그래서 이제 보호받는 철새로 변해 있다. 겨울철 울산 지역의 또 다른 특색을 만들어내는 존재가 된 것이다. 해마다 겨울철 갈까마귀들의 단체 잠자리 드는 모습이 텔레비전을 통해 전국으로 흥미로운 뉴스거리로 퍼져나갔다. 그래서 어엿한 겨울철 진객의 대접을 받기에 이른 것이다. 팔자가 급변한 것이다.

비록 대숲 근처에 사는 주민들에게는 다소의 겨울철 불편을 주기는 한다. 배설물을 마음대로 뿌리고 있어서 자동차나 주택을 더럽히고 도로나 인도를 더럽히기는 하지만 대체로 참을 만하다고들 이야기한다. 어쩔 수 없는 것은 받아들이고 즐기라고 하지 않던가! 겨울 한철 노력을 조금 더 하면 색다른 진객을 볼 수 있으니 그 정도는 참을 수 있다고 한다. 놀라운 긍정의 힘이다. 그러한 긍정의 힘이 오늘날 친환경 도시로 탈바꿈한 울산의 원동력이 아닐까 싶다. 십리대밭에 다시 겨울 철새들 무리와 함께 찾아올 갈까마귀들을 기다리면서 열심히 걷기 운동으로 건강을 챙겨두기나 하자.

❋ 3. 선바위와 금은화

태화강을 따라 언양 방면으로 계속 이어지는 잘 단장된 걷기 길을 걸어가면 거의 끝부분쯤에서 선바위를 만난다. 아직도 덜 개발되어 비교적 자연 상태를 잘 유지하고 있는 선바위 주위는 전혀 울산 시내 같지 않은 느낌을 준다. 한적한 시골 마을을 걸어가는 느낌이다. 선바위가 위치한 '입암리'라는 마을 이름 자체가 바로 선바위를 한자로 고친

선바위

것이다.

　이 선바위에는 재미있는 전설이 전해져 내려오고 있다. 그런데 전설이 아주 있음 직한 현실을 잘 반영하고 있어서 더욱 실감이 나는 줄거리를 담고 있다. 옛날 입암마을에 절세미인 처녀가 살고 있었다. 마침 그 마을로 탁발 나온 한 스님이 그 처녀에 대한 마을 사람들의 입소문을 듣고 궁금한 나머지 그 처녀애 대한 호기심이 생겨서 자신도 모르게 그 처녀의 집 앞을 서성거리게 되었다. 하루는 그 처녀가 곡식을 한 됫박 시주를 하려고 대문께로 나오자 그 스님은 자제하지 못하는 심정으로 그 처녀의 팔목을 잡아버렸다. 놀라서 처녀는 집 안으로 도망갔고, 며칠 후 그 처녀는 빨래터로 빨래를 하러 갔다. 한창 빨래에 열중하고 있는 처녀는 상류에서 갑자기 불어난 강물로 홍수가 일어난 것도 모르고 있는데 강물 속으로 거대한 바위 하나가 우당탕탕 떠내려오고 있었다. 처녀는 설마 자기를 덮칠까 싶어 농담으로 '바위도 장가가려나 보다'하고 떠내려오는 거대한 남근처럼 생긴 바위를 그냥 보아 넘겼다. 그 거대한 남근처럼 생긴 바위가 막 처녀를 덮치려고 한순간 그것을 계속 지켜보고 있던 그 스님이 처녀를 구하려고 처녀를 껴안았지만 이미 때는 늦어버려서 그 처녀와 스님은 거대한 바위에 깔려 함께 죽게 되었다고 한다. 그러자 갑자기 그 바위가 그 자리에서 멈춰 서서 지금의 모습으로 자리 잡게 되었다고 전해온다. 그래서 이름이 선바위라고 한다.

　선바위까지 이어지는 걷기길 한 편에는 금은화가 오랫동안 피고 지고 처녀와 스님의 영혼을 달래주고 있다. 금은화는 흔히들 부르는 다른 이름으로는 인동초라고 한다. 왜 하필이면 이름을 금은화라고 하는지는 그 꽃을 자세히 보면 금방 알 수 있다. 필 때는 노란색으로 피고 질 때는 은색으로 진다. 즉 은유적으로 '젊어서는 화려한 황금색이요 늙어서는 반백의 은색이다.'라는 표현과 맞아떨어진다. 이 꽃을 볼 때면 대부분 두 가지 색을 다 가지고 있다.

금은화

그러니 금은화는 인륜 도덕을 아는 군자화라고 할 수 있다. 이 꽃이 진정으로 꽃 중 군자인 이유가 또 있다. 아무리 추운 겨울이라도 잎을 완전히 다 버리지 않고 끝끝내 잎을 달고 겨울을 이겨낸다. 그래서 인동초 즉 겨울을 이겨내는 풀이라는 뜻으로도 불린다. 그래서 어느 유명한 정치인의 별칭이 되기도 했다.

봄철부터 여름철을 지나 초가을까지 길게도 이어지는 인동초꽃은 태화강 강물을 바라보면서 이곳에서 피고 지고 도대체 얼마나 많은 세월 동안 변함없이 자기 자리를 지켜오고 있을까! 필자는 이곳 선바위 근처에만 오면 길가를 따라 왕성하게 피어 있는 인동초꽃을 늘 새롭게 감탄하면서 바라본다. 얼마나 멋스러운 장면이 자연스럽게 연출되는지 독자들도 직접 확인해 보기 바란다. 같은 꽃대에서 각기 다른 두 가지 색을 가진 꽃이 똑같은 모양으로 피어 있으니, 마치 누가 장난으로 색을 칠해 둔 것 같은 느낌이 든다. 태화강 상류 쪽 선바위 근처가 가게 되면 꼭 금은화 덩굴을 찾아보고 선바위에 얽힌 전설도 다시 한번 반추해 볼 수 있기를 기원해 본다.

Ⅵ.
서울 청계천 들꽃 기행

✤ 1. 청계천 생태 기행

물을 잘 다스리는 자가 곧 나라를 잘 다스릴 것으로 믿었던 옛날 중국 사람들은 모든 왕조마다 강물을 슬기롭게 다스리기 위하여 온갖 지혜를 모았다고 전한다. 전설상의 중국 하(夏) 왕조를 개창한 우(禹)왕은 대홍수를 잘 다스려 요(堯)임금 순(舜)임금의 뒤를 이어 천하를 얻게 되었다고 전한다. 아무리 권력가라 하더라도 백성들의 전답을 홍수로부터 온전하게 잘 보전해 주어 먹고 살 수 있도록 하는 능력이 없으면 모든 백성들의 우러름을 받는 임금의 자리에 오를 수 없다는 뜻이다.

광장시장 1

물론 이 이야기 속의 '물을 잘 다스림'이란 글자 그대로 치수(治水)만을 의미하는 것은 아니다. 오늘날처럼 고도로 발달한 기술문명 속에서 물만 잘 다스린다고 천하가 태평하게 되는 것은 아니다. 정치, 경제, 문화,

외교, 국방 등 모든 분야에 있어서 국민들을 평안하게 해주는 것이 최고의 치수이며 지도자가 가져야 할 최고의 능력이다.

광장시장 2

지리적으로 중국과는 많이 가깝지만, 지형이 많이 다른 우리나라에서도 물[水]과 관련하여 두 가지 중요한 '치수(治水)'가 권력자들에게 매우 중요한 과제가 되어왔다. 하나는 홍수조절 정책이었고 다른 하나는 가뭄대책이었다.

대체로 산이 높고 하천이나 강이 비교적 짧아서 갑자기 불어나는 물을 다 담아둘 수 있는 강 유역이 대륙처럼 넓지 못하고 급작스럽게 들판과 마을을 덮치는 경우가 허다하였다. 강이나 하천이 길고 유속이 느리면 아무리 많이 내린 빗물도 비교적 천천히 흘러내리면서 속도를 죽이고 결국에는 안전하게 바다까지 이르게 된다. 그러나 좁은 국토이면서 동고서저의 지형과 짧은 하천은 이러한 자연적 홍수 피해 흡수력이 떨어지기 마련이다.

거기에 더하여 일제 식민지 수탈과 6.25와 같은 전쟁 그리고 마구잡이 땔감 채취 등으로 우리나라 대부분 산림이 파괴되어 홍수기간 동안 산속의 나무들이 물을 저장해주는 혜택도 받을 수 없었다. 불과 몇십 년 전의 일이다. 그러니 당연히 해마다 여름철이 되면 전국적으로 대규모 홍수가 일어나고 엄청난 수의 이재민이 생겨서 긴급 대피를 하고 초토화된 마을을 버려둔 채로 동네 학교나 임시 대피소로 피하여 몇 달 며칠을 보내곤 하였다. 이러한 사실은 불과 수십 년 전까지 계속 이어진 사실이다.

불과 얼마 전의 일이지만 오늘날의 젊은이들은 말해도 이해를 못 한다. 설마 그렇게 했을 거라고는 실감이 나지 않을 것이다. 텔레비전에서는 매일 수재의연금을 누가 얼마를 보내왔다고 전하기 바빴다. 그리고 쌀가마니, 라면 박스, 헌 옷가지 등등을 '수재의연금품'으로 홍수 피해지역으로 날라주기 바빴다. 매우 다행스럽게도 우리나라에 이렇게 해마다 반복되는 홍수 피해를 근본적으로 없애는 훌륭한 정책이 두 가지 행해지면서 이제는 더 이상 홍수 피해로 인한 이재민이 생기는 불상사는 일어나지 않는다.

그 첫 번째 훌륭한 정책은 바로 '산림 녹화 사업'이었다. 산림 녹화 사업은 효과가 곧바로 일어나는 정책이 아니다. 수십 년의 시간이 걸리는 장대한 정책이다. 요즘 같은 인기영합정치를 하는 정치인들은 결코 검토조차도 할 수 없는 원대한 포부요 희망 실천이다. 바로 박정희 정부가 그렇게 원대한 민족적 염원을 실천에 옮긴 것이다. 전 국민의 80%

이상이 모두 농촌에서 농사를 지으면서 겨우 먹고 살아가는 상황에서 '산업화 공업화'를 과감하게 실시하여 인구의 탈농촌 현상을 불러왔고, 이는 곧 산림파괴의 큰 원인 중의 하나였던 화목 채취를 줄이는 정책이 되었다. 이어서 매우 실용적인 '구공탄'을 개발하여 화목을 대체할 수 있는 생활 연료를 싼 가격으로 공급하기 시작하면서 이제 더 이상 화목 채취를 위한 산림파괴는 사라지게 되었다.

박정희 대통령 시절에 시작된 산림 녹화 사업은 수십 년이 흐른 뒤에 그 효과가 서서히 나타나고 이제 우리나라의 모든 산이 푸르게 변했다. 어디를 가나 민둥산뿐이었던 불과 몇십 년 전과는 너무나 대조를 이룬다. 두 가지 경우를 모두 경험한 필자는 극명한 두 경우 - 민둥산과 푸른 산 -를 모두 체험하여서 더욱더 그 효과를 깊이 느끼고 있다.

이러한 장기적인 국가 대계는 아무나 할 수 있는 정책이 아니다. 오늘날과 같이 표를 얻을 수 있는 일이라고 생각하면 무조건 퍼주기만 하는 인기 위주의 짧은 소견머리로는 죽었다가 깨어나도 못할 일이다. 요즘은 좌우 할 것 없이 모든 정치인들이 냄비근성과 연예인 습성으로 나라의 대계(大計)를 아무도 생각해 내지를 못한다. 참으로 안타까운 일이다. 오로지 표만 바라보는 포퓰리즘에 빠져있다.

두 번째로, 이명박 대통령 시절의 '4대강사업'이다. 말도 많고 탈도 많았던 이 사업은 정치적인 공과는 둘째로 치고 홍수 예방의 성과만은 정말로 대단한 것이다. 물론 다른 이견(異見)이 있는 것도 잘 알고 있다. 그러나 치수적인 측면에서 바라보면 우리나라 역사에서 감히 누구도 하지 못했던 원대한 민족적 숙원사업을 이룩한 것이다.

높은 산과 짧은 하천으로 자꾸만 쌓여가는 하천 바닥의 모래 같은 토사물들이 범람을 재촉하고 자꾸 둑을 쌓는다고 좋아질 리가 만무한데 결국 천정천을 만드는 결과만 가져오고야 만다. 표(票)만 바라보는 졸렬한 정치인들은 절대 '4대강사업' 같은 원대한 정책은 실행하지 못할 것이다. 당장은 욕을 먹더라도 국가와 민족의 먼 미래를 위해서 과감하게 실천하는 능력 이것이 진정한 실천하는 양심의 애국애족(愛國愛族) 정책이다. 말로만 떠들어대는 애국이야 누군들 못할까? 겉과 속이 다른 애국은 애국이 아니다. 표를 얻기 위한 사탕발림에 지나지 않는다는 사실을 우리는 경험으로 알고 있다.

들꽃 기행을 많이 하는 필자로서는 환경, 생태계, 자연, 들꽃과 나무, 산과 하천, 바다 등 우리나라 자연의 모든 것들을 사랑하고 가꾸고 싶다. 또 그래야 마땅하다고 생각한다. 왜냐하면 인간이 보호하지 않는 자연은 우리 인간들을 보호해 주지 않기 때문이다. 어린아이들조차도 다 알고 있는 사실이다.

그러나 우리 인간들이 자연 속에 삶을 하루하루 영위하면서 자연을 본래 그대로 완전한 상태로 보존만 한다고 더 아름답고 온당한 삶을 살 수 있을까? 아니다. 분명히 아니다. 지혜롭게 최소한의 자연 파괴를 감내하면서 할 수 있는 한 최대한 자연을 보호하고 지켜나가야 한다. 무조건 자연 상태 그대로 놔둘 바에야 차라리 원시인 상태로 사는 게 나을 것이다.

우리보다 훨씬 더 자연보호 선진국인 일본도, 미국도, 서양 여러 나라들도 모두 알프스의 산과 같은 산들을 뚫어 길을 내고 바다를 메워 간척지를 만들어 산업단지로 만들고 어느 정도의 산림을 파괴하여 주택지를 건설하면서 살고 있다. 하물며 홍수 예방과 수자원 이용 확대를 위해 개발하는 강(江)을 그냥 그대로 내버려두라고 고래고래 고함만 지르는 사람들은 도대체 무슨 생각을 하면서 살아갈까? 4대강 개발을 하다 보면 당연히 어느 정도의 문제들이 발생하기 마련이다. 발생한 문제는 지혜를 모아 개선하면 된다. 사람이 해서 못 할 것이 뭐 그리 많을까 싶다. 항상 발전하는 방향으로 긍정적으로 개발해야 한다.

　실제로 4대강 개발로 인해서 강물이 더 오염되었다고 떠드는 사람들은 모두 거짓 정보로 혹세무민(惑世誣民)하는 것이다. 필자는 분명히 밝혀둔다. 정치적 피아를 구분해서 하는 말이 아니다. 어디까지나 자연보호와 문명 발전의 입장을 균형 있게 충분히 함께 고려한 국토개발에 대한 필자의 생각을 말하는 것이다.

　4대강 개발의 결과를 폄훼하는 작태는 어용학자들 몇몇 사람들이 혹은 혹시나 정치권에 숟가락이라도 얹고 싶어 환장하는 몇몇 폴리페서 지원자들이 소영웅심리에 휩쓸려 내용도 모르고 불러주는 대로 수치를 조작하면서 선동질하는 것에 불과하다. 큰 그림을 보아야지 이끼벌레 몇 마리 늘었느니 녹조가 늘었느니 하고 말하는 사람들은 참으로 식견이 의심스럽다. 왜냐하면 생활 수준이 높아지면서 생활폐수 및 가축 오물의 방류가 날로 늘어가고 있는 상황에서 작은 지역의 하천들은 자꾸만 오염되어 가는데 이러한 지천(支川)들의 정비 없이 어떻게 큰 하천이나 강의 오염을 막을 수 있단 말인가? 4대강사업의 후속편으로 작은 지천의 정비를 서두르자고 아무리 해도 환경파괴라는 해괴한 구호를 외치며 죽자고 덤벼드는 몰지각한 어용 반대주의자들 때문에 더 이상의 오염 원천 제거를 못 하고 있는 어정쩡하게 반타작만 하고 말았다.

그러니 당연히 강으로 흘러든 생활하수나 가축분뇨가 강물의 부영양화를 가속화하고 당연히 이런 부영양분을 좋아하는 녹조나 이끼벌레 등이 늘어나기 마련이다. 그러면 그 근본 원인을 제거하면 된다. 이미 만들어 놓은 4대강 보를 없앤다고 녹조나 이끼벌레들이 갑자기 사라질까? 천만의 말씀이다. 두 가지 오염원을 빨리 제거해야 한다. 지천으로 흘러드는 생활하수와 가축분뇨를 따로 모아서 하수처리하고 지천을 정비하면 될 일이다. 무조건 반대만 한다고 될 일이 아니다. 경부고속도로를 반대했던 사람들처럼!

필자는 위에서 언급한 두 대통령이 모든 일을 다 온당하고 올바르게만 했다고는 보지 않는다. 정치인들의 공과를 구분하여 판단해야 우리가 취하고 버리고를 정확하게 판단할 수 있다. 정치적 라이벌이 한 일은 무조건 없애고 파괴해야 할 것은 아니다. 그리고 사실 필자는 정치에 그렇게 큰 관심을 두고 있지 않다. 냉철하게 판단하여 좋은 정책을 행하면 다 찬성해야 마땅하지 않을까? 여기서 말을 안 해도 위의 두 대통령의 잘한 점과 못한 점은 독자들이 이미 잘 알고 있을 것이다. 정치적 견해를 강요하거나 누구의 의견을 무조건 좇아서 따를 필요는 없다. 그리고 정치적 견해는 다양한 것이 좋다. 전체주의 사회도 아닌 자유민주주의 대한민국에서 자유롭게 논쟁하고 토론하여 때로는 의논도 하면서 살아가면 될 일이다. 누구라도 적대시해서는 안 될 일이다.

서울은 대한민국 사람 모두가 사랑하는 우리들의 자부심이자 오랜 역사의 중심이다. 조선 시대 이후로 거의 600여 년 동안 한민족의 모든 중대사를 결정지은 현장이기도 하고 우리 민족의 운명을 지켜보아 온 살아 있는 증인이기도 하다. 서울은 우리나라에서 보기 드물게 한자 이름을 가지고 있지 않은 도시명이다. 한자가 없는 대도시는 아마도 한 군데도 없을 것이다. 대부분 한자명을 가지고 있지만 유독 서울만은 순한글 이름 만 가지고 있다.

고등학교 시절에 고전 시간에 배운 것 같은 기억으로 더듬어 보고 또 필자의 짧은 소견으로 생각해 보면 서울이라는 이름은 신라의 수도 서라벌이라는 순수한 우리말이 시대에 따라 점차 변하여 서울이 되었다. 인구 천만이 살고 있는 한국의 심장부 서울은 가는 곳마다 역사가 살아 있고 현재도 삶의 현장이 곳곳에서 새로운 역사를 만들어가고 있어서 언제나 용광로의 느낌을 느낄 수 있는 곳이고 동시에 역동성이 살아 있는 아직도 많이 젊은 청년 동시라고 생각한다.

지방에 살고 있는 필자는 서울에 올라갈 일은 가끔 있지만, 아직도 복잡한 구석구석을 자유롭게 찾아가지 못한다. 지하철 지도를 보거나 아니면 휴대폰의 지도를 활용하여 겨우겨우 찾아갈 뿐이다. 역동적인 모습의 서울은 살아 있는 청년의 모습이고 고즈넉한 궁궐과 역사 유적지를 찾아가면 나이 많은 어른처럼 푸근함을 느끼게 하는 도시이다. 이 대한민국의 중심지 서울에도 철마다 새롭게 피고 지는 다양한 들꽃들이 도시의 아름다움을 한층 더 높여주고 있다. 새로이 개발된 둘레길, 걷기길, 하천길, 인공 조성 숲, 자연 숲 등등 곳곳에서 아직도 자연은 살아 있다. 그 속에서 만날 수 있는 서울의 들꽃을 찾아 이제 서울 도심을 찾아가 보고자 한다.

세계적인 대도시이지만 서울은 천만다행으로 인왕산, 북한산, 청계산,

도봉산, 관악산 등 수많은 산이 있어서 허파처럼 공기를 정화 시켜 주고 도심지 곳곳에 흩어져 있는 고궁과 왕릉 등 문화유산들이 이들 산을 이어준다. 그래서 다행스럽게도 수많은 들꽃이 생명을 이어갈 수 있게 되었다. 더군다나 근래에는 새롭게 조성하는 모든 공원이나 걷기 길도 우리의 들꽃들로 치장하는 경향이라서 우리 고유의 들꽃과 친숙하게 되는 기회를 제공해 주고 있다.

✽ 2. 서울 중심 하천 청계천(淸溪川)

이렇게 생동감 넘치고 활기찬 모습과 조용하고 유서 깊은 모습을 함께 가지고 있는 서울에는 강과 하천도 많다. 서울시 자료에 따르면 서울에는 약 40여 개의 하천이 있다. 한강을 포함하여 중랑천과 청계천 등 큰 하천도 있지만 굴포천, 아라천, 반포천, 탄천, 성내천, 고덕천, 여월천, 목감천, 도림천, 시흥천, 사당천, 양재천, 세곡천, 장지천, 창곡천, 감이천, 망월천, 오류천, 대방천, 봉천천, 여의천, 형촌천, 우면천, 원지천, 신원천, 안골천, 네곡천, 역곡천, 만조천, 봉원천, 홍제천, 창릉천, 도봉천, 방학천, 당현천, 우이천, 목동천, 전농천, 불광천, 성북천, 정릉천, 화계천, 가오천, 대동천, 녹번천, 월곡천 등이 현재에도 흐르고 있다.

청계천 징검다리·왜가리와 중대백로

크게 보면 청계천(淸溪川)은 중랑천 수계에 속한다. 그래서 한강으로 유입되기 직전에 중랑천과 합해져서 한강으로 흘러 들어간다. 순수하게 청계천의 작은 지류 하천으로는 성북천과 정릉천 등 2개가 있다. 그에 비해 중랑천은 청계천에 비해 훨씬 더 길고 더 크다. 그래서 청계천을 포함하여 그 위로 중랑천에 속하는 지천으로는 도봉천, 방학천, 당현천, 우이천, 목동천, 면목천, 전농천 등 8개나 된다.

청계천(淸溪川)은 길이가 약 10.84km 정도에 달하고 북한산, 인왕산, 남산으로 둘러싸인 서울의 중심 분지로 흘러드는 모든 물줄기가 이 청계천으로 모여들어 갈 길을 가다가 왕십리 인근 살곶이다리[箭串橋] 근처에서 중랑천과 합쳐 한강으로 흘러 들어간다. 하도 홍수로 인근 주민들이 피해를 입어서 태종 임금이 치수 사업을 벌이기도 하였다고 한다. 그래서 개천(開川)이라고도 불렀다고 한다.

1958년부터 청계천의 복개가 시작되었고 1967~1976년 사이에 청계고가도로를 건설되었다. 그렇게 오랫동안 복개된 채로 있었던 청계천이 2003년도부터 시작된 서울시의 복원 사업으로 2005년에 복원 사업이 완료되어 도심 속의 하천으로 우리 곁에 돌아왔다. 비록 전 구간에 걸친 완전한 복원은 아니지만, 앞으로의 복개 하천 복원 사업에 대한 모형을 제공하고 국민들로 하여금 자연 하천 복원의 의미와 중요성을 새삼 깨닫게 해주었다는 점이 최대의 효과라고 생각한다. 한때 개발과 발전의 상징이 이제 그 용도를 다한 것이다.

청계천이 서울 도심 한복판에 복원되자 전국적인 관심과 사랑을 받았다. 수많은 사람들이 물밀듯이 밀려들고 서울을 찾은 사람은 누구나 한 번쯤 반드시 청계천을 찾아가는 것을 당연하게 여기는 풍속도가 새로 생겨났다. 덮이고 닫혀서 흔적을 찾기 힘들었던 하천이 이렇게 번듯하게 자연스러운 모습을 되찾은 것을 보고 서울 시민들은 물론 온 국민은 환호했고 그 결과 당시 서울시장이었던 이명박 시장을 대한민국 대통령으로 만들어주는 크나큰 기여를 하였다. 물론 여러 가지 요인 중 하나일 뿐이지만 말이다.

물론 필자는 잘 알고 있다. 청계천 복원 공사가 반쪽짜리이고 물을 계속 공급하기 위해서 물을 인공적으로 끌어와야 하는데도 많은 비용이 든다는 것을 잘 알고 있다. 하지만 첫술에 배부를 리가 있겠는가? 이렇게 시작된 복개천 복원 사업이 하나씩 성과를 거두면 곧 가까운 시기에 좀 더 발전된 형태의 자연 하천에로의 복귀가 이루어질 것으로 생각한다.

어쨌든 새로이 복원된 청계천은 국민에게 청량감을 주고 생태계 복원에 힘을 실어주어 우리들의 행복감을 배가시켜 주고 있는 것은 엄연한 사실이다. 처음 복원하다 보니 하천에 물고기도 옮겨 놓아야만 했고 다양한 종의 나무들이나 들꽃들도 옮겨 심어야만 했지만, 지금은 점차 정착되고 또 새로이 스스로 생겨나고 번식하여 제법 건강한 생태계를 형성하고 있다.

필자가 청계천을 찾을 때마다 이 하천의 자연 자기 주도적 복원력을 목격한다. 커다란 잉어, 붕어, 메기는 물론 버들치나 미꾸라지 같은 작은 수생 생물들이 자연스럽게 번창하니 당연히 그들을 노리는 새들이 스스로 찾아와서 노닐고 있다. 쇠백로, 중대백로, 왜가리는 물론 청둥오리, 흰뺨검둥오리, 원앙 등등 수많은 종의 새들도 찾아와서 더욱 풍성한 생태계를 만들어준다.

그리고 버드나무를 비롯한 각종 토종 나무와 애기똥풀꽃을 비롯한 여러 가지 초목들이 우거지기 시작하는 것을 보면서 여유로운 휴식을 취하고 싶은 사람들을 불러 모으고 있다.

✽ 3. 수질 개선에는 역시 버드나무

갯버들, 수양버들, 왕버들 등 청계천 변에 자생적으로 생겨난 버드나무 종류만도 제법 많다. 물론 처음에는 이식되어 진 개체들이지만 그 이후 스스로 자연스럽게 번식하여 군락지를 이룬 곳도 많다.

버드나무 종류의 모든 나무는 그 뿌리를 매우 길게 물속으로 뻗어 내린다. 그리고 마치 사람이 탁족회 하면서 씻듯이 혹은 발의 피로를 풀듯이 하얗고 불그스름한 가는 실뿌리들을 물속에 뻗고 마치 머리 감듯이 이리저리 물결 따라 흔들어 댄다. 물론 물도 마시고 영양분도 섭취하기 위해서이다. 그렇게 함으로써 물속의 과다한 영양분을 버드나무가 다 빨아들임으로써 수질 개선에 탁월한 능력을 발휘하여 깨끗한 물로 만들어준다. 가끔가다가 물속에 살아가는 물고기들의 먹이 역할도 하고 때로는 갓 부화한 새끼 물고기들의 은신처 역할도 한다. 얼마나 건설적인 역할을 수행 중인가!

탄천 능수버들·청계천 수양버들

모든 종류의 버드나무는 이미 앞 권에서 말했듯이 버드나무과에 속하는 낙엽교목이다. 만주 지역, 한국, 일본, 중국 등지에 분포하며 약 800 여종에 달한다. 수양버들, 능수버들, 갯버들, 왕버들, 고리버들, 호랑버들, 흑버들, 미루나무 등등 매우 다양하다.

우리 민족을 비롯한 북방유목민들에게는 버드나무가 아주 중요하고 귀한 존재였다. 봄을 알리는 첨병이요 아픔을 치유하는 비상약이었고 신성함을 지닌 신목이었다. 그래서 고구려를 세운 고주몽의 어머니가 바로 '버드나무꽃 부인(유화부인(柳花夫人)'이라고 불렸다. 강을 다스리는 수신(水神)인 하백(河伯)의 딸로서 고구려 건국 시조모가 되었고, 만주 건국 신화 속의 여인 부쿠룬이 시조모가 되고 시조가 버드나무에서 탄생했다고 한다.

우리가 흔히 주위에서 볼 수 있는 버드나무종으로서는 갯버들, 능수버들, 수양버들, 왕버들, 미루나무, 포플러(양버들 잡종) 등이 있다.

과거 우리나라 농촌에서는 계단씩 논의 방천을 막기 위해서 논둑에 의도적으로 미루나무를 심기도 하였고 신작로를 내거나 새로이 도로 공사를 하면 으레 길가에 키가 큰 미루나무를 심었다. 그러다가 외래종과 미루나무의 교잡종인 포플러가 성장이 빠르다는 것을 알고 여러 곳에 포플러를 심었다. 특히나 군사시설, 군부대, 학교, 공공시설, 습진 산림녹화장 등지에는 어김없이 포플러가 심어졌다. 몇 년만 지나면 포플러는 거목으로 자라서 굉장히 넓은 그늘도 만들어준다.

왕버들

왕버들은 우리나라 개천가에 어디서 잘 자라서 주로 고목으로까지 커서 보호수로 지정된 것들도 허다하다. 오래된 정자나 고궁, 절, 능, 유서 깊은 재실은 물론 계림에도 고목으로 남아 있고 영지, 주산지 같은 오래된 저수지 등지에 많이 자라서 고목으로 당당하게 대우받으며 자리를 버티고 있다.

오래전에 조성된 저수지인 주산지나 영지와 같이 오랜 세월의 역사를 가진 습지에는 반드시 왕버들 고목이 몇 그루 남아 있어서 그곳의 역사를 대신 말해주고 있다. 왕버들 고목은 밤에 야광 빛을 발하는 경우가 많다. 그래서 도깨비불로 오해받는 경우가 많다. 곤드레만드레 술 취한 사람들이 이 고목이 내 뿜는 야광 불빛에 이끌려 물속으로 자기도 모르게 빨려 들어가서 익사하는 사건들도 소문으로 들어서 알고 있다. 이상야릇한 천지조화일 것이다.

능수버들은 우리나라 하천가에서 제일 많이 볼 수 있는 버드나무 종류다. 얼핏 보면 수양버들과 구별하기 쉽지 않다. 둘 다 가지를 길게 늘어뜨린 경우가 많아서 얼핏 보면 구분하기 여간 어려운 것이 아니다. 능수버들이든지 수양버들이든지 둘 다 물가를 좋아한다. 그리고 축축 늘어뜨린 가지에 길쭉한 잎을 달고 있다. 그래서 전문가가 아니면 이 두 나무를 구별하는 것 자체가 수수께끼 풀기가 된다. 필자도 사실은 어지간한 우리나라 들꽃이나 나무, 잡초, 곡식, 채소 등 척 보면 아는 경우가 대부분이지만 처음에 능수버들과 수양버들을 구분하기가 참으로 어려웠다. 그래서 직접 강둑으로, 호숫가로, 연못가로 찾아다니면서

VI. 서울 청계천 들꽃 기행

일일이 비교하면서 알게 된 경우이다.

먼저, 능수버들은 수양버들에 비해 가지가 좀 더 굵고, 황록색이며 어릴수록 더 녹색에 가깝다. 나무가 크게 자라며 비교적 힘이 있어 보이는 느낌이다. 큰 가지는 대체로 곧추서 있고 가지의 약한 부분만 밑으로 늘어져 있다. 대체로 자연적으로 강가나 물가에 자생하며 잎이 수양버들과 비슷하게 길쭉하지만 약간 더 넓다. 그런데 두 가지 잎을 함께 보아야만 구분이 가능할 정도로 헷갈리게 한다.

반면에 수양버들은 가지가 더 가늘고, 적갈색이다. 수양버들 가지의 대부분이 다 밑으로 늘어져 있다. 대체로 인위적으로 식재되어 물가에 심어져 있다. 잎이 더 좁고 길쭉하다. 그리고 가는 가지들은 대부분 밑으로 축 늘어진 적갈색이고 잎도 비교적 더 좁다. 그런데 더 놀라운 것은 이 두 나무의 교잡종도 있다. 개수양버들이라고 두 나무의 특색을 골고루 갖춘 나무다. 더욱 헷갈리게 한다.

갯버들

그리고 갯버들은 우리나라 거의 모든 하천가에 키 낮은 상태로 뿌리를 물과 땅속 두 군데 다 뻗어서 자라고 있는 토종 버드나무이다. 옛날 고리백정들이 이 갯버들 가지를 잘라서 소쿠리, 바구니 등 다양한 생활용품을 만들어 팔아서 생계를 유지했다고 하니 그들의 한이 맺혀있는 나무라고 보면 좋겠다. 그리고 과거 어려운 시절 산골 아이들이 이른 초봄에 등하굣길에 버들강아지라고 부르며 따먹었던 것이 바로 이 갯버들의 꽃이다. 모든 버드나무의 꽃을 다 먹을 수 있는 것이 아니다. 다만 바로 이 갯버들의 어린 꽃만 먹을 수 있었다. 달콤하고 향기롭다. 물론 필자도 어릴 때 친구들과 어울려 먹어 본 기억이 난다. 조금만 철이 지나면 갯버들꽃을 먹을 수 없다. 꽃이 완전히 피기 전에 수꽃 머리 위에 노랑 꽃가루가 막 제 모습을 보여주기 시작할 무렵이 딱 제철이다. 물론 아직도 잎은 피어나기 전이다. 물론 배가 고파서가 아니고 놀이로서 이따금 시골 아이들이 따먹었다. 그 전 세대 어른들은 물론 배가 고파서 먹기 시작했고 그 습관이 놀이문화로 전승되어 온 것이다.

호랑버들 혹은 산버들은 산 중 습기 찬 땅에서 마치 버드나무가 아닌 듯 자라는 나무다. 버드나무 종류 중에서 이렇게 큰 잎을 가진 것도 있을까 싶을 정도로 큰 잎을 가지고 있고 매우 곧추선 자세로 자라고 절대로 가지를 늘어뜨리지 않는다. 이른 봄에 능수버들과는 다르게 큼지막한 꽃을 피우는데 수꽃의 꽃가루 색이 노란색도 보이고 보라색인 듯 자주색 같은 색도 보이고 여하튼 호랑나비 색처럼 범상치 않다. 번식력이 좋아서 한 나무가 보이면 그 근처에는 엄청나게 많은 작은 개체들이 모여서 집단을 이루고 있는 경우가 많다. 필자가 어린 시절 조상님들의 계단식 논에서 놀기를 좋아했는데 역시 물기가 많은 지역이라서 논 주위 산지에 이 호랑버들이 많았다. 어찌나 꽃이 큰지 이른 봄에 호랑버들을 보면 큰 꽃을 보고서야 아하 이 나무가 버드나무 종류인가를 알 수 있다. 왜냐하면 잎도 넓고 크며 꽃도 여느 다른 종류의 버드나무꽃의 네댓 배는 충분히 될 만하게 크기 때문이다. 나무는 너무나 씩씩하고 꽃은 우람하다. 버섯이 많이 나서 '버섯번대기'라고 불렸던 그 추억의 계단식 논이 그립다.

미루나무는 요즘 참으로 찾아보기 어렵게 되었다. 꼭 찾아보려고 한다면 농사를 지으며 살아온 지 오래된 시골 농촌 마을의 계단식 논을 찾아가면 거의 십중팔구 만날 수 있다. 이 나무는 스스로 자연적으로 번식도 하지만 계단식 논둑에 인공적으로 심어서 주로 번식되는 경우가 많았다. 지금은 그런 경우가 거의 사라지고 계단식 산골 논들은 모두 묵혀져서 아무도 농사짓지 않은 채로 버려져 있는지 이미 오래되었다.

필자의 시골 고향마을에 가면 역시 오래된 예의 그 '버섯번대기' 계단씩 논이 제법 있다. 그 논둑에 아주 오래된 미루나무가 6그루 정도 자라고 있었는데 필자가 초등학교 5학년쯤 어느 도시 사람이 찾아와서 6그루 모두 사들여 벌목해 갔다. 나중에 아버님 말씀을 듣고 알게 되었지만, 그 도시 사람은 성냥공장 사장이라고 했다. 미루나무가 성냥개비 재료로 사용된다고 들었다. 하기야 가볍고 마르면 불이 잘 붙으니 안성맞춤일 것이다. 필자의 고조부나 증조부께서 방천[12]을 예방하기 위해 심어 둔 나무였다.

---

12) 홍수나 여타 이유로 논둑이 무너져 내리는 것

청계천을 따라 걸어가면서 혹시 이 버드나무는 무슨 종류일까 궁금하게 생각할 기회가 생기면 여유롭게 위에서 필자가 말한 대로 한 번 맞춰 보기 바란다. 청계천에서는 주로 수양버들, 능수버들, 왕버들, 갯버들 등을 만날 수 있을 것이다. 진짜로 잔뿌리를 물속으로 뻗은 버드나무들이 있나 하고 물속도 들여다보시라. 또 그 물속 잔뿌리에 혹시라도 어린 물고기들이 숨어 있지도 살펴보시라. 한층 머리가 맑아짐을 느끼고 마음의 여유가 생길 것이다.

❀ 4. 이팝나무와 조팝나무

1) 이팝나무 꽃길

만약 5월 말 6월 초에 산책 놀이 삼아 청계천을 걷다 보면 판잣집 체험관 근처나 두물다리 근처쯤에서 꼭 만나게 되는 화사한 꽃이 있다. '쌀밥꽃' 즉 이팝나무꽃이다. 이팝나무꽃을 보면 '와 우리나라 꽃이 이렇게 화사하고 큰 것이 있었나?'하고 스스로 의아해할지도 모르겠다. 길쭉하고 하얗게 갈라져 끊어진 국수처럼 이팝나무꽃이 만발하고 있는 모습을 즐길 수 있다. 속이 시원하게 뻥 뚫릴 정도로 왕창 나무 한 그루가 전부 하얀 꽃으로 덮여있다. 찔끔찔끔 몇 송이 피우는 것이 아니라 아예 잎이 난 부분만 제외하고 온통 나무가 순백의 꽃으로 뒤덮여 있다. 그래서 다산을 풍년을 상징하기도 한다. 그래서 많은 시골 마을의 당나무가 된 것이다.

약간 떨어진 거리에서 만개한 이 꽃을 보면 밥그릇에 수북이 퍼 놓은 쌀밥 같아 보인다. 좀 더 가까이 가서 자세히 살펴보면 짧게 잘라놓은 하얀 국수 사발처럼 보이기도 한다. 왜냐하면 꽃잎이 하얀색 쌀밥 같기도 하고 국수 가락 잘라놓은 것 같기도 보이기 때문이다.

이팝나무 꽃

먼 산에서 뻐꾸기가 뻐꾹뻐꾹 목소리 높여 울 때쯤이면 어김없이 마을마다 쌀밥 나무가 꽃을 피운다. 이 꽃이 만발하여 풍성한 꽃을 피우는 해는 틀림없이 풍년이 든다고 믿었던 우리 조상들은 마을마다 이팝나무를 심어 그 풍성한 꽃 잔치를 즐기면서 풍년을 기원하였다고 한다. 여름에 들어갈 때쯤 꽃이 핀다고 하여 입하목(入夏木)이라고 불리기도 했다. 입하목이 '이파목'으로 변했고 결국 이팝나무로 발전하여 불리게 되었다고 하는 설(說)도 있다. 혹은 이밥 즉 쌀밥나무가 변하여 이팝나무가 되었다고도 한다.

조팝나무 꽃

　물푸레나무과에 속하는 낙엽교목으로 우리나라에는 주로 남부지방에 자생하는 들꽃나무다. 지금은 가로수로 전국에 심어져서 어디에서나 볼 수 있는 흔한 꽃이 되었지만, 과거에는 주로 시골 마을에 가면 볼 수 있는 우리 들꽃이었다. 늦봄에서 초여름 사이(5~6월)에 흰 꽃이 암수로 딴 그루에서 새로 나온 가지의 끝에 피고 그 꽃이 지고 나면 콩처럼 생긴 작은 타원형의 열매가 달리고 가을이 되면 보라색으로 익어 씨가 된다. 시골에서는 옛날부터 어린 이팝나무 잎을 데쳐서 나물로 먹기도 하였다. 혹은 잎을 끓여서 차로 마시기도 하였다고 전한다. 실제로 중국에서는 차가 귀한 곳에서는 차대용으로 이팝나무 잎 차를 즐겼다고 한다.

　물푸레나무꽃을 한 번이라도 본 사람들은 그 사촌 격인 이팝나무꽃과 아주 많이 닮았음을 금방 알 수 있을 것이다. 물푸레나무도 역시 같은 시기에 잎이 안 보일 정도로 풍성한 하얀 꽃을 피운다. 이 두 나무는 같은 물푸레나무과에 속한다. 그런데 향은 물푸레나무꽃이 훨씬 더 강하고 달콤하다. 이팝나무꽃은 다른 꽃들에 비해 비교적 오랫동안 피어 있다. 거의 2~3주 동안 피어 우리들의 눈을 즐겁게 해준다. 그래서 가로수로 각광받고 있다.

우리나라 들꽃 이름 가운데 '밥'과 연관 지어진 이름들이 참으로 많다. 해마다 식량이 부족하니 봄철마다 반복되는 보릿고개를 풀뿌리로 연명하며 힘겹게 넘기면서 생활하다 보니 자연스럽게 눈에 보이는 것들의 대부분이 밥으로 보이는 착각을 하고 또 그것들이 모두 밥이기를 얼마나 소망했으면 밥처럼 생긴 모습만 보면 무조건 '무슨 밥' '무슨 밥'이라고 이름을 붙였을까 싶다. 처음 당구를 배울 때 사람 머리도 모두 당구공으로 보이는 것과 비슷한 원리다.

소나무 가지마다 그 끝에 달리는 소나무꽃을 보고는 '솔밥'이라고 부르며 봄철 굶주린 시골 아이들이 그 '솔밥'을 따먹었다. 동네마다 풍년과 다산을 상징하는 당수나무에서 하얀 꽃이 풍성하게 정말로 흐드러지게 피는 것을 보고는 쌀밥이 너무 먹고 싶어서 '이밥나무꽃'이라고 부르다가 발음이 변하여 이팝나무꽃이 되었다.

또 들과 산기슭에 봄마다 하얗게 피는 키 낮은 들꽃을 보고는 '조로 지은 밥'을 닮았다고 '조밥나무꽃'이라는 이름을 붙여 결국 '조팝나무꽃'으로 이름이 정착되었다. 풀밭에 자잘하게 알갱이를 달고 있는 풀을 보고는 '꿩의 밥'이라고 불러서 스스로 배고픔을 달래주었다. 풀밭에 노랑꽃을 피고 하얀 알갱이 꼬투리를 달고 있는 풀을 보고는 '괭이밥'이라고 불러서 대리 포만감을 느꼈다.

분명히 우리나라 꽃 이름에는 이처럼 밥과 관련된 명칭이 참으로 많다. 언제나 풀이나 나무 이름을 지을 때 해학과 재치가 넘치는 기지를 발휘했던 우리 조상들이고 보면 유난히 꽃 이름에서는 밥을 접목하여 대리 만족하였던 것은 무슨 연유였을까? 아마도 추측이지만 제일 배가 고팠던 보릿고개 철인 봄철에 가장 풍성하게 하얗게 피어난 꽃을 보면 당연히 밥 생각이 간절했을 것이라고 짐작해 본다. 서글픈 우리의 역사다. 이 배고픔을 근본적으로 해결한 것은 박정희 정부 때다.

이팝나무는 우리나라 들꽃들 가운데서도 나무의 높이가 아주 높게 자라는 종이다. 가지도 풍성하게 펼치고 꽃도 엄청나게 많이 달려서 우리네 조상들이 아주 귀하게 여겼고 특히나 봄철에 피는 하얀 꽃을 백의민족답게 친숙해 좋아하였고 즐겨 심고 가꾸어 왔다. 그래서 오래된 이팝나무가 천연기념물로 지정되어 보호받는 경우도 많다고 한다. 승주군 쌍암면 이팝나무, 고창 중산리 이팝나무, 광양 유당공원 이팝나무, 순천 평중리 이팝나무, 양산 신전리 이팝나무, 김해 신천리 이팝나무 등등 모두 천연기념물로 지정될 만큼 오랜 세월 우리와 함께 희노애락(喜怒哀樂)을 함께 해 왔다.

영어권에서는 이팝나무를 '앞머리 나무'라는 뜻을 가진 'fringe tree'라고 부른다. 이 명칭도 정말 기막힌 이름 짓기 기술이다. 이팝나무꽃을 자세히 살펴본 사람은 누구나 '아하'하고 이 영어 이름에 공감할 것이다. 어린 소녀의 머리에 단정하게 나풀거리는 짧은 앞머리를 꼭 빼닮은 이팝나무꽃의 꽃잎을 정확하게 파악하고서야 이런 이름이 생각났을 것이다. 꼭 같은 이팝나무꽃을 두고 서양 사람들의 기발함과 우리나라 사람들의 간절함이 모두 우리 가슴에 공감을 불러일으킨다. 학명도 이

꽃의 특성을 잘 지니고 있어 '하얀 눈'을 뜻하는 'chionanthus retusa'라는 라틴어이다.

요즘은 우리나라에서 아무리 시골을 간다고 하더라도 배고파서 이팝나무꽃을 보면서 대리 포만감을 느낄 사람은 아무도 없다. 그러니 이제 더는 쌀밥과 연관된 자신의 이름에 뿌듯함을 느낄 들꽃은 아니지만 그래도 여전히 그 자리를 지켜가고 있어서 모양으로도 충분히 사람들의 사랑을 받고 있다. 요즘은 특히 이 꽃의 풍성함을 잘 살려서 도시지역이나 시골 지역 가리지 않고 가로수로 대단한 인기를 끌고 있다. 오히려 과거보다 요즘 이 꽃을 접할 수 있는 기회가 더 많아졌다. 서울에도 곳곳에 가로수로 심어져서 잘 자라서 순백의 하얀 꽃을 우리에게 선사해 주고 있다.

청계천 길을 걷다가 이팝나무 길쭉길쭉한 하얀 꽃이 땅에 떨어진 모습을 만나게 되는 행운을 만날 수 있으면 그해는 틀림없이 당신이 풍년을 맞이할 것이라고 스스로 믿어 보자. 꽃길을 걸어가기가 그리 쉽지가 않으니 충분히 그렇게 믿어도 좋을 듯하다. 이팝나무 꽃이 떨어지면 정말로 그 나무 아래는 꽃길이 자연스럽게 만들어진다. 보통 사람들인 우리도 꽃길을 걸을 수 있다.

청계천의 맑은 물과 되살아난 생태계의 주인들이 작은 세상을 왕성하게 꾸려가는 것도 흥미롭고 우리를 기쁘게 하지만 바로 그 생태계 복원을 보면서 되살아나는 우리들의 마음 치유가 앞으로 수 세대에 걸쳐 더욱더 확산되어 나갈 것이 분명해진다. 또 토목공사라고, 또 개발주의 실천이라고 비판만 해서는 발전하지 못한다.

누구든지 비판하기는 쉽지만 과감하게 실천하기는 매우 어려운 일이다. 비판은 무엇인가 이루어진 성과를 나름의 자기 잣대로 평가하지만, 실천은 무(無)에서 시작하는 창조 과정이다. 경부고속도로를 건설할 때도 누군가는 거세게 비판했고 산업공단 건설한다고 역시 그 누구는 거세게 비판했고 4대강 사업한다고 또 누군가는 거세게 비판했으며 청계천을 복원한다고 하니 역시 그 누군가는 똑같이 거칠게 비판하였다. 비판만 하는 자들은 평생을 비판으로 살다가 간다. 비참한 삶이다. 먼저 무엇인가를 하면서 건설적으로 비판하는 것은 생산적인 일이 되지만 무조건적 진영논리에 갇혀서 뜻도 모르고 해대는 비판은 절대 역사적으로 용인될 수 없는 어리석은 행동이다.

청계천이 철저하게 파괴되고 암흑 속에 갇혀서 복개된 상태로 수십 년을 지나오면서 생명력은 완전히 사라지고 오로지 만신창이 상태로 지내고 있을 때 과연 복원을 반대하던 사람들은 그때 뭘 하고 있었고 그처럼 죽은 상태의 청계천을 계속 두기를 진정 원했다는 말인가? 첫술에 배부를 리 만무하니 단계적으로 더욱더 발전시켜 나가는 것이 현명하지, 처음부터 완벽한 복원을, 전체 복원을 외치기만 하면 어찌 이것이 쉽게 이루어질 수 있다는 말인가? 합리적으로 대안을 내놓고 발전하도록 도움을 주는 정치가 큰 정치라고 생각한다. 내 진영이 아니면 반드시 망하기를 바라는 그런 좁은 소견으로는 위대한 역사를 이룰 수 없다.

이제 그래도 청계천이 반 이상은 살아난 느낌이다. 물론 전체적이고 완벽한 자연 하천 상태를 찾기 위해서는 앞으로 우리가 더욱더 지혜를 모아서 해나가면 될 일이다. 우선 이미 이룩한 이 절반의 성공이라도 기꺼운 마음으로 누리면서 마음의 치유를 할 수 있는 장소로 활용하자. 도심 한가운데 이렇게 물고기가 노닐고 새들이 먹이 찾아 날아드는 하천이 전 세계에 그렇게 많은 편이 아니다.

　청계천을 걷다가 새벽다리쯤에서 혹은 종로4가 5가 근처까지 오게 되면 근처에 있는 광장시장을 찾아가 보자. 이곳에 가면 누구나 살아있다는 기쁨이 절로 샘솟아 오를 수밖에 없을 것이다. 다양한 인종과 다양한 차림의 내외국인들이 물결처럼 왔다 갔다 하는데 그 복잡하고 정신이 하나도 없는 와중에서도 호객하는 소리가 여기저기에서 들려오고, 자리를 잡고 앉아 막걸릿잔을 기울이며 빈대떡 몇 장을 앞에 두고 친구들과 열띤 토론을 하기도하고, 육회 한 쟁반에 소주잔을 기울이며 울분까지 토하며 정치를 논하기도 한다. 비좁은 골목에 목욕탕 의자 비슷한 낮은 의자에 앉아 마약 김밥과 족발, 곱창, 돼지껍데기 요리를 맛나게 먹으며 오랜만에 만난 친구와 고교 시절 추억을 경쟁적으로 되살리기도 하는 곳이다. 흑인과 동남아인 백인과 남미인 중앙아시아인 중국과 일본인 그리고 중동인들과 몽골인들이 뒤엉켜 한국 음식을 먹으며 연방 '호호'하면서 지구촌을 축소해 놓은 것 같은 모습을 연출하는 곳이다.

　청계천 3, 4가에 있는 광교와 장교 사이에 자리한 광장시장은 두 다리의 이름을 따서 지은 시장 이름인데, 날이면 날마다 인산인해를 이루며 성업 중이다. 비교적 전통적인 한국의 문화를 잘 알 수 있기에 외국 관광객들이 빈번하게 찾아오는 것은 물론 필자 같은 지방에서 올라온 사람들과 서울에 살고 있으면서도 구경삼아 혹은 친구들과의 간단한 만남, 연인과의 데이트, 혼수 장만을 위해서, 제수 용품 장만을 위해서 등등 다양한 목적을 가진 수많은 사람들이 정말 발 디딜 틈도 없이 밀려갔다가 밀려오기를 연일 반복하고 있다. 필자는 이곳 광장시장을 아주 좋아해서 서울에 올 때마다 가능한 한 찾아가곤 한다.

청계천 변 이팝나무꽃에 흠뻑 취하면 광장시장의 빈대떡집이나 육회집에서 친구들 몇을 불러 막걸릿잔 기울이면서 옛 시절을 추억해 봄직하다고 생각한다. 그럴 친구라도 있으면 얼마나 잘 살아온 인생인가 스스로 만족하면서 말이다. 불러낼 친구조차 없으면 얼마나 아쉬운 삶을 살아왔는지 스스로 반성하면서 혼자라도 잔을 기울이면 될 것이다. 인생길에 정답이 어디에 있겠는가? 자기가 옳다고 생각하면 그것이 바로 정답이요 정도이지 않을까 싶다. 그러나 타인의 눈살을 찌푸리게 해서야 안 될 일이지 싶기도 하다.

2) 조팝나무 꽃

조팝나무는 우리나라 낮은 산의 초입 부분 구릉지나 들판 아무 곳에서나 잘 자라고 있는 우리나라 고유종 들꽃이다. 장미목의 쌍떡잎식물에 속하며 땅속뿌리에서 여러 개의 줄기가 함께 솟아나 1~2미터까지 자란다. 4~5월이 되면 길고 가늘게 죽죽 뻗은 가지에서 하얀색 꽃이 조밀하게 달리는데 마치 꽃의 생김새가 조로 만든 밥처럼 생겼다고 하여 '조밥'이라고 불렀다. 그 음이 차차 변하여 조팝나무로 되었다.

조팝나무는 무더기로 땅에서 줄기가 솟아 올라오기 때문에 중심이 되는 줄기가 따로 있지 않다. 같은 뿌리에서도 수많은 줄기가 나오기 때문에 다른 나무라고 착각하기 쉽다. 그렇지만 한 군데서 나오는 줄기는 대체로 한 그루에 속한다.

공조팝나무

조팝나무의 어린 순은 이른 봄에 맛있는 나물로 사용된다. 꽃받침도 5개이고 꽃잎도 5개다. 하얀색 꽃을 피우기 때문에 4~5월경에 들판에서 혹은 구릉지에서 조팝나무를 찾기가 매우 쉽다. 어디서나 하얀색 꽃이 무리 지어 낮게 피어 있으면 거의 백발백중 조팝나무꽃이다. 당연히 키가 낮고 덩굴을 이루지 않고 꼿꼿하게 서 있는 가느다란 나뭇가지에 하얀 꽃이 피어 있으면 바로 조팝나무꽃이 피어 있는 것이다. 옛날 시골에서 이 하얗게 피어난 조팝나무꽃을 보고 가슴 설레면서 봄날을 보낸 수많은 어린 청춘들이 있었을 것이다. 청순한 '소나기' 류의 풋사랑을 연상하게 한다. 이 꽃을 꺾어 어느 소녀에게 바쳐본 청춘도 많을 법하다.

그리고 실제로 조팝나무는 토질을 잘 가리지 않고 아무 데서나 잘 자라기 때문에 시골에서는 밭둑이나 논둑에 이 나무를 심어서

둑이 잘 무너지지 않게 하는 역할로도 활용하였다. 특히 조팝나무의 뿌리는 서로 엉기는 힘이 강하고 흙이나 돌을 붙잡고 있는 능력이 매우 강하기에 농촌에서는 이 특성을 많이 이용하기도 했다. 즉 방천[13] 예방용 식목이었다.

겨울철에 논둑이나 밭둑을 불로 태워서 벌레알을 없앴던 풍속에 따라 정월대보름 때 온 마을 사람들이 논둑과 밭둑에 불을 놓는 행사를 할 때도 조팝나무 줄기나 감국의 묵은 줄기, 혹은 누른색으로 변한 억새나 여러 덩굴 식물들의 줄기들이 마른풀들과 함께 타더라도 곧 봄이 오면 조팝나무도 역시 다른 풀들과 마찬가지로 여러 개의 곧추선 새로운 줄기를 피워 올린다. 이때 어린 새순은 시골 아낙네들에게 맛있는 봄나물로 각광을 받았다. 물론 꽃은 대체로 새순이 아닌 묵은 가지에서 돋아난다. 새로 돋아난 가지는 꽃 피울 다음 봄을 기다린다.

필자가 초등학교와 중학교에 다녔던 농촌에서 조팝나무는 어린 소년과 소녀들의 사랑을 많이 받았다. 물론 겉으로는 표현하지 않았지만, 이 꽃을 보면 누구나 관련된 추억이 하나 정도는 떠 오를 것이다. 막 중학교에 입학하려고 준비 중인 산골 소년 소녀들이 처음으로 이성에 눈을 뜨기 시작하면서 같은 동네에 살거나 옆 동네에 살고 있는 마음에 드는 이성을 마음에 두고 몇 날 며칠을 고민하다가 마침내 시내에 있는 중학교나 읍내 중학교로 배정을 받아 가면서 본격 행동에 나서곤 했다. 서로 갈라져 배정된 남자 중학교 여자 중학교 사이의 거리만큼이나 멀어져 버린 사이가 되어버린다. 몇 번이고 딸막거리다가 용기를 내지도

---

13) 밭둑이나 논둑이 홍수에 무너져 내리는 현상

못하고 또다시 그 모습을 그려보고, 다시 한번 용기를 내곤 했던 기억이 난다. 그렇게 서로 다른 중학교에 배정된 두 이성의 남녀 중학생은 한두 달 동안 버스 통학을 하면서 혹은 완행열차 통학을 하면서 얼핏 얼핏 눈짓으로만 서로를 확인할 정도로만 보다가 마침내 용기를 내어 하굣길에 어느 논둑 길모퉁이에서 하얀 조팝나무 꽃가지를 한 묶음 꺾어서 주고는 말도 하지 못하고 뒤돌아 도망가기 바빴다.

그때 꺾어 바친 조팝나무 꽃다발은 그 후 내내 두 사람의 가슴 속에 아름다운 추억으로 남아서 그 논둑길 그 밭둑길을 걸어갈 때마다 그때 그 아이는 지금쯤 어디서 무엇을 하고 잘살고 있을까 싶어 한 번쯤 뒤돌아본다. 벌써 40여 년이 지난 세월이라도 아직도 그 논둑길에는 하얀 조팝나무꽃이 해마다 여전하다.

청계천 변에는 다양한 꽃들이 많이 조성되어 있다. 대체로 조팝나무종으로서는 일반 조팝나무와 꼬리조팝나무꽃이 주류를 이룬다. 그 외에도 공조팝, 까치조팝도 있고 일본 조팝도 있고 요즘은 다양한 원예종 조팝나무가 개발되어 보급되기도 한다. 보통 청계천에서 만날 수 있는 조팝나무는 대체로 하얀색이면 그냥 조팝나무다. 그리고 분홍색에 가까운 꽃을 피우는 것은 아마도 꼬리조팝나무꽃일 것이다. 꼬리조팝나무는 주로 경상북도 이북 지방에 자생하는데 주로 습한 곳을 좋아하기 때문에 아마도 청계천 변에 심은 것 같다. 그 습성을 잘 알고 있는 전문가의 식견이 돋보인다.

원예 조경은 사람의 마음을 어루만져 주는 치유 능력을 발휘하는 것이 가장 중요한 목적이다. 그래서 관상용으로도 손색이 없고 주위 환경과도 잘 어울리며 가능하면 오래갈 수 있고 그곳에 잘 적응할 수 있는 품종으로 선정하는 안목이 더욱더 요구되어 진다. 요즘 우리나라도 여러 대학마다 조경학과 생겨나고 열심히 연구하는 풍토라서 기대가 크다.

❋ 3. 자귀나무

　서울 시내에서 자귀나무를 만나기가 그리 쉽겠는가! 그래도 청계천 마전교 인근에 가면 자귀나무를 만날 수 있다. 장미목과의 자귀나무는 꽃이 아름답기로 이름이 높다. 부부의 금술을 상징하는 꽃으로 합환수(合歡樹)라고 부르기도 한다. 자귀대[14] 손잡이로 많이 사용하는 나무라고 해서 자귀나무라고 부른다. 6~7월에 연분홍 실타래 같은 꽃을 피운다. 여인들이 볼 화장할 때 터치하는 부드러운 솔과 흡사 닮았다. 시골 사람들은 '짜구나무'라고 부르기도 한다.

　자귀나무는 한국, 일본 등지에 자생하는 장미목 콩과의 낙엽소교목이다. 제법 높이 자라는 것은 3~5까지도 자라지만 일반적으로 2~3미터 정도에서 가지가 드러눕는 형태를 취한다. 콩과 식물이 대체로 그러하듯이 6~7월경에 솜털처럼 생긴 분홍색 꽃이 지고 나면 콩깍지 같은 열매를 맺고 그 속에 씨가 콩처럼 들어 있다. 그 씨앗으로 번식을 하는데 매우 잘 자라는 편이다.

---

14) 목공 작업에 사용되는 도구. 작은 도끼처럼 생긴 쇠로 만든 머리 부분에 나무로 만든 손잡이를 끼워서 사용함.

자귀나무

작은 가지의 끝부분에 여러 개의 꽃이 우산 형태로 모여서 피고 각 꽃은 가느다란 꽃잎을 마치 칫솔이나 화장용 붓처럼 달고 있다. 실제로는 그것은 모두 수술이다. 수술의 색이 분홍색이라서 그렇게 보인다. 꽃뭉치마다 우산살처럼 꽃대가 10~20개 정도 나오고 각각 꽃대마다 약 25개 정도 분홍색 붓의 털 같은 것들이 나오는데 그것이 수술이다. 그 수술의 끝부분의 색이 분홍이고 아래로 내려갈수록 연한 아이보리색으로 변한다.

그리고 미모사 종류의 식물이 대부분 만지면 잎을 오므리는 것처럼 자귀나무도 해가 지면 잎을 모아서 오므리는 습성을 가지고 있다. 그래서 이 나무를 합환수라고 부른다. 밤만 되면 잎들이 서로서로 달라붙어 오므라들어서 서를 포옹하는 것처럼 보이기 때문에 우리 조상들은 합환수(合歡樹)라고 부른 것이다. 부부가 밤에 서로 붙어 있듯이 잎이 서로 붙어 있다는 것을 잘 살펴보고 지은 이름이다. 역시 해학이 돋보이는 이름이다. 지나치지 않는 성적 표현이지만! 특히 이 자귀나무 잎을 소들이 매우 좋아하는데 대체로 소들은 콩과 식물의 잎을 좋아하는 것도 같은 이치라고 생각한다.

청계천 길을 걷다가 분홍색 자귀나무꽃을 발견하면 그 아래 길을 잘 살펴보라. 그러면 땅에 떨어진 자귀나무 분홍색 부드러운 꽃들이 사뿐히 드러누워 있을 것이다. 아주 연약해 보이는 꽃이지만 한 철 아름다움을 맘껏 뽐내고 다시 자연으로 돌아가는 숭고한 과정을 거쳐 가고 있는 중이니 사뿐히 비켜 걸어가 보기 바란다. 뒤에 오는 사람들도 그 꽃길을 느껴 볼 수 있도록 배려해 봄이 좋을 것 같다. 그다지 어렵지 않은 마음 씀씀이다.

자귀나무꽃이 필 때면 언제나 여름이 성큼 다가온 계절이다. 하여 뻐꾸기 울음은 더는 들리지 않고 꾀꼬리 소리가 요란할 즈음이다. 짧은 봄의 화려함이 이제 서서히 성숙의 계절로 들어간다. 우리 인간들의 삶도 이러하다. 짧은 봄날의 아름다움에만 취해 있을 시간이 그리 길지 않음을 안다면 서서히 다가올 추수의 계절을 염두에 두고 현재 성숙의 여름을 작업해야 할 것이다.

짧은 봄의 끝 무렵과 무성할 여름의 중간에 피는 자귀나무꽃은 이래서 더욱더 우리네들 삶과 닮은 데가 많아 보이는 것은 필자만의 생각일지도 모를 일이지만 그래도 삶을 어느 정도 먼저 살아본 기성세대의 일원으로서 이후 세대들에게 들려주고 싶은 무언의 지혜이다.

무심하게 흘러가는 청계천의 물길을 따라 걷다가 마주하게 되는 자귀나무꽃을 보면서 '봄날은 간다'라는 노래가 퍼뜩 떠오른다. 우리나라 대중가요 가사 중에서 가장 아름다운 노랫말을 가졌다고 알려 있는 이 노래의 노랫말처럼 인생의 봄날은 쉬이 갈 것이고 아쉬움은 길어질 것이기 때문이다.

이 자귀나무를 정원수로 가꾸어 볼 요량이면 산이나 들에 나가서 이른 가을철 아카시아, 콩, 칡, 등나무 등과 같은 식물들의 콩깍지와 흡사 닮은 자귀나무 콩깍지를 몇 개 구하여 그 안에 들어 있는 씨앗을 잘 말려서 이른 봄에 화단에 직접 심어보라. 발아도 쉬이 하고 성장도 아주 빨라 몇 년만 지나면 성채로 자라서 꽃을 피운다.

만약 화단이나 정원에 작은 연못이나 우물 혹은 수도시설이 있으면 그 근처에 심어보라. 그러면 더욱더 잘 자란다. 야생에서도 저수지, 연못, 개울 쪽으로 몸을 구부려 자라기를 좋아하는 나무다.

Ⅶ.
영주 무섬마을

❋ 1. 영주의 물돌이동 무섬마을

영주는 안동 문화권에 속한 양반촌이다. 경상북도 북부지방에 위치하여 높은 산과 골짜기가 주위에 많아서 비교적 한적한 지리적 위치가 양반들의 유유자적한 삶을 보듬어 주기에 적합했을 법하다. 선비촌에서 선비들의 옛 생활을 직접 체험할 수 있는 곳이 있을 만큼 오랜 세월 동안 선비들의 고장으로 널리 알려진 도시다. 영주에 가면 물돌이동으로 유명한 무섬마을이 있다.

무섬마을

무섬마을이라는 이 멋진 이름을 억지로 한자화(漢字化)시켜 '수도리(水島里)'라고 불렀던 탁상행정적 사고가 심히 안타깝다. 과거에는 무조건 닥치는 대로 지역명을 한자로 고쳤고, 요즘은 불필요한데도 의도적으로 과다하게 사용하는 각종 외국어가 문제다! 이런 현상들은 뿌리 깊은 사대주의가 우리나라 사람들의 사고에 끼친 패악적인 발상이다. 물론 이런 현상은 일제강점기 동안에 더욱 심화되었다고 한다. 멀쩡한 지역명, 마을 이름, 산 이름을 다 한자로 고쳐 불렀다고 하니 정말 어처구니가 없다. 하지만 결국 서울은 자신의 고유한 한글 지명을 지켜내기는 했다. 그렇게 많지 않은 경우이다. 소머리산 혹은 쇠머리산이 우두산으로, 한밭이 대전으로, 곰내가 웅천으로, 범내골이 좌천으로 변했다.

아마도 일본인들의 문화적 자긍심이 우리를 따라오지 못하니까 우리의 순수한 한글 이름들을 모두 한자화하지 않았을까 싶다. 오랜 옛날부터 일본인들은 무엇이든지 거짓으로 꾸며 자기들에게 유리하게 기록하는 못된 버릇이 있지 않았나 싶다. 턱도 아니게도 세종대왕이 동료들과 함께 창제한 한글을 자기 나라에서 먼저 사용하던 고대 문자를 우리가 오히려 베껴 갔다고 하는 황당한 말도 해대는 족속이 아닌가? 하니 그냥 무시할 수밖에 없는 도리이다. 존재하지도 않았던 신공왕후가 신라를 정벌했다고 일본서기를 왜곡하여 만든 족속이다.

태백산맥의 줄기가 남으로 뻗어 내려오면서 낙동강 물줄기와 부딪혀 기이한 형태의 물돌이동을 만들어내었다. 예천 회룡포, 안동 하회마을, 영주 무섬마을 등 주로 낙동강 줄기를 따라 생겨난 물돌이동은 마치 강물이 작은 구릉 지역을 넘을 수 없이 그 구릉 지역을 빙빙 한 바퀴 돌아서 다시 가고 싶은 방향으로 흘러가면서 생긴 물방울처럼 생긴 지형을 일컫는 말이다. 정말로 멀리서 혹은 높은 곳에서 내려다보면 본 줄기에서 막 떨어져 나갈 듯 아슬아슬한 모습으로 보이기도 한다. 영월 동강의 한반도 지형과는 비슷한 듯하지만, 또 다른 모습이다. 물돌이동은 그 물방울 모양의 지형이 제법 넓어서 그 안에 한 마을이 넉넉하게 자리 잡고 있다는 점이 다른 점이다. 한반도 지형과 같은 곳은 주로 제법 높은 산이 길쭉하게 강물을 가로막아서 생긴 지형이다.

무섬마을이라는 지명은 멀리서 그 마을을 보면 마치 물 위에 둥둥 떠 있는 모양으로 보여서 그렇게 이름 붙여진 결과라고 한다. '물 위의 섬'이 변하여 '물섬'이 되고 다시 '무섬'으로 고착된 것 같다. 충분히 그럼직한 이름 짓기이다. 강과 마을 사이에 잘 발달한 모래사장이 매우 맑고 깨끗하여 마치 금모래 수반 위에 고고하게 자리하고 앉아 있는 수석(壽石) 같아 보이기도 하고 외로이 강물에 갇혀버린 육지 속 갈라파고스 같기도 하다. 분명히 물 위의 마을 같은 느낌을 주는 이름짓기인 것 같다.

무섬마을 외나무다리

무섬마을 하면 제일 먼저 떠오르는 장면이 얼기설기 엮은 나무 기둥들 위에 나뭇가지를 얹고 그 위에 흙으로 덮어 만든 외나무다리다. 지금은 그냥 통나무를 반으로 잘라서 나무다리로 만들어 놓았다. 아마도 옛날식으로 만들면 오래 가지도 못하고 해마다 다시 만들어야 하기 때문일 것이다. 그러니 옛날의 멋보다야 덜하다고 여겨진다. 옛날엔 아마도 겨울철 농한기 동안 여름철 장마 동안 망가지고 허물어져 가는 다리를 마을 사람들이 힘을 합쳐서 함께 고치거나 아예 새로운 다리를 놓았을 법하다.

과거에는 다리라고 해보아야 사람 가슴 정도의 높이로 강물을 가로지르고 백사장을 가로질러, 강 양쪽을 이어주는 유일한 통로였지만 요즘은 현대식 다리가 생겨서 차량까지도 통행이 가능한 세상이 되었다. 그래도 아직 이 마을에서는 유서 깊은 외나무다리의 전통을 살려서 매년 새로이 만들어 관광객들에게 선보이고 있다. 옛날에는 오로지 외나무다리로만 통행이 가능했을 때는 다리 중간에서 서로 비켜서서 지나가게 해주던 좁은 다리였다. 지금은 재미 삼아 걸어 다니는 관광객들이 주로 사용한다. 중간중간에 비교적 좀 넓은 구역을 만들어 오가는 사람들이 교차하는 구역도 있었다고 한다. 여기 관광객들의 재미를 돋우기 적당한 체험 놀이가 될 것이다.

1666년쯤에 박수라는 사람이 이곳에 처음으로 터를 잡고 들어와 살았다. 그는 반남(潘南) 박씨(朴氏)다. 그래서 이곳이 먼저 반남(潘南) 박씨(朴氏) 집성촌으로 시작되었고, 나중에 이곳으로 들어온 선성(宣城) 김씨(金氏) 집안이 반남 박씨 문중과 혼인을 하면서 두 집안의 집성촌을 이루어 살고 있다. 지금도 이 마을에는 40여 전통 가옥이 있으며 그중에 16채가 100년이 넘는 역사를 가지고 있다. 박수가 지은 만죽재(晩竹齋)를 비롯하여 9채의 문화재가 있다. 무섬마을의 전통 주택들은 대부분 경북 북부지방의 양식에 따라 ㅁ자 형태를 하고 있다. 아마도 이 지역의 추운 날씨를 피하려고 그렇게 한듯하다. 집 안쪽의 뜨스한 기운을 보듬어 주기 위한 방책이었으니 추운 날씨를 이겨내는 지혜로운 주택 형태이다.

우리 민족의 난방 기술은 온돌과 함께 한옥의 우수성에도 잘 나타나고 있다. 역시 ㅁ자 형태의 한옥은 이렇게 적응성과 유연성을 잘 보여주는 한옥의 우월성을 보여주는 것이다. 한옥의 난방시설인 온돌은 한반도는 물론 연해주 멀리 캄차카반도 더 멀리 가서는 알래스카 지역에까지 퍼져나갔다는 설(說)도 있다. 물론 직접적으로 우리 민족이 그렇게 멀리까지 이동했다고 확신하지는 못하지만 적어도 우리 문화가 전파되었다고 볼 수는 있는 일이다. 하기야 신라의 석탈해 왕이 일본 동북쪽 수천 리에서 왔다는 삼국유사의 이야기를 따라가다 보면 결국 캄차카반도로까지 이어지고 있으니 무슨 연관성이 있을 법한 이야기이다. 오호츠크해 바다는 '옥저' 해를 러시아식으로, 눈 덮인 캄차의 화산을 보고 '깜짝' 놀라서 붙인 이름이 '캄차카'이고, 너무 '추운 날씨'로 '춥지'라는 말을 따서 '축지 반도'를 지었다고도 한다.[15]

작가가 어느 책에서 읽었는지 기억이 나지 않지만, 아이슬란드 출신의 붉은 머리 에이리크 가족들이 그린란드에 자리 잡고 난 뒤 현재의 캐나다 동북쪽 지역을 방문한 뒤 남긴 그린란드 사가(saga)[16]에 따르면 당시 알래스카와 캐나다 북쪽 지방에 살고 있었던 원주민 - 아마도 이누이트 족 - 의 왕 이름을 'valdidida'라고 적고 있으니 우리말의 '발디디다'라는 말과 흡사하니 참으로 흥미로운 일이다. 물론, 정사(正史)는 아니고 전해져 내려오는 전승 노래의 한 부분일 뿐이지만 말이다.

무섬마을을 찾아 마을의 옛 정취와 함께 들꽃이 반겨주는 이야기를

---

15) 손성태 교수. 배재대학교 스페인어-중남미학과
16) 노르웨이, 아이슬란드 등 북유럽에서 전승되어 오는 산문문학. '이야깃거리'라는 의미.

들어보자.

✿ 2. 울 밑에 선 봉선화(鳳仙花)

'울 밑에 선 봉선화야 네 모습이 처량하다'로 시작하는 김형준 님의 시에 홍난파 선생이 곡을 부친 우리 가곡이 생각난다. 1920년에 발표되어 나라 잃은 설움을 달래주었던 국민 애창곡이다.

봉선화는 봉숭아라고도 부르는 일년생 초본식물이다. 인도, 동남아, 중국이 원산지이고 우리나라 사람들의 오랜 사랑을 받아 온 전래 화초로 우리네 누이들의 모습과 많이 닮은 듯하다. 처량하기도 하고 처연하기도 하며 나름 위엄과 범상치 않은 자태까지 갖춘 우리 꽃이다.

원래 이 꽃은 줄기가 위로 자란 뒤에 몇 가닥 줄기를 내고, 마치 꽃 모양이 봉황(鳳凰)이 크게 날갯짓하여 날아오르는 모습 같다고 하여 붙여진 이름이다. 봉선화 꽃잎의 생김새를 자세히 살펴보라. 아래로 큰 날개를 펼치고 위로는 비교적 짧은 머리를 치켜들고 아래쪽 방향 양옆으로 기다란 다리를 두개 쫙 펼친 모습이 흡사 상상 속의 봉황 같다.

봉선화 1

봉선화 2

　누가 이름을 붙인 것인지 그 세밀한 관찰력과 상상력이 정말 대단하다. 어떻게 상상 속의 새인 봉황의 모습을 이 꽃과 연결시킬 생각을 했을까 싶다. 상상 속의 새들은 전 세계적으로 여러 경우가 있다고 한단다. 먼저 우리나라와 중국을 비롯한 동양에서는 상상 속의 새인 봉황을 만들어냄으로써 인간이 가질 수 없는 고귀함을 대리만족할 수 있었다.

　먼저 봉황(鳳凰)은 사령(四靈) 즉 네 가지 신성한 영물 중의 하나로 기린, 거북, 용과 함께 동양에서 상스럽다고 숭앙하던 상상 속의 새이다. 수컷을 봉(鳳)이라 부르고 암컷을 황(凰)이라 부른다. 봉황의 새끼를 봉추(鳳雛)라고 한다. 봉추하면 생각나는 인물이 있다. 중국 삼국시대 배경의 삼국지연의에서 제갈량과 함께 유비의 책사로 활동했던 인물 방통, 즉 방사원의 호이다. 후대에는 전도유망한 젊은 인재 혹은 세상에 널리 알려지지 않은 숨은 인재를 일컫는 말로 사용되기도 한다. 하기야 평범한 우리 일반인들이 볼 때도 병아리보다야 봉추가 낫지 않겠는가 싶기도 하다.

인도와 인도네시아 등지의 힌두교에서는 하늘을 다스리는 새인 가루다(Garuda)는 비슈누 신(神)을 태우고 다니는 신적 존재다. 인간의 모습에 매의 신체 부위를 합친 모습을 하고 있다고 한다. 새의 왕이며 인간 세계와도 수많은 관계를 맺고 있으며 인간의 생사화복에도 관여하는 신적 존재이다. 브라만교에 이어 불교로 그리고 힌두교로 이어지는 종교적 맥락에서 끝끝내 살아남아서 신령한 일을 행하는 존재이다. 이 새는 얼마나 큰지 한 번 날아오르면 한 나라 정도는 모두 그 그늘 아래에 둘 정도라고 한다. 물론 인간의 형상을 하고 날아다니는 새이지만 뱀을 잡아먹기 때문에 맹독성 뱀으로부터 사람들을 지켜주는 신으로 추앙받기도 한다. 오늘날 인도네시아 국영 항공사 이름도 가루다이다. 옛날 인도네시아는 인도의 영향으로 불교 혹은 힌두교를 믿었다. 지금은 거의 대부분 인도네시아 지역이 회교화 되었지만, 아직도 몇몇 곳에서는 힌두교가 신앙으로 지켜지고 있다. 인도네시아라는 국가 명칭의 의미가 '인도 아래에 있는 섬들'이라는 뜻이라고 한다. 과거에 인도의 영향을 많이 받았음에 틀림이 없다.

서양에서도 상상 속의 새 전설이 있다. 영국의 8세기 어느 시(詩)에 등장하는 불사조(phoenix)는 500년을 살다가 불 속에 스스로 뛰어들어 재가 되지만 다시 소생하여 무한 생사 반복을 하는 새라고 한다. 그래서 우리 인간 세상에서도 절대로 죽지 않고 끝없이 다시 살아나는, 즉 다시 일어서는 사람을 불사조라고 부르기도 한다.

이처럼 동서양을 막론하고 유한한 삶을 살고 있는 인간의 상상력은 언제나 무한한 무엇인가를 갈구하고 또 스스로 그러한 존재를 창조하여 그 존재의 신비로움과 무한한 능력을 믿음으로써 자기 구원의 위안을 받기에 이른 것이다. 온갖 능력을 두루 갖춘 신비로운 존재가 늘 우리를 지켜보고 선과 악을 구별하여 징치하기도 하고 축복을 내려주기도 하고, 때로는 인간을 도와 위기에서 구해주기도 하고 반대로 악을 행하는 인간을 파멸로 몰아넣기도 하는 권위로 만들어졌다. 아마도 인류의 보편적 가치를 더욱더 조장하고 함께 건전한 삶을 더불어 살아가는데 수호자내지 협력자로서 꼭 필요한 존재가 된 것이다.

최초의 수메르 신화 속에서 아누나키들이 우리 인간들에게 그랬고, 중국 반고의 시대를 거쳐 복희씨, 신농씨, 여와씨가 그랬고, 에덴동산에 아담과 하와를 만든 여호와가 그랬고, 남미의 케찰코아틀이 그랬다. 인간의 역사는 인생 자체의 유한함을 안다는 것에서 출발한 불안함과 두려움이 다양한 신적 존재를 인간 스스로 창조하게 했고, 그 창조물에 스스로 귀속하여 평안을 얻게 했다. 역시 봉선화를 보면서 봉황과 얽힌 여러 갈래 옆길로 샜다가 다시 제자리로 돌아올 시간이다.

우리나라 시골에 가면 아직도 많은 농가들이 봉선화를 가꾸어 즐긴다. 아니 해마다 같은 자리에 스스로 씨가 떨어져 스스로 발아하여 꽃을 피울지도 모르겠다. 봉선화는 일부러 씨를 뿌리고 가꾸지 않아도 한 번 심어 두면 늘 그 자리에 해마다 다시 새싹이 움트고 다양한 종류의 색을 가진 꽃을 피운다. 흰색, 분홍색, 빨간색, 보라색 등등 꽃의 색깔도 참으로 다양하다.

이른 봄에 파종하거나 혹은 자연 발아하여 그해 6월이 되면 꽃이 피기 시작하고 가을철까지 꾸준히 꽃이 피고 진다. 주로 집안의 화단 가를 따라 심어지거나 집 밖 울타리나 담장을 따라 길게 심어 놓은 봉선화를 많이 보았을 것이다. 그래서 노래처럼 울 밑에 선 봉선화가 허다히 눈에 띄게 된 것이다.

　농촌 지역에 사는 순박한 사람들에 의해 사랑받아 온 꽃 중 특히나 필수적으로 심어 두는 꽃이 바로 봉선화다. 그래서 어린 여자아이부터 다 큰 처녀들에 이르기까지 혹은 갓 결혼한 앳된 신부들도 봉선화 철이 되면 백반을 섞은 봉선화꽃으로 손톱에 물을 들였다. 여기서 '물을 들인다.'라는 말속의 '물'은 마시는 물이 아니다. 색(色)을 의미하는 말이다. 즉 손톱에 색을 입힌다는 뜻이다. 아마도 어릴 적 손톱에 봉선화 물을 들여 보지 않은 독자들은 드물 것이다. 하지만 이제 세월이 변하여 요즘 젊은 사람들은 그런 낭만적인 손톱에 물들이기 추억이 없이 자라 기 십상이다. 물옷, 물감, 물웃(무릇) 등 우리말 속에도 색(色)이라는 의미의 물이 사용된 경우이다.

　형제들끼리 빙 둘러앉아서 혹은 친구들과 혹은 어머니나 고모, 이모와 함께 봉선화 꽃잎에 백반을 짓이겨서 즙을 가득 머금은 반죽 비슷한 형태로 만들고 손톱 위에 적당량을 얹고, 그 위를 봉선화 잎으로 감싸고 실로 묶어둔다. 그리고 하룻밤을 자고 나면 손톱이 분홍빛으로 물들어 있었다. 차차 손톱이 자라나서 마지막으로 반달 모양의 분홍색 무늬만 남을 때 첫눈이 내리면 곧 좋은 인연을 만난다고들 하여 밖으로 표현은 하지 않으면서 첫눈이 내릴 때까지 조심조심 간직하려고 애써 노력하는 경우도 허다하였다. 물론 그런다고 정말로 갑자기 백마 탄 왕자가 나타나는 것은 아닐 줄 잘 알지만 그래도 가슴 설레게 하는 그런 아련한 아쉬움을 남기는 풍습이었다.

언니랑 둘이서 손톱에 봉선화 물을 들이고 앉아서 자수를 놓으면서도 늘 밖을 내다보며 이제는 눈이 내리려나 하고 내다보던 그 큰아이는 지금쯤 어디서 늙어가는 황혼을 맞이하고 있을지! 그 돌담집 숙자 누나 생각이 난다.

봉선화의 잎은 잎자루가 짧고 가장자리에 톱니가 있다. 그 잎겨드랑이 부분에 꽃이 달리는데 한 곳에서 2개 정도의 꽃이 핀다. 꽃대는 약간 아래로 처져있고 꽃잎은 양옆으로 퍼져있다. 꽃잎은 생각보다 제법 넓고 그 안에 수술 5개 암술 하나씩 품고 있다.

꽃이 지고 나면 삭과 열매가 달린다. 타원형으로 생긴 열매의 겉면에는 잔털이 보송보송 나 있다. 열매가 다 익으면 저절로 혹은 약간의 충격으로도 터져서 그 안에 있는 짙은 갈색 씨앗들이 멀리까지 튀어가도록 장치되어 져 있다. 열매의 껍질이 마치 용수철처럼 배배 꼬이면서 씨앗을 멀리 날려 보내는 역할을 한다. 아마도 부모 곁을 멀리 떠나서 형제들끼리 경쟁하지 말고 더욱더 독립적으로 번창하라고 하는 의미라 여겨진다.

'톡 하고 터질 것만 같은 그대' 유명한 대중 가수 현철씨의 '봉선화 연정'이라는 노랫말 가사의 내용처럼 봉선화는 약간만 건드려도 다 익은 씨방이 터진다. 그래서 영어로도 'touch-me-not'이다. 함부로 건드리면 터진다. 나이 드신 모친이 아주 좋아하는 노래다. 누구라도 봉선화에 얽힌 추억 하나쯤은 가지고 있는 것이 옛사람들의 평범한 어린 시절이었다.

채송화, 봉선화, 키다리꽃(삼잎국화), 과꽃, 꽈리, 맨드라미 등속의 흔한 꽃들이 철 따라 피어나던 집안 꽃밭에서 다들 친숙하던 그림이 얼핏 머릿속을 스쳐 지나간다. 이곳 무섬마을에서는 현실로 볼 수 있는 풍경이다.

❋ 3. 코스모스의 추억

필자가 국민학교를 다니던 시절에는 참으로 별의별 숙제를 다 내준 것 같다. 지금 생각해 보면 참으로 특이하거나 때로는 어처구니가 없다고 여길 수 있는 숙제들이 많았다. 쥐꼬리 모아오기, 아카시아 잎 말려서 가져오기, 잔디 씨앗 모아오기, 코스모스 씨앗 모아오기, 폐지 모아오기 등등 참으로 재미있기도 하지만 요즘 아이들에게는 도저히 실행 불가능한 것들도 있다.

코스모스 1

그러한 여러 가지 독특한 숙제들 가운데도 아카시아 잎 혹은 칡잎,

싸리나무 잎 등속을 따고 말려서 한 포대씩 학교에 들고 와야 하는 숙제는 지금 생각해도 그 용도를 이해하기 힘들다. 그러니 당연히 당시에는 도대체 이 숙제의 목적이 무엇인지 이해될 리가 만무하였다. 물론 지금 추론해 보면 가축의 겨울용 사료로 사용될 것이라는 결론이 나지만 당시로는 힘든 추론이었다. 아니면 당시 수출 드라이브 정책으로 그것도 외국으로 수출했을지 모를 일이다.

코스모스 2

코스모스 씨앗 모으기는 연중 단골 숙제였는데 필자가 다닌 국민학교가 바로 경주에서도 불국사 인근의 학교였다. 그러니 국내외 수많은 관광객이 찾아오는 불국사로 가는 도로 옆에는 해마다 코스모스를 심어서 아름다운 분위기를 조성하고자 하는 나라 운영자들의 의지가 그렇게 실행되고 있었다. 특히 봄 가을철이면 전국에서 몰려드는 수학 여행객들이 바글바글하는 계절이 된다. 그때 수학여행 온 학생들의 눈에 비치는 코스모스 한들거리는 경주의 풍경은 아마도 지금까지 그 아이들의 뇌리에 깊이 각인되어 아름답게 추억될 것이다. 분명히 우리 토종 꽃이 아닌데도 추억 속에 살아 있는 꽃이다. 우리나라 사람치고 코스모스를 좋아하지 않는 사람은 아마도 아무도 없을 것이다. 코스모스는 항상 고향의 기차역, 등하굣길, 소풍 장소, 가을 운동회 같은 추억과 연관되어 나타나는 추억의 꽃이 되었다. 그런데 아쉬운 점은 그때의 그 코스모스가 점점 안 보이고 금계국이나 일본 코스모스 같은 신형 외래종 꽃들이 모든 공터를 다 차지하고 기찻길 옆에도 등하굣길에도 모두 샛노란 변종 코스모스들이 차지해 버렸다. 자연히 옛날 추억 속의 그 코스모스는 점점 찾아보기 어렵게 되었다. 그때 길가에 피어난 코스모스꽃이 너무 진한 색이거나 너무 향이 강하거나 혹은 개체 자체가 너무 억세거나 했으면 아마도 그렇게 많은 사람들로부터 사랑을 받지 못했을지도 모를 일이다. 요즘의 변형된 좀 이상한 노랑 계량 종 코스모스보다 옛날 전통적인 코스모스를 더 좋아하고 정을 느낄 것 같다. 필자만의 생각인지 모를 일이지만 말이다. 지나친 강한 인상은 순간적인 감흥만 줄뿐 아련함은 주지 못하기 때문이다.

코스모스는 국화과에 속하는 1년생 식물로 원산지는 멕시코이다. 아마도 해방 이후 관상용으로 수입되어 자연스럽게 전국적으로 퍼져나갔다. 지금은 전국 어디에서나 볼 수 있는 외래종 자생식물이 되었다. 6~10월 사이에 모든 가지나 줄기 끝에 하나씩 꽃이 열린다. 꽃잎은 8개 정도로 분홍색, 흰색, 붉은색 등 다양한 색을 볼 수 있다. 꽃잎의 끝은 삼지창 모양으로 끝이 갈라져서 톱니 모양을 하고 있다. 꽃이 지고 나면 도깨비바늘처럼 생긴 길쭉한 씨앗을 맺는다. 씨앗으로 번식을 하며 강렬한 햇볕을 좋아하며 습한 지역을 선호한다.

'cosmos'라는 말은 그리스어 'kosmos'에서 온 말로서 '질서 정연함' 혹은 '장식'이라는 의미를 가지고 있으며 'chaos' 즉 '혼돈'의 반대말이다. 요즘에는 comos가 우주라는 의미로도 쓰인다.

코스모스는 비가 많이 내리는 여름철에는 물기를 하도 좋아하여 줄기의 거의 중간 부분까지 헛뿌리가 생겨나기도 한다. 그래서 혹시나 태풍에 쓰러져 줄기가 꺾여도 꺾인 부분을 땅에 꽂아두면 다시 살아나기도 한다. 그리고 메마른 땅에서는 가지를 여러 개 내지 않고 곧추선 줄기 끝에 겨우 몇 개의 꽃만 맺을 경우도 있지만, 비교적 비옥한 토양에서는 엄청나게 많은 가지를 벌려서 풍성하게 자라고 꽃도 많이 맺는다.

필자는 어릴 때 집 마당에 코스모스를 몇 그루 심었다. 그런데 너무 거름을 많이 주어서 개체의 몸집이 점점 크게 자라더니 결국 일이 생기고 말았다. 마침 덮친 태풍으로 그 큰 덩치의 코스모스 몇 그루가 비바람에 치여서 거의 모든 가지들이 다 부러져 나갔다. 반면에 그 근처에 있던 척박한 땅에 자란 코스모스는 비교적 온전하게 태풍을 겪고 무사히 꽃을 피웠다. 물론 스러져 꺾인 코스모스 가지는 필자가 다시 심어서 늦게나마 꽃을 피웠다. 과도한 보호가 태풍 같은 고난이 닥쳤을 때 오히려 독이 되어 코스모스를 꺾이게 만들 듯이 인간 세상에서도 마찬가지다. 과보호 주의!

코스모스에 얽힌 추억이 한 가지 생각이 난다. 필자가 부산으로 학교를 옮겨와서 중학교에 다닐 때의 추억이다. 두실이라는 부락에 있었던 집에서 범어사 입구의 학교까지는 걸어서 30여 분이면 충분히 도착하는 거리였다. 그래서 빠른 날은 걸어서 등교하고 늦은 날은 버스를 타고 등교하곤 하였다. 그런데 필자가 걸어서 등교하는 길이 그 당시에는 인도(人道)만 아직 비포장이거나 아니면 잔디 길이었다. 인도(人道)에 누군지 모르지만, 기발한 아이디어를 써서 잔디를 심어두었다. 물론 지금 그 도로에는 지하철이 땅 아래로 달리고 인도는 모두 다 보도블록이나 아스팔트로 포장되어 있다.

이 잔디 길을 따라 약 30분 정도 걸어가면 학교에 도착하였지만, 아직도 덜 개발된 당시 그 길의 풍경은 시골 마을의 그것과 별반 차이가 없었다. 걷다 보면 밭도 보이고 논도 보이고 띄엄띄엄 집들도 보이는 풍경이었다. 그때 아직도 필자의 추억 속에 잊혀지지 않는 풍경이 바로 코스모스 핀 가을철 풍경이다. 그것도 이른 아침 등굣길에 이슬 머금은 코스모스의 연분홍 꽃잎은 정말로 무어라 표현하기 힘든 정겨움을 안겨주는 존재였다. 고향의 시골 풍경을 그대로 축소하여 옮겨다 놓은 듯하였다.

그래서 괜스레 길가 코스모스 한 송이를 따서 두 손가락으로 뱅뱅 돌리며 꽃을 바라보곤 하였다. 어찌나 맑고 티 없이 순수한지 그 꽃을 결국 들고 학교에까지 갔다. 독자들도 한 번 시험해 보기 바란다. 코스모스꽃을 위에서 아래로 자세히 바라보라. 그러면 이상하게 그 꽃 속으로 빨려 들어가는 느낌이 들것이다. 그래서 코스모스가 우주라는 의미도 있는 것인지도 모르겠다.

두 번째 코스모스 추억이다. 며칠 있으면 추석을 맞아서 곧 고향으로 가겠지 하는 마음에 벌써 마음은 이미 완행열차를 타고 고향으로 달려가고 있었다. 고향이라고 해봐야 뭐 별 특별한 것이 있겠냐만 그래도 따로 떨어져 타향에서 제법 시간을 보낸 뒤 다시 찾아가는 고향이 그리울 수밖에 없었던 것이다. 그래도 복잡한 시외버스를 긴 줄을 서서 표를 끊어 타고 가느냐 아니면 완행열차 타고 몇 시간 걸려서 가느냐가 고민이면서도 마음 설레게 하는 연례행사였다.

아직 교통이 오늘날처럼 편리하게 발전된 형태로 존재했던 것이 아니었기 때문에 추석이나 설날에 귀향하려는 엄청난 인파가 터미널이나 기차역에 수십 줄로 길게 늘어서 장사진(長蛇陣)을 이루었다. 기차를 타고 가면 작은 기차역마다 역 주위에 여기저기 코스모스가 피어 마음을 재촉하였고 버스를 타고 지나가는 외딴 마을마다 코스모스가 피어 고향처럼 느끼게 했다. 그래서 코스모스의 기억은 늘 고향 추억과 함께 떠오른다.

그런데 코스모스 줄기와 잎에는 다소 특이한 향이 난다. 특히 잎이나 가지를 뜯어서 냄새를 맡아보면 뭔가 말로 표현하기 어려운 이상야릇한 향이 난다. 그리고 그 특이한 향은 냄새 맡는 사람에 따라 호불호가 분명하게 나눠진다. 얼마나 향이 특이하였던지 소나 염소 토끼 등 가축들은 일절 입에도 대지 않았던 기억이 난다. 동물에게도 코스모스 줄기의 냄새가 그렇게 기분 좋게 하는 향이 아닌 것 같다. 여름이 지나고 가을철로 접어들면 무섬마을 골목길에서 만나게 되는 코스모스의 해맑은 꽃잎만 감상하고 줄기를 굳이 냄새 맡아볼 일은 없기를 바란다. 코스모스꽃을 감상하는 것만으로도 충분히 만족스러운 것이다.

그런데 앞에서도 밝혔지만, 요즘은 이런 순수한 코스모스가 날로 줄어들고 대신 새로이 들여온 노랑 코스모스와 금계국이 너무 많은 지역을 차지하고 날로 급속히 번식지를 넓혀가고 있다. 그래서 기존의 순수 코스모스는 더욱더 자리를 잃어가고 있다. 어느 신문에서 읽은 것 같은데 이렇게 빠르게 확산하고 있는 신(新) 외래종 노랑 코스모스와 금계국이 새로운 환경파괴 종으로 정착하게 될 가능성이 높다고 한다. 기존의 순수 코스모스는 우리 토종 식물들에게 별다른 피해를 주지 않고 잘 어울려 살지만 늦게 찾아온 이들 신 외래종 노랑 코스모스 종류는 심각하게 토종들의 터전을 잠식하여 피해를 크게 주고 있다고 한다. 자연히 고유종은 이들에게 밀려나서 터전을 잃게 된다.

필자는 이상하리만큼 노랑 코스모스 집단 서식지 혹은 인공적으로 일부러 조성해 둔 노랑 코스모스 단지를 보면 마음속으로 작은 거부감이 든다. 이제 점점 희소해지기만 하는 기존의 순수 코스모스가 다시 번창하여 옛 추억을 되살려 주면 좋을 것 같다. 하기야 이러한 미련도 작은 집착일지도 모른다.

기존의 순수 코스모스와 노랑 코스모스의 가장 큰 차이는 우리 토종의 식물들과 함께 할 수 있느냐 못 하느냐다. 노랑 코스모스는 번식하면 주위에 다른 풀들이 살지 못 하게 모든 땅을 잠식해 버리는 것 같다. 물론 어느 학자가 체계적으로 연구하여 밝혀야 할 문제이지만 필자로서는 벙어리냉가슴 앓듯이 걱정만 할 뿐이다.

무섬마을 이곳저곳에 가을마다 피고 지는 코스모스는 누가 돌보지 않아도 되기에 이제 나이 드신 어른들만 지키고 사는 시골 마을에는 딱 안성맞춤인 꽃이다. 특히 코스모스의 맑은 얼굴은 하늘을 똑바로 올려다볼 때가 제일 아름다워 보인다. 무섬마을의 청정 공기 덕분에 하늘은 구름 한 조각 외에는 물푸레나무즙을 물속에 풀어 헤쳐 놓은 것처럼 맑다. 그 맑은 하늘을 똑바로 올려다보고 있는 분홍색 코스모스가 제일 제격의 코스모스다.

아무리 코스모스가 공해에도 잘 견디는 꽃이라고는 하더라도, 원래 가지고 있는 그 본성이 더 맑은 하늘과 더 청정한 공기에 잘 어울리는 꽃이다. 그래야 코스모스가 가진 진정한 본성이 더 잘 나타나 보인다.

이야기가 좀 옆으로 샐 것이지만 한 가지 더 덧붙이고 싶은 이야기가 있다. 코스모스는 너무 영양분이 풍부한 토양에 심기보다는 그냥 그대로 보통의 땅에 일부러 가꾸지 않은 채로 내버려두면 더 아름다운 꽃을 피운다. 그리고 더 어울리는 묘한 분위기를 자아낼 수 있다. 만약 너무 비옥한 토양에 심어 두면 꽃보다는 줄기와 잎이 너무 풍성해져서 꽃이 돋보이지 않게 된다. 그래서 뚱뚱한 한 그루 나무처럼 보일 수 있다. 그러니 혹시 코스모스를 길러보고 싶은 사람들은 유념하기를 바란다. 너무 척박해도 안 되지만 자연스럽게 내버려두는 것이 최선이다. 원래 형태의 자연으로 두면 알아서 자라고 꽃을 피운다.

무섬마을 하면 뭔가 모르게 이름에서 풍겨 나오는 느낌으로도 좀 외지고 한적할 것 같은 분위기가 이름에서 느껴진다. 그래서 이 마을의 코스모스가 더 잘 어울리는 꽃인가 보다. 무섬마을의 가을을 지켜보면서 자신의 얼굴색을 더 맑게 매일 아침 이슬로 씻어 가는 코스모스가 문득 생각나는 아침이다.

❋ 4. 접시꽃 당신

무섬마을 찾아가는 나그네들은 누구나 낮은 돌담이나 흙담보다 더 높은 꽃대를 삐죽삐죽 내밀고서 분홍빛 커다란 꽃들을 선보이고 싶어 하는 키 큰 꽃들이 늦은 봄이나 여름부터 가을까지 마을을 지키고 서 있는 모습을 틀림없이 보게 될 것이다. 여기는 분홍색으로 저기는 흰색으로 또 뒷집에는 빨간색으로 풍성한 꽃 잔치를 펼치고 있다.

접시꽃

아욱과의 여러해살이 식물로 중국이 원산지이지만 우리나라에서는 오래전부터 화초로 가꾸어져 왔다. 특히 삼국시대부터 역사에 등장하는 꽃이다. 우리나라 시골 마을에서는 화단이나 동네 골목 곳곳에 심어지거나 자연적으로 자라고 있다. 지금은 거의 자연적으로 자생하는 형태가 되어 번식하고 있다.

꽃 모양도 엄청 커다란 접시를 닮았고 꽃이 지고 난 뒤 달리는 씨앗이 들어 있는 열매도 작은 접시를 닮았다. 아마도 우리나라 꽃 중에서 크기로서는 제일 큰 꽃들에 속할 것이다. 부용꽃과 흡사하지만 분명 다르다.

부용꽃

씨앗을 심고 난 뒤 첫해에는 꽃을 피우지 않고 다음 해에 꽃대를 길게 올리고 꽃이 핀다. 보통 6월부터 9월 사이에 긴 꽃대의 아래에서 시작하여 점점 위로 올라오면서 꾸준히 꽃을 피운다. 접시꽃이 피어 있는 집을 들어서면 화사하게 기분이 좋아지게 하는 손님 접대용 꽃의 역할을 다하고 있다. 그래서 집집마다 주로 대문깨나 혹은 대문 앞 길가에 심어 놓아 오가는 사람들이 화사한 꽃을 보고 마음을 추스르라고 하였을지도 모를 일이다.

꽃이 다 지고 나면 꽃대를 잘라주어 지저분하지 않게 하는 것이 좋다. 그리고 겨울이 되면 대체로 잎과 줄기는 다 죽지만 뿌리는 그대로 살아 있어서 그곳에서 봄에 또 잎과 꽃이 핀다. 그런데 따뜻한 양지에서는 잎이 겨우내 무성하게 나서 추위를 견뎌 내기도 한다. 필자는 개인적인 경험으로 장독대 옆에 피어난 접시꽃을 어릴 적 추억으로 오래 간직하고 있다. 어머님과 접시꽃 장면이 한 장면이 되어 가끔 문득문득 떠오른다. 접시꽃과 누이와 그리고 어머니가 모두 연결되는 연상이 그 뒤를 이어 나타난다. 무슨 상관관계인지는 모르지만 각인된 스틸 샷처럼 새겨져 있다.

무궁화

무궁화, 아욱, 부용꽃, 그리고 접시꽃 이들 모두는 아욱과 식물군에 함께 들어간다. 즉 같은 사촌 패밀리로 보면 된다. 이 꽃들은 거의 생긴 것 자체가 다 비슷하다. 일단 꽃이 대체로 크고 색도 비슷하다. 대부분 분홍색, 흰색, 빨간색, 보라색 계열의 꽃이 달린다.

아욱

　무궁화는 분명히 큰 나무에서 피기 때문에 그리고 우리나라 국화(國花)이니 구분할 수 있을 것이고, 아욱은 채소로 쓰이고 꽃도 비교적 다른 사촌들과는 비교가 안 될 정도로 작기에 금방 구분할 수 있을 것이다. 그러니 특히 부용꽃과 접시꽃은 구분하기 매우 어렵다. 꽃만 따로 떼어 내어 두면 전문가도 구분하기 쉽지 않다. 거의 같은 모습이고 같은 크기이다. 그런데 이 두 꽃을 구분하기란 의외로 간단하다. 접시꽃은 한 줄기 긴 꽃대의 아랫부분부터 시작하여 올라가면서 다닥다닥 꽃이 연이어 핀다. 그러나 부용은 긴 여러 개의 꽃대 끝부분에만 몇 개의 꽃이 붙어서 핀다. 하도 우아하고 예쁜 꽃이라서 옛날 우리나라 고귀한 여인들을 부용이라 이름하여 많이 불렸던가 보다. 그래서 사극에 보면 부용이라는 극 중 인물들이 자주 나온다.

　코스모스와 마찬가지로 접시꽃도 한 번 심어 두면 전혀 가꾸지 않아도 잘 자라는 꽃이다. 그래서 노인들만 주로 살고있는 산골 마을에서 혹은 농사일로 바쁜 농촌에서 썩 잘 어울리는 화초로 각광 받고 있다. 물론 커다랗고 화려하여 시원스럽게 기분을 좋게 해주는 특성도 있지만 일단 키우기가 어려우면 사람들이 널리 가꾸기는 어려운 것이 현실이다. 접시꽃은 다년생 식물로 특히나 사랑받는 조건을 하나 더 추가한 셈이다.

VIII. 산청 구형왕릉 들꽃 기행

❋ 1. 산청(山淸)의 구형왕릉(仇衡王陵)

먼 과거로 거슬러 올라가서 가락국 전설로 들어가 보자. 산청의 왕산에 있는 가락국 10대 왕 구형왕릉으로 찾아가 보자. 특이하게 생긴 돌무덤이다. 옛적 나라와 나라 사이의 엄연한 역사이기도 하지만 한 인간의 패배와 회한의 모습을 떠올리게 하는 장소가 바로 이곳이다. 흥망성쇠(興亡盛衰)가 모두 인간사이거늘 어찌 지난 과거를 애달프다 하고 다만 아쉽다고 할 것인가!

구형왕릉 입구

경남 산청군 왕산에 위치한 구형왕릉의 정식 명칭은 '가락국양왕릉'이다. 전해오는 구전에 따르면 금관가야의 마지막 왕의 무덤으로 알려져 있다. 그러나 정확한 고증을 거친 것이 아니라서 전(傳) 구형왕릉(仇衡王陵)이라고 부른다.

사적 제214호로 전체 높이가 7.15m에 달하고 전면은 7단으로 돌을 쌓아 올렸고 후면으로 갈수록 경사면에 맞추어 낮춰져 있다. 고구려 전통 양식의 적석총으로서 방형을 이루고 있다. 오랜 세월의 탓으로 층단의 구분이 현재는 매우 분간이 어렵게 되어 있지만, 서쪽에서 동쪽으로 흘러내리는 경사면에 축조된 7층 단의 돌무덤임이 확실하다. 남부지방에 있는 유일무이한 피라미드 형태의 무덤이다.

구형왕릉 전경

구형왕이 누구인가? 바로 6가야 연합체 중 가장 큰 세력을 자랑하던 금관가야의 마지막 왕이 아닌가? 신라 법흥왕에 의해 가야가 멸함을 당할 때 나라를 고스란히 들어 신라에 바치고 자신의 백성들 목숨을 살려낸 그 왕이다. 어쩔 수 없는 현실과 찾을 수 없는 대안 사이를 수백 번도 더 번민하다가 고뇌에 찬 결단으로 백성을 살린 마지막 왕이 초야에 묻혀 여생을 보내면서 산처럼 많이 쌓아둔 아픔이 이 돌무덤에서 아직도 느껴질 것이다.

일본의 역사서인 일본서기에 나오는 최초의 일본 천황은 진무천황이라고 한다. 그 이후 한 번도 끊어지지 않고 이어지는 천황이 마치 신처럼 숭배되는 일본은 신앙처럼 천황을 떠받들고 있다. 일본서기라는 책 자체가 초기 부분은 모두 백제사 등을 참고로 하거나 유추하고 조작하여 만들어낸 역사를 담고 있다고 한다. 왜냐하면 '일본'이라는 국호가 그 당시에는 존재하지 않았기 때문이다. 후대에 조작하여 만든 것이라는 설(說)이 설득력을 가진다는 증거다.

그런데 놀라운 일은 이 신격화된 일본의 천황이 우리 한국인의 후손이라는 설이 있다고 한다. 몰론, 얼마 전 일본의 전임 천황도 직접 일부를 인증했듯이 천황의 가계 속에 분명 한국인의 피가 섞인 것은 대체로 맞는 것 같다. 그런데 어느 글을 읽다가 본 적이 있는데 실제로 일본의 천황 계보는 실제로 가야 왕족의 가계도와 거의 비슷하여, 그대로 베낀 것이라고 보는 것이 더 타당하다고 한다. 물론 그 이후에는 신라나 백제 왕족의 피도 섞여 들어가고 하여 오늘에 이어진 것이라고 하는 설이 있다.

즉 한반도의 가야, 신라, 백제, 고구려는 일본 열도에 나라다운 나라가 존재하지 않았던 시대에 그 무주공산으로 진출하여 각각 자신들의 분국을 세우고 식민지 경영을 하였고 한반도의 본국과 긴밀한 유대관계를 맺고 있었다. 그러다가 일본 열도 내에서 가야, 신라, 백제 분국이 서로 경쟁하여 성장하다가 차차 본토 세력과 결합하여 최초의 야마토 정권을 세우고 서서히 일본이라는 나라로 발전해 갔다. 그러다가 마지막으로 한반도에서 패퇴한 백제 권력층이 일본 왕실과 결합하여 오늘에 이르게 된 것으로 필자는 생각한다. 물론 필자의 생각일 뿐이지만 충분히 가능성이 있다고 여긴다. 특히, 일본 최초의 국가 야마토라는 명칭도 우리 민족의 기원인 '예맥족의 땅(예맥토)'를 그 당시 열도의 발음으로 '야마토'라고 불렀다는 설도 존재한다. 즉 한반도 이주민들이 분명 자신들의 땅이라고 선포한 것이다.

특히 우리가 주목할 점은 바로 가야 김수로왕의 탄강 설화를 그들이 일본의 천황 탄강 설화로 복사하여 붙이기로 가져갔다는 점이다. 깊이 연구한 몇몇 학자들에 따르면 가야의 김수로왕 탄강 설화의 내용을 일본의 천황 신화에도 그대로 베껴 갔다고 한다. 하늘에서 내려온 6개의 황금알이 화하여 김수로를 비롯한 6가야의 왕이 되고 나라를 다스린 사실을 그대로 베껴 가서 자기네들 역사에 덧칠하여 포장했다고 한다. 그래서 현재 일본의 황족은 김수로왕의 후손으로서 김해김씨 후손들이라고 주장하는 학자들이 있다. 물론 필자는 역사의 초보 학습자라서 정확한 학술적 뒷받침을 제시하지는 못하지만, 그런 가설도 있다고 들었다. 그리고 필자의 생각으로도 충분히 그럼직하다고 여겨진다.

어쨌든 가락(오늘날 김해 지역)의 구지봉에서 시작된 금관가야의 역사는 특히 철기문화의 발전과 함께 강성해가는 가야로 발전하게 되고 뛰어난 제철 기술을 바탕으로 하고 지리적 이점을 이용한 중계무역으로 대단한 가능성을 많이 지닌 채로 고대 왕국의 기틀을 마련하고 차차 강성해졌다.

고대 그리스의 도시국가처럼 6개의 가야국 연합체로 성장과 발전 쇠락과 멸망을 거듭하면서 각기 주도국 역할을 번갈아 가면서 담당했던

6개의 가야국은 최종적으로 신라에 복속되고 말았다. 서기 42년 시작된 가야는 원래 이름이 다양하게 불렸다. 가락에서 가라로 다시 가야로 변천했다고 한다. '가락'이라는 나라 명의 정확한 의미는 알 수 없지만 '개간한 넓은 땅'이라는 뜻을 함유하고 있다고 한다.

예를 들어서 중국 화북 지역이나 몽골 지역 혹은 시베리아 지역처럼 먼 타지에서 새로운 땅을 찾아온 철기 기술을 가진 세력들이 비교적 넓은 평야 지대인 가락(김해) 지역에 터를 잡고 새로이 개척한 넓은 평야를 두고 한 말이 아닐까 싶다. 어디까지나 필자의 추측일 뿐이다.

그렇게 번창하던 가야는 신라 법흥왕에 의해서 금관가야가 멸망 당하고 신라 진흥왕에 의해서 대가야마저 멸망하고 역사 속으로 사라지게 되었다. 금관가야가 가야연맹의 주축 세력이었던 만큼 금관가야의 멸망으로 급격한 해체를 맞이한 것이다. 6개 가야연맹체는 서로 도움을 주기도 했지만 서로 경쟁하고 전쟁도 하면서 성장하다가 신라에 의해서 최종적으로 멸망 당한 것이다.

금관가야의 마지막 왕 구형왕은 나라를 다 들어서 신라 법흥왕에게 바치고 자신은 산청의 왕산에 들어와서 남은 여생을 조상들에게 용서를 빌면서 살았다고 한다. 나라를 망친 왕이니, 자신이 죽거든 절대로 편안하게 봉분을 만들지 말고 돌로 쌓아 올려서 육체를 가리게 했다고 하니 그 맺힌 원한이 얼마나 대단하였겠는가 싶다. 필자는 구형왕릉을 두 번이나 찾아가 보았다. 권력의 무상함도 인생의 허무함도 모두 세상만사의 흐름 속에 묻어버리고 산속에서 자신의 나약함과 분함을 되새기면서 하루하루 살아갔을 구형왕의 심정이 오롯이 되살아나는 느낌을 받았다.

　구형왕의 후손들은 모두 신라에 귀의하여 진골의 왕족 대우를 받았다. 구형왕의 셋째 아들이 김무력, 김무력의 아들이 김서현, 김서현의 아들이 김유신이다. 연이어 3대가 모두 장군으로서 신라의 삼국통일에 막대한 기여를 하였다고 한다.

　이곳 산청 왕산의 구형왕릉은 정확히 역사적으로 검증이 된 것은 아니지만 실제로 김해김씨 문중에서 해마다 제를 받들고 있고 왕릉의 예로서 각종 비석 등 석물들과 비각 등을 세워서 보호하고 있다.

　산청이 원래 지리산 기슭에 자리한 도시라서 산은 푸르고 물을 맑아서 찾는 이들이 심신의 피곤함을 달래기에 아주 적합 한 곳이다. 특히 필자는 산청 생초에 가면 반드시 민물매운탕을 먹곤 하였다. 지리산 맑은 골짜기에서 흘러온 풍부한 물줄기는 다양하고 풍성한 민물고기를 길러내고 있다. 밋밋한 평야 지역의 매운탕이 지니지 못한 향긋함을 지니고 있으니 독자들도 한 번쯤 즐겨보기를 바란다. 민물매운탕으로 식사를 마치고 구형왕릉을 찾아가 보자. 구형왕릉을 찾아가면 다양한 종류의 들꽃도 만날 수 있다. 그중에서 두 가지를 소개하고자 한다.

2. 무릇

　무릇을 말하면 잘 모르는 사람들이 많을 것이다. 그러나 실제로 무릇을 보여주면 대부분의 사람들은 '아하 이 식물을 무릇이라고 하는구나!' 하고 알아볼 것이다. 우리나라 어느 곳이든 쉽게 찾아볼 수 있는 들꽃인데 토양도 별로 가리지 않고 아무 곳에서나 잘 자란다. 특히 들이나 얕은 야산지에 주로 분포하고 수수하지만 아름다운 분홍색 혹은 보라색 꽃을 피운다.

무릇꽃 1

 지방마다 부르는 말이 약간씩 차이가 난다. 보통 농촌에서는 물래[17], 물랭이 등으로 부른다. 달래와 비교하여 그렇게 부르기도 하지만 두 식물이 비슷한 면이 많다. 일단 둘 다 백합과에 속하는 식물이고 알뿌리로 번식을 한다는 점도 같으며 오래전부터 우리나라 사람들이 식용 혹은 구황식품으로 이용해 왔다는 점도 역시 닮은 점이다.

---

17) '색이 있는 달래'라는 뜻으로 고운 색 꽃을 피우는 달래라는 의미가 '물래'라는 이름이다.

무릇 꽃 2

무릇은 순수한 우리 들꽃이다. 늦여름부터 가을철 내내 피고 지고 하는지라 우리나라 어디를 가나 쉽게 만나게 되지만 관심을 기울여 자세히 보지 않으면 또한 쉽게 놓치고 지나가기도 쉽다. 자연 속에 파묻혀 있을 때 무릇은 꽃을 피우지 않은 상태이면 대부분 찾기가 어렵다. 전문적 지식이나 여러 차례의 경험이 없다면 꽃이 없는 무릇을 찾아내는 것은 정말로 어려운 미션이 될 것이다.

겨울을 지난 무릇의 알뿌리에서 차츰 약한 보라색을 함유한 녹색의 여린 잎이 하나씩 올라오기 시작하면 동장군이 물러나고 3월의 봄기운이 제법 활발하게 나대기 시작하는 때가 된 것이다. 마치 산부추처럼 달래보다는 두껍고 약간 더 넓고 긴 잎이 고개를 똑바로 세우고 몇 가닥 다 솟아오르면 봄이 완연하고 이제 여름으로 접어든다는 뜻이다. 여름 동안 무릇은 긴 잎으로 저장한 태양 에너지와 뿌리로 흡수한 많은 영양분을 알뿌리에 저장하고 꽃을 피울 준비에 여념이 없다. 그러다가 태풍이나 홍수를 만나면 긴 이파리는 땅바닥에 쉬이 스러지기도 하지만 이미 자신의 할 일을 다 한지라 큰 신경을 안 쓴다.

여름이 성숙하기 시작하면 무릇은 긴 이파리들 사이로 꽃대를 밀어 올린다. 알뿌리에 저장된 에너지를 이용하여 힘차게 곧추선 꽃대를 밀어 올리면서 긴 꽃대의 맨 아래쪽부터 연한 분홍색 꽃을 피우기 시작하는데, 꽃대 끝부분에 길쭉한 원뿔 모양의 꽃 무더기가 아래서부터 시간차를 두고 차례로 꽃을 피운다. 장유유서를 어찌나 철저히 지키는지 먼저 나온 아랫부분의 꽃이 다 피고 나면 차츰 순차적으로 위로 올라간다. 그래서 맨 꼭대기 원뿔 정점 부분의 꽃은 맨 아래쪽 꽃이 거의 다 지고 나서 이제 한창 피는 경우도 있다.

1970년대 시골 지역에서 어린 꼬마들이 이 무릇을 캐어내서 긴 잎을 마치 처녀들의 머리를 묶듯 묶고 알뿌리에 가느다란 나뭇가지를 꽂아서 사람 형태로 만들고 각시로 분장하고는 그 옆에 작은 애호박을 잘라서 남자아이로 만들고 신랑으로 세운다. 그러면 신랑 각시 혼례도 치를 수 있고 하루 한나절 놀이가 그렇게 재미있을 수 없었다.

현호색 알뿌리, 봉숭아 씨앗, 족제비싸리꽃, 사금파리 조각, 피 씨앗, 며느리 밑씻개 꽃, 달의장풀꽃, 키다리 꽃, 뚱딴지 알뿌리 등등 이 모든 자연에서 나온 것들이 소꿉장난 주재료로 사용되었다. 그 많은 소꿉놀이 재료 중에서도 무릇은 당연히 매우 중요한 중심적 역할을 하는 각시 역을 맡았으니 대단한 영광이었음에 틀림이 없다.

무릇이라는 식물 이름의 유래는 참으로 재미도 있고 한편으로는 슬픈 역사를 되새기게 한다. 원래 우리 선조들은 무릇을 '물웃'이라고 불렀다. 그러다가 일본 강점기 기간에 일본인 학자들이 처음으로 우리 들꽃의 학명을 기재하면서 우리 발음 '물웃'을 잘 못 알아들어서 무릇으로 기재를 하면서 정식 학명으로 등재가 되고 그대로 민간에도 유통되게 되었다. 참 왜인(倭人)다운 짓을 했다.

그러면 원래 명칭인 '물웃'은 무슨 뜻일까? '물'이라는 순수한 우리말은 '색'을 의미한다. 예를 들면 '봉숭아 물들이다.'라는 말이나, '물감'이라는 말에서 찾아볼 수 있듯이 물은 곧 색을 의미하는 것이다. 그러면 '웃'은 말 그대로 '위'를 의미한다. 즉 글자 그대로 해석하면 '윗부분에 색이 들은 식물'의 뜻을 가진다. 바로 무릇이 가진 특색을 그대로 표현한 것이다. 평소에는 다른 풀들과 섞여 있어서 어디에 있는지도 눈치채기 어렵지만, 드디어 꽃이 피면 금방 찾아볼 수 있기 때문이다. 무릇 꽃의 알뿌리에서 출발한 한 가닥 긴 꽃대가 한참 지면에서 어느 정도 떨어진 윗부분에서 꽃을 피우는 특성을 가지고 있기에 그런 특성을 잘 파악하고 이름을 '물웃'으로 지었을 것이다. 그 이름이 변하여 아니지 일본학자들에 의해서 오기되어 무릇으로 변한 것이다. 필자의 마음대로 할 수만 있다면 원래 이름인 '물웃'을 찾아주고 싶다.

그런데 참 재미있는 것은 이 무릇이 산소 주변에도 아주 잘 자라서 해마다 벌초 때가 되면 말끔하게 베어지는 풀에 섞여서 잎은 다 사라졌지만, 여름 내내 알뿌리에 저장한 에너지를 기본으로 하여 곧바로 분홍색 꽃을 다시 피운다. 그래서 가끔은 잎이 전혀 없는 무릇꽃을 발견하기도 한다.

우리는 모두 학교에서 단군신화라고 배웠다. 그러나 '단군신화'는 신화가 아니다. 단군 시대다. 즉 진짜 조선 즉 고조선 시대의 시작과 관련된 역사를 말한다. 분명히 존재했던 나라의 역사를 어떻게 해서 신화라고 부르는가? 그것은 우리나라 역사학계의 거목들이라고 자처하는 사람들이 전부 다 일제가 만들어준 식민사관에 젖어있어서 그렇다. 일본제국주의자들이 한국 사람들에게 좁고 조야한 역사를 심어 주기 위해서 날조한 반도 역사를 좋다고 그대로 받아들인 것이다. 물론 필자의 생각이지만 틀림없다고 확신한다.

선사시대 역사를 전부 없애버리고 한반도에는 구석기도 없고 신석기도 없고 청동기시대조차 변변한 것이 없었고 사람이 들어와 살기 시작한 지도 얼마 안 되고, 늘 중국의 지배나 일본의 지배를 받고 살았다고 가르쳤다. 그래서 단군 시대의 역사는 그냥 신화 속에 밀어 넣어둔 채로 중국의 한사군부터 출발하여 일본의 임나가라를 거쳐 한국의 역사는 중국과 일본의 식민지부터 시작되었다고 왜곡한 것이다. 그것은 전혀 사실이 아니며 오히려 일본의 역사가 우리나라에서 시작된 것이다.

어찌 되었든 단군 역사 속에 나오는 '신화'는 엄연한 사실의 역사이다. 다만 대중들이 오랫동안 감탄하고 기억하라고 첫 시조를 신격화하고 미화하는 것은 비록 고조선의 단군 임금님뿐만 아니라 신라의 박혁거세 고구려의 고주몽 가야의 김수로 등 모든 나라를 개창한 시조들의 역사는 신격화하기 마련이다. 그것은 지어낸 이야기가 아니고 현실 역사를 단지 미화했을 뿐 분명한 역사적 사실이다. 그래서 단군신화는 분명 단군 임금님의 역사라고 우리가 주장하고 사실임을 밝혀야 할 것이다.

본론을 말하기 전에 너무 필자의 사설이 길었다고 스스로 생각하지만, 다소 흥분하였던 것 같아 머쓱해진다. 본론은 바로 단군신화라는 역사 속에 등장하는 마늘 이야기를 하고 싶은 것이다. 단군 임금님 신화 속에 등장하는 곰, 호랑이는 분명히 당시 우리 민족의 주류를 이루고 있었던 다양한 부족들의 토템이었음에 틀림이 없을 것 같다. 바로 쑥과 마늘 이야기를 하고자 한다. 쑥이야 당연히 한반도의 역사와 함께 할 정도로 오래된 토종 식물이다 보니 당연하고 더욱이 우리나라 사람들의 쑥 사랑은 예나 지금이나 변함이 없다는 점에서 의심하지 않는다. 사람이 쑥을 많이 먹으면 잔병이 사라지고 소가 쑥을 많이 먹으면 살이 찐다고 시골에서 어른들이 하시던 말씀이 생각난다.

그러나 중앙아시아 원산인 마늘은 문제가 좀 있다고 필자는 생각한다. 물론 한자로 산(蒜)이라는 글자가 마늘로 해석되어 그렇게 보통 알고 있다. 하지만 산(蒜)은 그냥 마늘 비슷한 효과를 내는 명이나물, 달래, 무릇이라고 하는 주장들도 상당히 많다고 한다. 왜냐하면, 중앙아시아에서 중국으로 다시 중국에서 우리나라로 전해진 진짜 마늘을 중국인들은 대산(大蒜) 이라고 부르고, 마늘이 우리나라로 유입되었던 시기도 훨씬 더 많은 세월이 흐른 뒤라고 본다. 삼국시대 혹은 고려시대가 아닐까 싶다. 그래서 단군 임금님 신화 속의 마늘은 달래이거나 무릇일 가능성이 훨씬 더 높다. 우리가 현재 알고 있는 마늘이 아니란 말이다.

실제로 옛날 우리 조상님들은 마늘 맛을 내기 위해 달래나 명이나물 혹은 무릇을 사용하기도 했다고 한다. 달래는 너무 알뿌리가 작고 명이나물은 좁은 지역에서만 자생하고 그러니 우리나라 전 지역에서 가장 흔했던 무릇이 가장 추론 속의 '옛날 마늘'에 가깝다고 볼 수 있는 것이다. 이것도 어디까지나 필자의 의견이다. 또 실제로 학자들이 그렇게 주장하는 분들도 있다고 한다.

참고로 마늘이라는 말도 참으로 재미있는 의미를 지니고 있다. 그 어원을 잘 살펴보면 식물 중에서 최고의 식물이라는 뜻이다. 우리말에 높은 곳, 높은 지위를 나타내는 말에 주로 쓰이는 어근(語根) '마루, 마누'가 바로 '마루, 용마루, 마누라' 등에 붙어 있는 것을 쉽게 발견하게 된다. 옛날 모계 중심 사회에서는 여성이 집안에서 제일 높아서 '마누라'라고 불렀고 평지보다 조금 더 높은 곳을 '마루'라고 불렀고 집에서 제일 높은 곳을 용마루라고 불렀다. 그래서 식물 중에서 사람들에게 가장 좋은 최고의 식물을 일러서 '마늘'이라고 불렀을지도 모르겠다. 물론 필자의 추측이다.

지금은 잘 단장되어 있는 구형왕릉 역내에서 무릇을 찾기는 너무나 쉬운 일이다. 특히 꽃이 피었을 때는 더더욱 쉬울 것이다. 가을철에 연한 보라색 꽃이 길쭉하게 피어 있으면 거의 다 무릇이라고 보면 된다. 물론 후손들이 막 벌초를 해버렸으면 며칠 더 기다려야 할 것이다.

요즘같이 산림이 짙어져서 들꽃들이 쉬이 자라지 못하는 역차별의 시절이 되고 보니 이곳저곳에 산재해 있는 산소들이 들꽃들에게는 정말로 다행인 피난처가 되었다. 역시 녹음(綠陰)이 우거진 산속에서 충분한 햇살을 받을 수 있고 넉넉한 영양분을 토양으로부터 뽑아 올릴 수 있는 장소로 이만한 곳이 없을 것이다. 대체로 들꽃들은 다른 잡초들과 비좁게 경쟁하여 자리 다툼하는 것은 잘 이겨내지만, 키 큰 나무 그늘 아래서 햇볕이 차단되는 환경을 못 견뎌내고 결국 제 자리에서 서서히 고사하여 녹아 없어지는 운명에 처하게 된다. 그러하니 군데군데 공터처럼, 섬처럼 자리 잡은 산소 터가 안식처가 되기 십상이다. 특히나 무릇의 길쭉한 이파리는 자라는 장소에 따라 확실히 모양새도 다르고 기운도 달라 보인다. 햇볕을 많이 받은 양지의 이파리와 간신히 하루에 몇 시간씩만 햇볕을 받고 자란 그늘의 이파리는 차이가 크다. 후자는 기운도 없어 보이고 너무 낭창낭창 쓰러지기가 십상이다.

이곳 구형왕릉에는 충분한 햇볕을 받은 무릇들이 검푸른 줄기를 짧게 하고 화려한 꽃을 높이 쏘아 올리고 있다. 천오백 년도 더 오래전에 쓸쓸하게 세상을 하직한 어느 패자의 멍든 가슴을 위로라도 하듯이 해마다 빠짐없이 분홍 꽃대로 그의 혼(魂)을 달래는 횃불인 마냥 지천으로 피워 올린다. 들꽃을 찾아든 과객은 다소나마 위로가 되어 망국의 한을 달래주기를 바랄 뿐이다. 이곳은 찾는 이 별로 없는 한적한 곳이다. 너무나도 당연한 말 같지만 유명세를 타는 다른 관광지 같지 않아서 더욱 좋다. 사람들로 붐비는 곳보다 들꽃이 붐비는 산야가 좋아서 쫓아다니는 필자는 구형왕릉 주변처럼 평안한 느낌을 주는 곳을 만나면 오랜만에 스스로의 마음을 다스리며 스스로 치유되려고 노력한다.

❋ 3. 때죽나무 꽃길

꽃길을 걸어 본 적이 있으시나요? 꽃길을 걸어보면 참으로 꿈길을 걷는 것과 흡사한 최면에 걸린다. 인위적으로 사람이 뿌려준 꽃길이라도 취할 만한데 하물며 꽃이 스스로 내려와 앉은 산길을 걸어가면 어떤 느낌을 받을까?

 가장 쉽게 산속 꽃 오솔길을 걷는 행운을 가지는 방법은 지역 차이는 다소 있지만, 구형왕릉 인근 지방은 5월경에 가장 적절하고 적합한 꽃길 체험을 할 수 있다. 때죽나무꽃이 한창인 계절이라서 가능하다. 또 다른 지리산 지역이나 남부지방 깊은 산속을 찾아가면 한여름에 풍성한 꽃길을 만날 수 있는데 대표적인 것으로는 녹각나무 꽃길, 그리고 늦은 봄철의 흔한 야산에서 쉽게 만날 수 있는 아카시아 꽃길, 시골길 어디를 가나 쉽게 만나는 늦은 봄철의 감나무 꽃길, 이른 봄철의 살구나무 꽃길 등 흔한 꽃길이다.

때죽나무 꽃길

 이곳은 역시 작은 오솔길을 따라 점점이 하얗게 때죽나무꽃이 떨어진 길이다. 십자가 모양의 작은 꽃들이 길 위에 내려앉아 아름답게 수를 놓고 있는 길을, 아무도 없는 길을 고독을 만끽하면서 걸어보라. 세상이

나를 위해 준비한 꽃길인 것 마냥 끝없이 즐거우리라. 꽃이 너무 많아도 부담이 되겠지만 오솔길 군데군데 흙이 보여도 좋다. 돌부리가 몇 개 튀어나와 뚝 불거져 있어도 좋다. 불규칙하게 마음대로 흩뿌려진 꽃들이 얼기설기 아무 데나 순서 없이 놓여만 있어도 좋다.

누가 와서 방해를 할 것인가! 홀연히 나타난 뻐꾸기가 여름을 재촉해도 좋다. 길 위에 뿌려진 꽃잎을 자세히 살펴볼 여유가 생기거든 고개를 숙여 자세히 살펴보라. 우윳빛 하얀 통꽃이 십자가 모양을 하고 사뿐히 드러누워 나를 쳐다보고 웃고 있을 것이다. 때죽나무꽃들이 만발한 오월의 왕산 자락의 모습이다.

때죽나무꽃

때죽나무 이름의 유래는 이미 다른 곳에서 밝혔듯이 여러 가지 설이 있다. 첫째, 우연히 근처 냇물에 떨어진 때죽나무 꽃이 물속의 물고기들을 기절시켜서 떼죽음을 일으키는 꽃이란 뜻이라서 붙여졌다고도 한다. 둘째, 그 열매의 모양이 중의 머리를 닮은 모양이라서 떼거리 어린 중들의 모습처럼 보여서 그렇게 지었다고 한다. 셋째, 옛날 옷이나 이불을 빨 때 때죽나무 줄기와 잎을 어깨 그 즙을 비누 대신 사용하여 때를 없애는 나무란 의미로 사용되었다.

어느 설이 참인가 하는 것에는 별 관심이 없다. 다만 이 꽃은 이렇듯 이름이 유래된 설을 많이 가지고 있다는 것은, 그만큼 사람들의 관심과 용도가 많았다는 의미일 것이다. 정말로 이 꽃은 우리 조상들의 삶과 밀접한 연관을 맺고 있다. 필자도 어릴 때 이 나무를 이용해 냇가에서 물고기를 잡는 천렵 놀이를 하며 놀았다. 때죽나무 가지를 잎 채로 잘라 돌로 어깨고 그 으깬 뭉치를 냇물 속에 집어넣고 조금만 기다리면 근처 물고기들이 하나둘 기절하여 둥둥 떠올랐다. 물론 죽은 것은 아니고 아마도 약한 마취성분에 의해서 기절한 듯하다. 열매를 으깨서 동일하게 해도 마찬가지 효과가 나온다. 물론 빨래할 때도 동일한 방법으로 해도 역시 때를 없애준다. 산속 홀애비들의 빨래 방법이었다.

산속을 거닐다 보면 작은 오솔길을 만나고 그 오솔길 위에 눈가루 내려앉듯 때죽나무 꽃잎이 수놓고 있는 오월의 왕산을 한번 찾아가 보라. 흔치 않은 꽃길을 걸을 수 있다. 너무 많이 꽃이 싸여있으면 외려 더 부담스럽지만, 드문드문 꽃잎이 떨어진 오솔길은 더욱더 정감을 준다.

오솔길은 '오소리길'이라는 말에서 유래했다고 한다. 즉 산속에 오소리가 다닐 정도로 아주 좁은 길을 말한다. 원래 이 오소리라는 짐승은 다리가 짧고 배가 나와서 늘 걸어갈 때 배를 땅에 부딪혀 마치 배를 끌고 다니는 것 같다고 한다. 그래서 오소리가 배로 쓸고 다닌 길이라는 의미로 오소리길이 되었고 발음상 줄어서 오솔길이 되었다고 한다. 오소리가 다니던 옛 오솔길에 뿌려진 때죽나무 하얀 꽃길을 한 번 걸어보자. 요즘은 오소리 역할을 지자체가 많이 하고 있다.

IX.
천년 신라의 궁터 반월성(半月成)에서

❋ 1. 석탈해가 알아본 반월성

"황성 옛터에 밤이 되니 월색만 고요해 폐허에 서린 회포를 말하여 주노라. 아 가엾다 이 내 몸은 그 무엇 찾으려고 끝없는 꿈의 거리를 헤매어 있노라. 성은 허물어져 빈터인데 방초만 푸르러 세상이 허무한 것을 말하여 주노라. 아 외로운 저 나그네 홀로서 잠 못 이루어 구슬픈 벌레 소리에 말없이 눈물져요"[18]

반월성

이 노래는 일제강점기 때 이애리수(李愛利秀)라는 가수가 불러서 크게 히트시킨 노래다. 고려 왕성 개성이 우리의 생활권 안에 있을 때의 일이다. 지금이야 개성에 가려면 일반인이야 감히 갈 수 없을 테고,

---
18) 전수린(全壽麟) 작곡 왕평(王平) 작사의 가요 '황성(荒城) 옛터'의 한 구절. 1928년 작품으로 이 곡은 당시 개성 순회공연을 하고 있을 때 작곡된 것으로 폐허가 되고 텅 빈터만으로 존재하는 고려의 옛 궁궐터 만월대(滿月臺)를 찾아갔을 때 받은 허무한 감회를 노래로 표현한 곡이다.

개성공단에 사업을 하는 기업인이나 관련자라야 그것도 당국과 상대편의 허락하에 어렵게 갈 수 있는 곳이 되어버렸다. 여하튼 이 노래는 고려 궁궐터에서 옛날 화려한 고려 왕궁이 다 허물어지고 빈터로 남은 폐허 터를 보고 그 감회를 노래한 것이다. 한때 화려하지 않은 삶이 어디에 있겠으며, 한때 화려하지 않았던 문명이 있겠는가? 현재 존재하는 모든 것들도 언젠가는 사라져 버릴 것이며 억겁의 세월이 흐른 뒤에는 '우리의 오늘'도 역시 쓸쓸히 폐허인 채 남겨질 운명일지도 모를 것이다. 하늘 아래 아무것도 영원한 것은 없을 것이니 말이다.

반월성 석빙고

나라를 잃고 남의 나라 사람들에게 억눌려 살고 있었던 당시의 우리나라 사람들의 애달픈 심정을 그나마 가요라는 형식을 빌려 달래 보았던 노래인데 정말로 기막힌 비유가 아닐까! 신라도, 백제도, 고구려도, 그리고 고려도 조선도 모두 흘러가는 긴 역사 속에서는 결국 사라져가게 마련이지만 사람들의 머릿속에는 아직도 살아남아 아련한 향수로 남아 있다. 더욱이 그 옛날의 화려했던 영광의 현장에 직접 가보면 더더욱 그러한 향수를 느끼게 마련인가 보다. 일제강점기에는 아직 남북이 함께 있던 시절인지라 누구라도 여유와 형편이 되면 가볼 수 있었던 곳이라 고려의 옛 영광을 아쉬워하면서 노래라도 불러 볼 수 있었지만, 지금이 오히려 더 힘든 상황이 되어버렸다. 하지만 지금의 이 답답한 분단 상황도 곧 사라지고 역시 옛 흔적으로만 남아 있게 될 날도 올 것이다. 그날이 오면 이 노래의 참맛을 그곳에서 느끼며 불러 보자.

고려의 옛이야기 못지않게 오늘날에도 우리에게 그러한 옛 영광에 대한 향수를 불러일으키게 해주는 곳이 바로 경주의 월성 혹은 반월성이다. 삼국을 통일하고 최초로 '우리 민족'이라는 동질성을 가질 수 있게 터전을 마련해 주었던 그 융성했던 신라가 망하고 남은 자리치고는 너무나 쓸쓸해서 정말로 기가 막힐 지경이다. 외세를 빌려와서 삼국을 통일했지만 결국 당을 몰아내고 그전까지는 다소 빈약했던 민족성의 기틀을 마련했던 신라의 왕궁터가 진짜로 터전만 남아 있다니 너무 역사가 원망스러울 뿐이다. 온통 잡초가 무성하고 숲이 우거진 채로 거의 방치되어왔던 곳이다.

마치 에밀리 브론테(Emily Jane Bronte)의 '폭풍의 언덕(Wuthering Heights)'[19] 속에 등장하는 캐서린과 히스클리프의 불행한 사랑이 가져온 거친 운명을 결국 죽을 때가 되어서야 되돌아보며 삶을 마감하는 모습처럼 슬픈 회한을 불러일으킨다. 인생이 다 그렇다고 하지만 허망이라는 글자가 되새김질한다.

신라의 찬란했던 궁정 생활과 그 속에서의 숱한 권력투쟁과 권력을

---

19) 1847년 에밀리 브론테의 유일한 소설. 캐서린과 히스클리프의 불운한 운명적 사랑과 광적인 집착, 복수가 얽히고 있는 소설. Wuthering Heights

향한 암투도 이미 다 지나가 버린 잦아든 폭풍우처럼 쓸쓸하기만 한 모습으로 남아 있다. 그곳에서 처음 터를 잡은 탈해왕의 흔적도, 진흥왕의 모습도, 김유신의 흔적도, 김춘추의 자취도, 선덕여왕의 향기도 찾아볼 길이 없다. 마지막으로 왕건에게 신라를 넘겨주고 고려에 귀순하고 서라벌을 '경사스러운 도시'라는 의미의 경주라는 이름을 가진 '직할지'로 하사받았던 경순왕의 모습조차도 흔적 없이 사라져 버렸다.

삼국을 통일한 통일신라의 도읍지치고는 너무 한반도의 한쪽 구석에 자리 잡고 있었던 서라벌이어서 그런지 통일 이후에 전성기를 지나면서 서서히 통제력도 잃고 영향력도 잃어 민심조차 떠나버린 채 쓸쓸히 버려진 왕성은 아마도 고려 중반까지는 그나마 그 형태 정도는 남아 있었지 않았을까 싶다. 그런데 아마도 고려시대 몽골군의 침략으로 황룡사와 함께 전란에 의해 소실 되어버린 것이 아닐까 짐작만 한다.

반월성 무너진 성벽

나는 어린 시절 반월성을 가거나 혹은 생각할 때면 항상 이 노래 '황성 옛터'를 흥얼거리곤 했다. 당시 어린 마음에도 이 노래에 묻어나오는 회한과 애수가 왠지 반월성과 잘 어울린다고 생각했다. 물론 노래의 배경은 당연히 개성 만월대이지만 그보다 한세월 더 앞선 신라의 궁궐터를 보면서도 비슷한 감회에 젖다니, 어린 마음에도 역시 폐허가 되어 허허벌판으로만 남아 있는 옛 영화의 현장을 보고 받은 충격으로 감상적이었을 것이다. 필자가 어릴 때만 해도 어른들이 즐겨 부르던 옛노래를 어린아이들도 자연스럽게 따라 부르곤 하였다. 두만강 푸른 물에 노 젓는 뱃사공, 뜻도 모르고 따라 하곤 했다.

월정교와 효불효교

한반도를 통일하고 오늘날 유례가 찾기 힘든 한민족의 기틀을 마련한 최초의 통일국가의 그 영광과 위용을 자랑하던 신라의 반월성은 한때는 한반도 정치권력의 핵심적인 현장이었고 6, 7, 8세기를 지나면서 동북아의 중심지였지만 여차 없는 세월의 침식작용에 의해 허망하게 휩쓸려 가버렸고, 그 영광의 흔적은 하나도 없고, 다만 휑댕그렁한 모습으로 빈터만으로 존재할 뿐이니 얼마나 애수에 젖어 보기에 충분한 장소인가!

어차피 인생사 자체는 모두 세월 앞에서 한낱 꿈같은 것인가 보다! 손에 한 움큼 쥐어 올린 모래가 손가락 사이사이로 빠져나가 버리는 것처럼 그렇게 높고 대단할 것만 같았던 권력도 영광도 다 사라지게 마련인가 보다. 천년을 이어온 왕국이, 그 많던 이사금 마립간 차차웅들이며, 그 아름답던 수많은 공주 궁녀 비빈(妃嬪)들이며, 그렇게 열정적으로 나랏일을 논하던 그 많은 성골 진골 6두품 벼슬아치들이며, 만백성의 평안을 갈구하던 그 덕망 높던 승려들이며, 늠름하게 심신을 단련하고 현실 정치를 하나씩 배워가던 그 많던 화랑들이며, 대식국부터 왜(倭)에 이르기까지 그 얼마나 빈번하게 출입하던 각국의 사신(使臣)들이며, 서라벌 의회 역할을 하던 양산촌을 비롯한 육부 촌장들이며, 스키타이 혹은 흉노 지역 출신의 금은보화며 옥구슬 장식하며 멀리 로마산(産) 유리병에 이르기까지 물품을 궁궐에 납(納)하러 쉴 새 없이 들락거리던 그 많던 장사치들이며, 몽골 시베리아 지방의 자작나무 껍질을 벗겨 들여와서 그림을 그리던 그 많은 궁궐의 화공들이며 그 모든 이들의 자취는 간데없고 반월성 허허벌판엔 그령과 수크렁 온갖 잡초들만 수북이 돋아나고 있다.

석탈해왕에 관한 역사 기록을 미루어 보면 분명 석탈해는 한반도 토착인은 아니었던 것이 확실해 보인다. 삼국사기와 삼국유사에 따르면 약간의 내용 차이는 있지만 거의 비슷한 내용으로 외국에서 이주해 온 석탈해를 소개하고 있다. 남해차차웅 시절에 아진포 즉, 지금의 경주 감포 인근 바닷가에 이상한 배가 한 척 닿아있고 까치 떼가 무리 지어

울고 있어서 아진 의선이라는 노파가 가서 살펴보니 배 안에 큰 궤짝이 있었다. 열어보니 그 안에 잘생긴 아이와 갖가지 보물들 그리고 노비들이 있어서 7일 동안 살펴보니 아이가 스스로 입을 열어 말하기를 자신은 용성국 왕의 아들이며 알로 태어난 연유로 부왕으로부터 버림을 받고 쫓겨난 신세라고 하여 데려다 길렀다고 한다.

석탈해왕은 토함산과 매우 인연이 깊다. 토함산 동쪽 바닷가 아진포에 도착하여 신라에 닿았고, 다음으로 토함산에 올라서 신라 전체를 관망하며 천지를 설계했고 드디어 왕의 사위가 되고 죽어서는 토함산에 묻히게 되는 깊은 사연을 가지고 있다. 석탈해라는 이름도 참 재미있는 전설을 가지고 있다. 석탈해가 신라에 처음 도착했을 때 까치가 울어서 소식을 알렸다고 해서 까치 작(鵲)에서 새 조(鳥)자를 떼어 내면 남은 것이 석(昔)이 되고 그 글자를 성으로 했다고 한다. 그리고 궤짝을 헤치고 나왔으며 알에서 나왔다고 해서 탈해(脫解)라고 이름하여 마침내 석탈해가 된 것이다.

탈해가 데리고 온 종들과 함께 토함산에 올라가서 천지를 살펴본 연후에 가만히 보니 멀리 반월성이 보이는데 너무나 길지라서 당장 종들을 데리고 반월성으로 가보니 이미 그곳에는 호공이라는 사람이 터를 잡고 살고 있는지라 지략을 짜내어 결국 호공을 몰아내고 그 길지를 차지하고 살게 된다. 이 길지를 점하는 바람에 석탈해를 비롯한 8분의 신라왕을 석씨 집안에서 배출하게 된다. 물론 그곳은 신라의 왕궁터가 된다.

반월성 터에서 호공을 쫓아내는 석탈해의 지략은 대단히 의미심장하며, 다양한 의미를 지니고 있다. 일단 그 장소가 대단한 의미를 지닌다. 나중에 그곳이 신라의 왕궁 자리가 될 만큼 풍수지리적으로 대단한 길지라는 점을 이미 꿰뚫어 보았다는 사실만으로도 그가 범상치 않은 인물이라는 것을 알 수 있다. 이미 고구려와 백제의 왕성도 모두 배 모양 혹은 반월 모양을 하고 있어서 당시 달 모양의 터와 배 모양의 터가 길지로 알려져 있었다는 것을 알 수 있다. 반월성은 바로 반월(半月)의 형태를 하고 있다.

다음으로 석탈해가 호공으로부터 그 길지를 넘겨받을 때의 지략이 또 돋보인다. 몰래 찾아가서 그 터 이곳저곳에 숯을 묻어두었다. 그러고는 담판으로 자신의 옛 조상들이 오래전에 대장장이로 살았던 터이니 돌려달라고 요구하면서 어느 지점을 파보면 그 증거를 찾을 수 있다고 한다. 정말로 그곳을 파보니 많은 양의 숯이 쏟아져 나와서 자기 말을 뒷받침할 수 있었고 결국 그곳을 넘겨받았다. 그가 뛰어난 지략가였음을 알 수 있다. 물론 실제로 그러한 담판으로 집터를 빼앗는지는 중요하지 않다. 그만큼 그의 지략과 언변이 좋았다는 것을 보여주는 지어낸 이야기일 수도 있다.

그런데 이러한 석탈해 신화에 대한 재미있는 해석들이 다양하게 존재한다. '그가 동남아 출신이다. 아라비아 출신이다. 캄차카 지역 출신이다.' 등등 다양한 해석이 나온다. 일단 역사서에 기록된 그대로를 믿는다면 분명 왜국(倭國)의 북동쪽으로 1,000리라고 적혀 있으니 그곳을 찾아내면 바로 오늘날의 캄차카 반도가 된다고 한다. 그리고 우연치고는 정말로 희한하게도 그곳 원주민들의 신화 속에도 까치와 연관된 아이가 추방당해 떠나간 이야기도 있고 또 대장장이가 그곳에서는 추장 비슷한 신분으로, 권력가로 행사했던 것으로 전해진다고 하니 정말로 잘 들어맞는다고 본다.

그리고 그 당시 한반도와 만주 지역 그리고 연해주 지역과 캄차카 반도 지역이 모두 몽골계통의 주민들이 살고 있었기 때문에 거의 비슷한 생김새와 말[言語]을 공유하고 있지 않았을까 생각한다. 그러니 캄차카 지역에서 어느 정도 집권층에 속했던 석탈해 일족이 권력 다툼에서 패하고 무리를 이끌고 한반도로 오게 된 것이 아닐까 싶다. 필자의 추측일 뿐이지만 재미있는 추측이다. 물론 석탈해는 신라에 오기 전에 먼저 당시로는 비교적 무주공산 비슷한 지역인 가야 지역에 막 권력을 잡기 시작한 김수로왕에게 가서 한판 결투를 벌이고 패하여 신라로 도망쳐 왔다는 역사 기록으로 미루어 보아 이후 신라로 하여금 가야에 대해 적대감을 가지게 하고 결국 정복하게 하는 등 뒤끝도 있었던 것 같다.

또 한 가지 흥미로운 석탈해 이야기는 죽어서 자신을 화장하고 남은 뼛가루를 반죽으로 하여 불상을 만들어 그 불상을 토함산에 묻어두라고 유언을 했다는 것이다. 즉 자신의 화장한 뼛가루로 작은 소상을 만들어 토함산 어느 곳에 봉안하게 했을지도 모른다. 그래서 그 이후 토함산이란 이름을 얻게 되었다. 왜냐하면 석탈해왕을 토해왕이라고도 불러서 그 이름을 따서 토함산이라고 했다고 전해진다.

이렇게 지략이 뛰어난 석탈해는 곧 신라국 내에서 명성을 얻게 되고 남해차차웅의 사위가 된다. 그리고 남해 차차웅의 뒤를 이어 왕위에 오른 유리 이사금 즉 손아래 처남이 자신의 뒤를 이어 왕위를 자형이 되는 석탈해에게 물려주니 드디어 석탈해 이사금이 된다. 그렇게 박씨와 석씨가 몇 대씩 왕위를 주고받다가 17대 내물 이사금 대가 되어서야 드디어 경주 김씨인 김알지의 후손이 왕위에 오르게 되어 계속 이어진다.

석탈해가 뛰어난 지략으로 신라의 역사 전면으로 등장하게 되는 현장인 반월성은 그 이후로 줄곧 신라와 운명을 같이하게 된다. BC 57년에 박혁거세 거서간에서 출발하여 AD 935년 56대 마지막 경순왕에 이르기까지 천년을 이어져 내려온 신라의 역사가 모두 이 반월성과 함께 하였다.

❋ 2. 수크령(스크렁)과 그렁

잔디도 아닌 것이 억새도 아닌 것이, 그렇다고 화초도 아닌 것이 밟고, 밟고 또 밟아도, 사람들이 밟고 지나가고, 개도 밟고 지나가고, 소도 말도 닭도, 세상에 살아 움직이는 모든 생명들이 다 밟고 지나가도 끝끝내 견디어 내고야 말았다. 수레바퀴조차도 견뎌낸다. 오히려 밟힐수록 더욱더 기운 세게 번성하니 참으로 대단한 기상이며 가히 비길 데 없는 생명력의 소유자라 할 수 있겠다. 물론 식물이고 그것도 잡초에 가까운 식물이다. 바로 그렁과 수크령이다.

수크령

참으로 대단한 그령과 수크령의 생명력을 반월성에서 찾아보자. 신라 궁궐의 그 화려함은 이미 다 무너지고, 쓰러지고, 세월에 삭고, 비바람에 녹아들어 없어진, 지금 그 자리에 삐죽삐죽 열세 살 사내아이의 힘 솟는 머리카락처럼 그령과 수크령만 요란하게 온통 넉살을 부리고 있다. 지금의 반월성 터는 일단 옛날 성벽이 있었던 자리는 무너져 내린 흙과 돌무더기 사이로 나무들이 자라나서 성 주위를 둘러싸고 있는 반달 모양의 숲을 이루고 있고, 가운데 넓은 공터는 텅 빈 채로 남아 있는데, 안압지 쪽 출입문에서 석빙고 부근까지는 한때 국궁 터로 사용되기도 하였다. 신라시대 때 원래 성문 입구가 어느 쪽이었는지는 알 길이 없지만, 현재 반월성으로 진입할 수 있는 공식적인 출입구는 두 군데가 있다. 하나는 안압지 쪽이고 나머지 하나는 계림 쪽 출입문이다. 모두 문의 형태를 잃어버리고 다만 성벽(아마도 흙벽) 두 군데를 허물고 길을 만들어 놓았을 것이다.

그령

그령은 우리나라 어디를 가나 쉽게 만날 수 있는 잡초다. 논둑이나 밭둑 농로 길가나 제방 둑 가릴 것 없이 온 들판과 산기슭에 널리 분포하고 있는 생명력이 매우 강한 잡초에 속한다. 얼마나 생명력이 강한지 옛날 수레나 달구지가 아무리 밟고 지나가도 사람들이나 짐승들이 아무리 밟고 지나가도 절대로 없어지지 않는다. 일부러 사람이 뿌리째 캐어내어 버리지 않는 한 사라지지 않는다. 논둑이나 밭둑 흙의 유실을 방지해주기에 매우 적합한 잡초다.

특히 그령이 하도 토양을 잘 붙잡고 있는 특성이 있어서 새로 만든 농로나 밭둑에 일부러 심어 두면 어지간한 비가 내려도 그 둑은 까딱없이 본래 형태를 유지한다. 농촌의 비포장도로에도 군생하기를 좋아하여 수레나 달구지가 지나가는 양 갈래 바퀴 자국 좁은 두 줄만 깊게 팬 채 비어 있고 나머지는 그대로 그령이 점령한다.

그령이라는 순수 우리말 이름의 유래는 이러하다. 예부터 무엇을 잡아 묶는 데 사용되어서 우리말 '그르응 풀[늑초, 勒草]'이 변하고, '이엉[짚으로 만든 지붕 덮개]'이라는 말이 합쳐져서 '그릉이엉'이 되고 다시 시간의 흐름과 함께 변하여 그령이 되었다고 전해오는 말도 있다.

시골에 살아본 농촌 출신의 중장년 세대들은 아마도 등하굣길에 그령풀을 서로 엮어서 두면 뒤따라오던 친구들이 그 묶어둔 그령풀 덫에 걸려서 넘어지게 하는 장난을 해본 이들이 제법 있을 것이다. 아무튼, 그령의 의미는 '묶어둔다는 뜻의 그릉과 덮어둔다는 뜻의 이엉'이 합쳐진 말이 맞을 것 같다. 서양에서도 이 풀을 가리켜 'lovegrass' 혹은 'eragrastis'라고 한다고 하니 두 사랑하는 사람을 묶어준다는 의미일 것이다. 인간의 생각은 아무리 멀리 떨어져 살아도 너무나 흡사하다.

그 이름의 어원이야 어떻든지 여하튼 간에 이 풀은 정말로 땅에 단단히 뿌리를 내리고 있는데, 그 뿌리 또한 엄청난 가지로 사방으로 번져 있어서 장골이 두 손으로 힘껏 당겨도 좀처럼 한 번에 뽑아 버릴 수 없다. 물론 곧은 뿌리는 없고 얇은 잔뿌리가 엄청난 수(數)로 달려 있고 주위 흙을 꽉 잡고 있어서 아무리 큰 외부의 힘에도 좀처럼 뽑히지 않고 어지간한 가뭄과 홍수에도 아무 변화가 없다.

그런데 참으로 이상한 일은 소들이 이 풀의 부드러운 아랫부분 줄기를 좋아한다는 점이다. 필자가 어릴 때 소먹이 일손 돕기를 할 때 직접 경험한 바이다. 소들이 윗부분을 다 뜯어 먹고도 짧게 남은 이 풀의 아랫부분을 계속 뜯어 먹기에 하도 이상하여 직접 그 풀의 아랫부분을 뽑아서 씹어 보았다. 그런데 그 맛이 아주 달콤하여서 소들의 취향을 알게 되었다. 달짝지근한 맛이다.

그령의 꽃은 정말로 볼품이 없다. 피는지 안 피는지 구분하기 힘들 정도로 특색이 없다. 벼과 식물의 꽃들이 대체로 그렇듯이 얼핏 보면 잘 모른다. 꽃의 색도 그냥 줄기나 잎처럼 녹색과 회색이 합쳐진 밋밋한 색이다.

그령이 그러한 특성이 있는 한편 수크령의 이야기도 나름 흥미로운 점이 참으로 많다. 이 두 식물은 이름도 서로 닮은 듯 보이지만 꽃이 피지 않으면 거의 생김새도 비슷하여 구분하기 쉽지 않다. 그래서 평범한 일반인들이 이 두 종류의 풀을 구별하기는 쉽지 않다. 그러나 간단하게 구분하여 말하면 이렇다. 그령은 부드럽고, 수크령은 비교적 억세다고 보면 거의 틀림없다. 그리고 스크령은 꽃의 모양이 그령과는 확연히 다르다. 그령의 꽃은 밋밋하고 있는지 없는지 구분이 어려운 반면에 수크령의 꽃은 매우 크고 아름답기까지 하다. 꽃 색도 미묘하게 자주색이다. 그래서 서양인들은 정원에 일부러 이 수크령을 화초로 키우기도 한다.

그런데 수크령이라는 이름을 가지게 된 연유를 이야기하자면 좀 무안한 내용이 있다. 왜 하필 우리 조상들은 이 풀의 이름으로 수크령이라고 지었을까? 필자는 또 궁금증을 발휘하여 곰곰이 두 풀의 특성을 살펴보고 다음과 같은 결론을 얻었다. 이미 밝혔듯이 수크령이 그령에 비해 더 억세 보인다고 했지만, 그것만 가지고 수크령이라고 명명하지는 않았을 것이다.

그보다 더 중요한 요인은 바로 두 풀의 꽃을 자세히 보면 알 수 있다. 그령의 꽃은 수수하고 있는 듯 없는 듯하다. 그러나 수크령의 꽃은 매우 크고 화려하다. 그런데 수크령꽃의 생김새를 살펴보라. 그렇다. 바로 남성의 성기를 그대로 닮은 모양이다. 커다란 남성의 생식기처럼 부풀어 올라 하늘을 보고 길쭉하게 뻗어 있는 모습이 흡사 그 모습이다. 그래서 이름을 그령 중에서도 '수놈이다'라고하여 '수그령'으로 지었을 것이다. 그령을 그냥 암그령이라고 부르기도 한다. 참 해학이 넘치는 이름 짓기 풍류이리라 여겨진다! '수그령'이 변하여 수크령이 되었다.

반월성 터의 생김새가 마치 반월(半月)을 닮아서 그렇게 불리었다고 하니 아마도 그 터의 기운이 말해주듯이, 막 기운을 받아서 보름달로 커가는 과정에 그 터가 주는 지기(地氣)를 받아 번창했다고 하니, 통일하고 난 뒤에는 궁궐터를 '만월(滿月)'의 형태를 닮은 곳으로 옮겨 갔더라면 신라의 운명이 더 오래가지 않았을까 하고 말도 안 되는 가정을 해보기도 한다.

IX. 천년 신라의 궁터 반월성(半月成)에서

반월성을 찾아갈 때마다 나는 생각한다. 이 궁궐터의 위치를 곰곰이 생각하다 보면 신라시대 당시 이곳이 어떠한 전략적 역할을 했으며, 어떤 의도를 가지고 이곳에 궁궐터를 잡았을까 옛사람들의 생각의 한 단면을 추론해 보기도 한다. 뒤쪽으로는 형산강의 한 지류인 남천이 흐르고 있다. 큰 강은 아니지만 제법 넓은 하천이고 반월성에서 하천까지는 제법 높은 절벽이 있기에 밖에서 쉽게 접근하기가 힘들다. 이 하천은 저 멀리 토함산 불국사 인근에서 출발하여 조양 들판과 동방 들판을 거치고 배반 들판을 적시고 남산 기슭의 넓은 들을 다 지나서 마지막 남산의 끝자락을 휘감아 돌아 '효불효교'를 지척에 두고 궁궐터의 남쪽 절벽 아래로 넓게 모래사장까지 펼쳐놓고 흐른다. 이 하천은 계속 흘러 내남 쪽에서 흘러오는 본류와 만나서 서천이 되고 다시 북으로 흘러 북천과 합치고, 다시 동쪽으로 흘러 마침내 온전한 형산강을 이루어 포항 영일만으로 흘러 동해로 빠지게 된다. 바로 그 지점, 즉 이 하천이 남산 끝자락을 뒤로하고 절벽과 만나는 이 지점이 바로 반월성이고 이곳은 주위의 다른 평지보다 다소 우뚝 솟은 구릉지 형태인데 여기가 바로 신라 궁궐터이다.

앞으론 더 넓은 서라벌 시내가 펼쳐져 있고 더 앞으로 나가면 북동쪽으로 더 넓게 모량, 사방, 안강 지역으로 이어지는 곡창지대가 있고 방향을 약간만 북서쪽으로 돌리면 건천 아화 영천으로 이어지는 곡창지대가 이어져 있는 위치에서 이 모든 지역을 내려다보면서 언제든지 연락을 취할 수 있는 위치에 궁궐터를 잡음으로써 아마도 왕국의 천년대계를 내다보았을 듯하다.

남천 위 얕은 구릉지에 천연의 요새를 세움으로써 위급한 적들의 침략을 받게 될 때, 이 궁성의 한쪽은 아예 접근하기가 불가능하게 천연 절벽으로 막아버렸고, 다른 쪽 방면에 군사들을 집중하여 배치함으로써 물샐틈없는 왕성의 요새화를 가능하게 하였다. 또한, 나라의 모든 중요한 지역과의 연락 체계도 원활하게 할 것을 의도하여 이렇게 도성의 터전을 잡았다고 여겨진다.

고려시대에는 조금 남아 있었던 궁성의 흔적이 몽골군의 침략으로 완전히 불타 없어져 버리고 또 많은 세월이 흐른 후 아마도 조선 시대에 들어와서 그 공터 한쪽 구석에 석빙고도 들어서고, 중앙의 넓은 터에는 활쏘기 터도 마련되어 있고, 남천 쪽 숲속엔 무슨 사당 비슷한 것이 들어섰다가 어느 틈엔가 헐리고 없어지기를 번갈아 해왔다. 아마도 정비사업을 하면서 관련이 없는 것들은 다 들어낸 것 같다.

이 반월성은 경주 인근 지역에서 학창 시절을 보낸 사람들은 기억할 것이다. 그 많은 학교의 훌륭한 소풍 장소가 되기도 하였으며, 사생대회 장소가 되기도 하였고, 타 지역에서 오는 수많은 학생들의 수학여행 장소가 되기도 하였다.

아마도 그 대회의 공식 명칭이 '박목월 기념 경주시 연합 사생대회'였던지 아닌지는 정확하게는 생각이 안 나지만 이제 막 중학생이 된 나는 이곳에서 개최된 그 행사에 나가 입선을 하여 상장과 함께 질이 썩 좋은 편은 아닌 대학 노트 4권인가를 상품으로 받고서 여러 날을 혼자 자랑스러워하면서 지내다가 목에 힘을 하도 줘서 목이 다 뻣뻣했던 기억이 지금도 난다. 처음에는 노트도 안 쓰고 가지고 있다가 끝내는 어쩔 수 없이 다 써버렸다. 마침 계절이 가을이라서 코스모스가 피어 있고 바람결에 하늘거리는 풀잎의 다정함을 노래했던 것 같다. 운문 부문에서 입선하여 그 이후로 글쓰기에 스스로 소질이 있다고 여겼을

뻔했던 사건이었다.

　이렇게 반월성은 그 넓은 빈터 때문에 더욱더 다양한 활동에 이용되었다. 아마도 지금도 별반 다르지 않을 것이라 여겨진다. 걷기 운동이 한창 붐을 타고 있는 요즘에는 아마도 많은 이들의 걷기 코스로도 손색없는 사랑을 받고 있으리라. 몇 년 전부터인가 정부 당국에서 이 반월성을 복원하기 위해 전면 발굴 조사를 진행한다는 뉴스를 들었다. 하루 이틀에 될 문제는 아니지만 그래도 장기간에 걸친 철저한 기초 조사와 정밀 발굴, 완벽한 연구를 통해서 훌륭한 옛 신라 왕궁의 모습을 회복할 수 있기를 바란다.

　그런데 특이하게도 반월성에는 온통 그령과 수크령이 제일 왕성하게 자라고 있는데 무슨 사연인지는 모르지만 보통 억새나 잔디 혹은 잡풀들이 많이 자라는 것이 흔한 현상인데 이곳에는 그령과 수크령이 주로 자란다는 것은 아마도 이곳이 비록 역사의 저편으로 버려진 곳이지만 이곳에 사람들의 출입이 끊임없이 이어지고 있으며 그로 인해 그 발길에 밟히고 치여도 별 탈이 없는 그령과 수크령만이 그 특유의 끈기로 살아남은 것이 아닌가 생각 든다.

　그령과 수크령의 생김새는 억새를 닮고 크기는 강아지풀 내지는 억새 정도로 비슷하며 그냥 겉으로 보기엔 부드러운 것 같지만 질긴 생명력은 엄청나게 강하다. 아무리 밟아도 쉬 죽지 않고 다시금 살아난다. 아무리 소나 짐승들이 뜯어 먹어도 뿌리가 남아 있는 한 며칠이면 다시 돋아난다. 또 소들이 그령의 어린잎과 줄기들을 좋아한다. 왜 하필 소들이 좋아하는지 하도 궁금하여 직접 뜯어 씹어 보니, 줄기의 맨 아랫부분이 의외로 달콤한 맛이 나는 것을 경험해 보았다.

아마도 국민학교를 다녔던 때이었을 것이다. 동네 어린아이들이 소를 모두 몰고 동네 뒷산으로 데리고 가서 소의 코뚜레에 연결된 끈 - 시골 사투리로 '이래끼' -을 머리의 뿔에 빙 둘러 단정하게 묶어서 산속으로 소를 몰아넣게 되면 자유를 만난 소들은 처음 몇 걸음을 좋다는 시늉으로 마치 스페인의 투우(corridas de toros)하는 소처럼 두 앞발을 높이 치켜들고 머리를 흔들며 꼬리를 하늘 쪽으로 직선으로 뻗으며 몇 발자국 날뛰다가 산으로 조용히 올라간다. 신선한 자연 속의 풀이며 나뭇잎을 먹으면서 오후 한때를 보내면서 소는 무럭무럭 자랐다. 물론 소를 숲속으로 보내놓고 난 뒤 시골 아이들은 특별히 할 일도 없고 해서 보통은 '산곳', '버섯 따기', '뱀, 개구리, 가재 잡아 구워 먹기' 등을 했다. '산곳'이라는 놀이는 무언가 하면, 아무런 그릇 없이 감자나 옥수수 등을 익혀 먹는 전통 방식이다. 일단 불을 피워 활활 타는 불 속에 주먹만 한 돌들을 넣고 더욱 가열한다. 그리고 그 옆 빈 땅의 흙을 파내고 불에 익힌 돌들을 밑에 깐다. 그리고 풀이나 나무줄기를 풍성하게 한 겹 돌 위에 깐다. 산으로 올 때 남의 밭에서 서리해서 들고 온 감자를 그 위에 얹고 다시 나무줄기를 한 겹 깐다. 그 위에 흙을 덮는다. 어느 한두 곳에 구멍을 뚫어서 물을 약간 부어주고 어느 정도의 증기가 나갈 수 있게 한다. 약 한 시간이 지난 뒤 역순으로 흙과 나무줄기를 걷어내면 맛있게 잘 익은 감자를 얻을 수 있다. 이런 요리법이 시골말로 '산곳'이라고 한다.

위에서 밝힌 바와 같이 다양한 산골 요리로 확보된 다양한 종류의 먹거리를 게걸스럽게 먹고 난 뒤, 그래도 심심하면 길가의 그령 혹은 수크령이나 억새, 필기(일명 삐끼) 등등의 부드러운 속 줄기를 뽑아 올려서 입으로 씹어 본다. 뭐 특별한 의미나 혹은 배고파서 그런 것이 아니라 손쉬운 장난감 정도로 여기고 했던 소일거리였다.

그렇게 아이들에 의해서 혹사당한 다양한 천연 식재료 중에도 미묘한 맛의 차이는 있다. 억새의 부드러운 속 줄기는 부드럽고 씹어 넘기면 마치 껌 같기도 해서 찰지기까지 하다. 띠의 부드러운 속 줄기는 달고 맛있기가 억새와 비슷하나 띠 특유의 감칠맛마저 돈다. 그런데 그령과 수크령의 부드러운 속 줄기는 뽑아서 씹어 보면 달콤한 맛이 나기는 하지만 약간의 비릿한 느낌도 난다. 그래서 그령과 수크령 줄기를 씹어서 넘기는 경우는 드물었다. 아무리 배고픈 시절이라고 했지만 말이다. 물론 어릴 때 일이다.

그런데 소[牛]에게 그령과 수크령 부드러운 잎과 줄기가 있는 곳으로 끌고 가보면 이러한 그령과 수크령의 특징을 금방 알 수 있다. 다른 풀은 그냥 윗부분 즉 부드러운 부분만 뜯어 먹고 그냥 지나가지만 유독 그령과 수크령이 있는 지점에 도착하면 소는 그 잎은 물론 줄기와 밑동까지도 악착같이 뜯어 먹는다. '마뜩게도 뜯어 묵네!' 하시던 시골 어른들의 말이 생각난다. 즉 '남김없이 말끔하게도 뜯어 먹네!'라는 뜻이다.

처음에는 왜 그런지를 몰랐는데 차차 관찰을 통해서 그리고 직접 그령과 수크령 줄기를 맛보고 나서는 확실히 알게 되었다. 바로 그령과 수크령 줄기에서 달콤한 맛이 난다는 것을. 소들도 역시 단맛에 이끌리나 보다. 소들의 표정으로 보았을 때 맛은 그령이 더 좋다고 느끼는 것 같았다.

그령의 꽃은 참으로 보잘것없지만, 수크령의 꽃을 자세히 살펴보면 그 흔한 잎과 줄기의 천덕스러움과는 반대로 아주 귀티조차 느껴질 정도로 아름답다. 그래서 외국에서 이 꽃을 정원에서 일부러 가꾸고 있는 것을 본 적이 있다. 꽃이 지고 난 뒤 씨앗은 사람의 옷이나 동물의 털에 잘 달라붙어 멀리까지 종자를 퍼뜨리는 전략으로 사용한다.

어린 시절 별다른 장난감이나 놀이 기구가 없었던 필자 세대의 아이들은 그령이나 수크령으로 재미있는 놀이를 했다. 바로 두 포기의 그령이나 수크령을 잡아서 묶어두면 지나가든 아이나 어른들이 발에 걸려 넘어지는 것을 훔쳐보면서 깔깔대며 배를 잡고 웃었다. 여차하여 들키는 날에는 작대기 몇 대 맞을 것쯤은 각오하지 않으면 안 될 모험이었다.

✻ 3. 신(新) 전설의 고향

그런데 시내에 있는 중학교에 갓 입학한 필자가 하필 그 그령, 수크령과 관련된 재미있는 웃지만은 못할 이야기의 주인공이 되었다. 지금에야 이 이야기를 부끄러움 없이 할 수 있지만, 그때는 왜 그리 부끄럽고 민망한지 오랫동안 가슴앓이했던 기억이 되살아나서 지금도 얼굴이 화끈거린다.

중학교에 갓 입학하고 늦은 봄쯤인 것으로 기억이 난다. 6월쯤인가 싶다. 경주 시내에 있는 문화중학교를 다녔던 나는 그 당시 보통 그러했듯이, 남아서 9시 정도까지 자율학습을 하고 밤 10시에 불국사 방면으로 떠나는 마지막 11번 시내버스를 타고 귀가하는 평범한 생활을 하고 있었다. 경주 시내에서 불국사 버스 정류장까지 오는데 보통 40 여분의 시간이 걸렸다. 집이 바로 버스 종점 근처였으면 얼마나 좋았을까? 불행하게도 우리 집은 그곳으로부터 다시 도보로 걸어서 20여분 정도 더 옆으로 가야 했다. 비록 실제로는 얼마 안 되는 거리였지만 중간에 마을이 없는 곳 즉, 야트막한 야산을 거쳐 가야 했다. 그런데 이곳에는 여기저기 산소들이 있어서 밤에는 왠지 꺼림칙하고 무섬증을 불러일으켰다. 그곳의 지명은 '물판티'였다. 천수답 논들이 제법 평야를 이루던 곳이라, 연이은 계단식 논에 부족한 물을 차례로 공급하기 위해서 순서를 정해서 판대기에 적어두고 시간대별로 자신의 논으로 물꼬를 끌고 가게 만드는 시스템이었다. 그렇지 않았다면 빈번하게 물로 인한 다툼이 생기는지라 시골 사람들이 나름 머리를 써서 만들어낸 공정한 시스템이었다. 그렇게 만들어진 '물을 대는 순서를 적어둔 판대기를 두는 터'라는 뜻으로 '물판터'가 되었고 차차 고유지명으로 물판티가 되었다.

　어느 날 등굣길에 그곳을 지나가는데 그때 마침 그 많던 산소들 가운데 제일 큰 산소 하나가 쩍 벌어져 있는 게 아닌가? 화들짝 놀란 가슴을 진정시키고 함께 등교하는 다른 아이들이 하는 말을 들어보니 이장을 했다고들 한다. 그런데 어느 아이는 산소 속의 귀신이 스스로 일어나 밖으로 도망 나와서 이곳을 지나는 사람들을 해코지할지도 모른다고 헛소리를 해대곤 했다. 그렇지는 않을 것이라고 굳게 마음먹고 등교를 했지만, 온종일 머릿속에서 맴도는 생각, '집에 우째 가꼬?'뿐이었다. 하루의 일과를 다 마치고 늦게까지 남아서 자율학습을 마치고 드디어 평소처럼 집에 갈 시간이 되었다. 여느 때와 마찬가지로 학교를 나와서 종점이 있는 경주 터미널까지 걸어가서 불국사 행 막차를 탔다. 그리고 역시 붐비는 막차의 요란한 차장 목소리, '오라이' 소리를 수도 없이 들으면서 종점에 도달하였다. 그날따라 우리 마을로 가는 사람은 오직

나뿐인 것 같았다. 혹시나 누구 동행할 사람이 있으면 하고 기다렸지만 없었다. 하는 수 없이 혼자 걸어가기로 맘 굳히고 단단히 운동화 끈을 다시 묶고 중(中) 자 뱃지가 노랗게 번쩍이는 교모(校帽)를 힘껏 눌러쓰고 가방을 단단히 옆구리에 끼고 출발했다. 그런데 그날은 마침 안개 같은 부슬비가 밀가루처럼 아주 조금씩 내리고 있었다. 그렇다고 젖을 정도는 아니고 오래 맞으면 물기가 맺힐 정도의 안개비 정도쯤 될 듯하였다.

드디어 운명의 그 야트막한 야산 일명 '돌박 물판티 고개'에 도달했다. 다시 한번 모자를 눌러쓰고 둘러멘 가방을 더욱더 조이며 뛰어갈 준비를 마쳤다. 그리고 몇 발자국 언덕 위를 향해 걷기 시작하는데 갑자기 저 언덕 위의 한 곳에 귀신이 그것도 하얀 옷을 입은 여자 귀신이 서 있는 게 아닌가? 갑자기 온몸이 굳어지고 온 정신이 그곳으로 집중하면서 혹시나 잘못 본 것이 아닌지 아무리 다시 보아도 분명히 하얀 소복을 입은 여자 귀신이 맞았다.

그 판단이 서는 순간 머릿속으로 얼마나 빨리 결단을 내렸는지 거의 동시다발적인 행동으로 되돌아 도망치려고 시도하면서 몸을 돌렸다. 그런데 어떻게 된 일인지 아무리 해도 몸이 돌려지지 않는다. 아무리 힘을 주고 발을 돌리려 해도 자꾸만 예의 그 귀신 쪽으로 내 몸이 자동으로 끌려만 간다. 나중에는 끌려가지 않으려고 어찌나 용을 썼었던지 운동화 속이 갑자기 질퍽거렸다. 웃지마는 못할 일이지만 약간 실례를 한 것이다. 그래도 자꾸만 그 여자 귀신은 나를 오라고 유혹하는 것처럼 나는 계속 내 마음과는 달리 그 귀신 쪽으로 엉금엉금 걸어간다. 마침내 나는 나도 모르는 사이에 그 귀신과 마주치게 되고 급기야는 그 귀신에게로 정면으로 넘어지며 까무러치고 만다.

'철석' 볼기 맞는 소리와 아픈 느낌을 느끼며 나를 깨우는 그 '여자 귀신'은 나를 흔들어 깨우고 있었다. 그 여자는 우리 마을 어느 아줌마였고 자기 집 딸아이가 아직 안 와서 기다리는 중이었으며 그 딸아이는 버스 종점 가까이 있는 고모 집에 들러서 무서우니 집까지 바래다 달라고 하느라 늦어 나랑 같이 오지 못한 것이었다.

그러한 전후 사정을 다 듣고 다시 일어서서 길을 걸으려고 하는데 여전히 눈앞에 귀신이 다시 나타난다. 그래서 정신을 가다듬으려 눈을 감았다 다시 뜨고 모자를 벗어 다시 쓴다. 드디어 정신이 들면서 내 교모(校帽)의 앞 챙에서 실밥 하나가 밑으로 늘어져 달랑거리고 있었고 그것이 마치 귀신처럼 착각을 불러일으킨 것이라는 점을 나중에 깨닫게 되었다.

그때 서야 비로써 '헛것을 보았다'라는 말의 뜻을 이해할 수 있었다. 정말로 헛것을 본 것이다. 그런데 왜 헛것을 보고 그렇게 스스로 놀랐던 것일까? 아마도 아직 어린 나이에 늦은 시간 무서운 곳을 지나가면서 심리적으로 너무 움츠러들고 머릿속 상상의 '무서운 것'을 스스로 만들어내어 거기에 몰입하다 보니까 물리적으로 전혀 존재하지 않는 '헛것'에 빠져 허우적거리다가 현실 속의 동네 아줌마와 혼돈되면서 기절해 버린 것이다.

물론 내가 정신을 잃고 쓰러지면서 그 동네 아줌마에게 어떻게 가서 안기며 어느 신체 부위를 붙잡았는지 그 아줌마의 자세한 설명을 우리 어머님으로부터 전해 듣고는 얼마나 얼굴을 붉혔는지 모른다.

그때 그 아주머니가 서 있었던 곳이 바로 그령과 수크령이 무더기로 피어나 있던 그 '돌박부락의 물판티 고개'였다. 하도 돌(바위)이 많은 곳이라서 동네 이름이 '돌길' '석질' '돌박' 등등으로 부렸던 곳이다. 토함산을 곧장 바로 질러 넘어오는 외적을 막을 군사 주둔지라서 예부터 '진터' 혹은 '진티' 부락이라고 불렸던 마을 입구 이야기이다. 그령과 수크령이 우거진 진티와 돌박 사이의 그 고갯길에는 그렇게도 많이 풍성하게 자라던 그령과 수크령이 지금은 거의 사라지고 없다. 잘 닦여진 포장도로가 그 자리를 대신하고 있다. 그러나 아직도 산소들은 많다.

❋ 4. 며느리가 미워서? 며느리가 좋아서?

반월성의 가운데는 그령과 수크령이 많지만, 가장자리를 따라 빙 둘러보면 비교적 숲 가까이 그리고 어느 정도 물기가 있는 곳이면 어김없이 며느리밑씻개 풀과 며느리배꼽 풀이 우거져있다. 물론 비교적 사람 발길이 덜 탄 구석진 곳을 좋아하는 이 식물들의 특성에 따라 외진 곳에서 주로 번성하고 있다. 물론 반월성뿐만 아니라 우리나라 어느 지역을 가나 쉽게 만나는 흔한 우리 식물이다.

그런데 왜 하필이면 식물들의 이름이 며느리밑씻개이고 며느리배꼽인가? 참 재미있는 이름이라고 여길 수 있지만, 그 유래를 보면 특이한 점을 발견할 수 있다. 아니, 특이하다기보다 슬픈 역사를 알 수 있다.

며느리배꼽

며느리밑씻개

먼저 이 두 가지 풀의 본래 우리 이름은 '사광이풀아재비(며느리밑씻개)'와 '사광이풀(며느리배꼽)'이다. 도대체 사광이풀 혹은 사광이풀아재비라니 이 무슨 의미인지 이해하기 어렵다. 사실 우리나라에 현대적 의미의 식물학이나 잡초를 학문적으로 다루고 연구하는 학문이 등장한 것은 오래되지 못한 일제 식민지 시절이었다. 따라서 '우리말'은 존재하고 있었지만, 학술적 용어로 남겨진 것은 매우 드물다고 할 수 있다. 그러다 보니 자연히 일제강점기의 지식인들-일본물이 들어버린 우리나라 지식인, 한국의 초목에 관심이 있었던 일본 지식인 - 에 의해 만들어진 논문이나 책에 실려 있는 이름이 정식 명칭으로 사용되게 되었다.

본인이 생물학이나 식물학을 전공한 학자도 아닌 바에야 기왕 사용되고 있는 정식 명칭을 사용하여 그냥 '며느리밑씻개'와 '며느리배꼽'으로 불러도 무방하지만, 우리 고유의 이름을 되찾아주고 싶은 심정도 남아 있어서 여기에서나마 주장하고 싶다. 멀쩡한 본명을 두고서 남의 이름을 쓸 수야 있겠나 싶다.

왜 이 두 식물의 옛 이름이 '사광이풀아재비'이고 '사광이풀'이었는지 살펴보자. 먼저 이 두 식물은 외모가 흡사 많이 닮았다. 둘 다 긴 줄기로 뻗어나가고 둘 다 보기에만 억세고 날카롭다. 하지만 실제로는 연약하다. 그리고 둘 다 농부들에게 크게 환영받지 못했던 잡초들이다.

특히나 사광이풀(며느리배꼽)은 번식하는 속도가 하도 빨라서 시골 농부들이 자기 밭 귀퉁이에 우거진 사광이풀이나 사광이풀아재비 더미를 낫으로 걷어내고 돌아서면 또다시 우거졌다고 할 정도로 악착같이 번식한다. 그리고 둘 다 손이나 팔다리에 긁히면 상처가 나고 매우 아린 아픔을 주기 때문에 결코 환영받지 못했다.

하지만 고양이들은 이 식물의 효능을 어떻게 알았던지 오래전부터 알고서 스스로 '민간요법'으로 사용 해오고 있었다. 이 식물 둘 다 어린 잎을 씹어 보면 쌉싸름하고 떨떠름하다. 즉 새콤한 맛이 난다. 그래서 고양이들이 속이 거북하거나 아니면 무슨 용도인지 정확히는 모르지만, 여하튼 이 식물들의 여린 잎을 뜯어 먹는 것이 사람들 눈에 포착이 되었고, 그래서 붙여진 이름이 바로 '사광이풀' '사광이풀 아재비'이다. 오늘날의 고양이라 부르는 동물의 이름은 '삵', '삵괭이', '살쾡이', '삭광이', '사광이' 이런 식으로 소리가 변했을지도 모를 일이다. 물론 시골에서는 아이들이 이 잎을 뜯어서 재미 삼아 먹곤 하였다. 싱아나 수영처럼 씹어먹으면 새콤하고 상쾌한 느낌을 준다.

어쨌든 '고양이가 뜯어 먹는 풀(사광이풀, 며느리배꼽)' '고양이가 뜯어 먹는 풀을 닮은 풀(사광이풀 아재비, 며느리밑씻개)' 정도의 의미가 아닐까 싶다.

며느리밑씻개(사광이풀 아재비)와 며느리배꼽(사광이풀) 이 두 식물을 구별하는 방법은 몇 가지 있다. 첫째, 외모에서 느끼는 기운이 다르다. 전자는 기운이 비교적 강하고 좀 더 왕성한 생명력을 풍긴다. 반면에 후자는 비교적 기운이 덜하고 외모상 약간 가냘프게 보인다. 하지만 이 느낌은 어디까지나 외모상의 느낌일 뿐 후자의 생명력도 엄청나게 강하다. 둘째, 외모가 다르다. 전자의 잎은 긴 하트모양에 가깝고 후자는 역삼각형에 가깝다. 그리고 전자의 긴 하트모양의 잎은 짙은 초록색을 띠지만 후자의 역삼각형 잎은 다갈색을 띤 녹색이다. 셋째, 잎자루의 위치가 다르다. 전자는 잎자루가 잎 바닥에 붙어 있다. 반면에 후자는 잎자루가 잎의 배꼽 부분에 붙어 있다. 즉 잎자루가 잎의 아래쪽 바닥 부분에 붙어 있으면 '며느리밑씻개'이고 잎자루가 잎의 배꼽 부분에 붙어 있으면 '며느리배꼽'이다. 넷째, 오염에 대한 강한 정도가 다르다. 전자는 비교적 오염에 약한 반면에 후자는 비교적 오염에 강한 편이다. 그래서 전자는 도시지역에서는 찾아보기 힘들지만, 후자는 도시화한 지역에서도 쉽게 찾아볼 수 있다. 즉 후자는 도시의 공터에 쌓인 쓰레기 더미 위에서도 번창할 수 있다.

이렇게 비교되는 두 식물의 이름이 지금과 같이 '며느리밑씻개(사광이풀 아재비)와 며느리배꼽(사광이풀)'로 변경된 이유를 알아보자. 본래 가지고 있던 순순한 우리말 이름은 '현대화' '학문적 체계화' 작업에 따라서 일제강점기의 시대적 영향으로 어느새 '며느리밑씻개와 며느리배꼽'로 바뀌어 버린 데는 두 가지 이유가 있다.

일제강점기의 학자들 - 일본교육을 받은 한국 학자들과 일본 학자들 - 이 이미 근대화된 일본 식물도감의 이름을 빌려 사용하면서 비슷하게 바꾸어 놓았다고 한다. 정확한 일본 학명은 잘 모르지만, 일본에서 사용되던 '미운 의붓자식' 정도의 의미가 있는 말에서 유래한 듯하다. 그래도 그들도 나름대로 양심은 있었던지 그대로는 사용하지 않고 '미운 의붓자식'이라는 의미를 '미운 며느리' 의미로 바꾸면서 '며느리밑씻개'로 바꾸었고, 미안했던지 하나는 좀 더 고운 이름인 '며느리배꼽'으로 바꾸어 놓았다.

옛날 우리나라의 재래식 화장실에 가면 화장지가 없었던 시절이라서 볼일을 보고 난 뒤 뒤처리가 골칫거리였다고 한다. 물론 일본도 예외는 아니었다고 한다. 그래서 일본에서는 메이지 유신 이전만 하더라도 화장실에 가면 길게 새끼줄을 묶어두고 식구대로 볼일을 보고 난 뒤 그 새끼줄 위로 왕복 왔다 갔다 몇 번하고 뒤처리를 마쳤다고 하니,

아마도 오늘날의 일본인들이 그 사실을 알면 기절초풍할 일이다. 우리나라도 마찬가지였다고 한다. 하지만 우리나라 사람들은 적어도 일본 사람들보다는 좀 나았나 보다. 일단 제일 구하기 쉬운 들판의 풀을 베어다 사용하였고, 탈곡하고 남은 지푸라기 등이 사용되었다. 그래서 옛날 우리나라의 화장실에는 늘 짚단 아니면 들에서 베어온 풀이 한 소쿠리 준비되어 있었다고 한다.

그런데 새로 시집온 며느리를 미워한 시어머니가 하루는 미운 며느리를 골려주려고 며느리밑씻개풀을 한 소쿠리 베어다가 화장실에 두었고 볼일을 본 며느리가 준비된 풀로 뒤처리를 하고 나오는데 오만상을 찌푸리고 쓰라린 표정을 짓고 있어서 속이 시원하였던 시어머니는 속으로 쾌재를 불렀다고 한다. 물론 누가 지어낸 이야기겠지만 얼마나 고부간의 갈등이 심했던 시절이었는지 알만한 이야기이다. 줄기에 돋아난 날카로운 가시를 가진 풀로 밑을 닦게 하고 싶을 정도로 미운 며느리에 대한 시어머니의 분풀이가 된 이 식물은 일제강점기라는 미묘한 시대적 상황 속에서 뜻하지 않은 이름을 다시 얻게 되었던 것 이다. 그런데 이렇게 일본식 학명을 짓고 난 학자들은 그 사촌쯤 되는 사광이풀에게도 일본식 이름을 붙이되 이번엔 좀 착해 보이는 이름을 하나 붙여서 며느리배꼽을 탄생시킨 것이다.

그런데 며느리밑씻개라는 이름에 대한 또 다른 해석도 가능하다. 아무리 며느리가 미워도 자기 아들과 평생 함께 살아가는 사람을 무턱대고 그렇게 미워만 했을까 싶다. 해서 생각을 해보니 며느리의 청결을 위해 며느리밑씻개풀 말린 전초를 달여서 그 물로 목욕할 때

청결제로 사용하라고 시어머니가 가르쳐 준 것은 아닐까 생각해 본다. 어느 신문인가를 보다가 우연히 발견한 기사에 그러한 내용이 나온 것을 얼핏 본 기억이 난다.

이 사촌지간 중에서 먼저 며느리밑씻개 즉 사광이풀 아재비 이야기부터 해보자. 며느리밑씻개는 대체로 습기가 많은 곳 즉 눅눅한 곳을 좋아해서 건조한 곳에서 거의 찾아보기 힘들다. 얼핏 보면 '그랑떼(고마리)' 비슷하며 온몸에 가시가 나 있다. 줄기로 뻗어나가며 주로 작은 덩굴을 이룬다. 꽃은 비교적 작고 하얀색과 분홍색이 섞여 있고 열매는 안에 까만 가루를 가득 담고 있다. 그래서 시골 아이들이 소꿉놀이할 시에 화장품 재료로 많이 사용되었다. 짓이기면 바로 오늘날의 아이샤도우 아니면 다른 색조화장품으로 사용될 수도 있었다.

나는 어릴 때부터 자주 보아 오던 이 풀이 왜 하필 그 많고 많은 이름 중에서 썩 좋아 보이지 않는 그 이름을 얻게 되었나 싶어 성인이 된 뒤에도 계속하여 궁금증을 키워갔다. 그런 중 위에서 살펴본 바와 같은 사실을 알게 되었다. 물론 지금은 전혀 아니라고 하긴 여전히 좀 그렇지만, 과거 우리나라에서의 며느리란 존재는 아마도 가장 고달프고 항상 핍박받는 존재가 되었던 것 같다.

시어머니들의 눈에는 오로지 며느리는 '우애 식구'였으며, 며느리는 밥만 축내는 존재였으며, 며느리는 미운 짓만 골라 하는 밉상이었으며, 며느리는 아들만 낳아주면 되는 존재였고, 며느리는 시어머니가 빨리 죽기를 바랄 것으로 여겨졌던 여시였고, 며느리는 아들의 등골을 빼먹고 마침내 빈 껍질만 남겨놓는 해코지였고, 며느리는 여우짓을 해서 아들과 시어머니 사이를 갈라놓는 존재였다. 그래서 며느리는 따끔한 맛 즉 고통을 봐야 한다고 여겨졌나 보다.

심지어 볼일을 보고 난 뒤 밑을 처리할 때조차도 잔가시가 붙어 있는 그 풀로 닦고 씻어야 한다고 시어머니들은 생각했을 정도였다. 자신도 젊어 시달렸던 시어머니는 똑같이 아니 그보다 도를 더하여 며느리에게 힘든 시집살이를 시켰다. 그 호된 시집살이가 얼마나 고달팠으면 '가시가 돋아난 풀로 밑을 씻겨 주고 싶었을 정도였을까?'

그런데 며느리밑씻개 풀도 작고 앙증맞은 하얗고 짙은 분홍색 꽃을 피운다. 자세히 보면 이 풀의 줄기며 잎 전체에 가는 가시가 박혀 있어 잘못 건드리면 손이나 발에 상처를 남긴다. 반월성에서는 남천 냇가 쪽으로 숲 그늘이 우거진 지점에 주로 많이 발견된다. 잎은 세모꼴이며, 가느다란 줄기 마디마디에 가지가 새로 뻗고 가지의 끝부분에 작은 알갱이 모양의 희고 짙은 분홍 꽃을 볼 수 있다. 어릴 적 여자아이들은 이 꽃을 따서 사금파리로 만든 소꿉장난 그릇에 담아 반찬으로 사용하기도 하고, 혹은 꽃을 쪼개서 그 안에 들어 있는 까만 내용물을 꺼내 검은색 화장품으로 사용하기도 했다. 옛날 신라시대 궁중의 여인이라도 된 양 사금파리 조각을 다듬어 만든 소꿉장난 그릇마다 온갖 산해진미를 차리고 며느리밑씻개, 분꽃 씨앗, 족제비싸리(일본 싸리) 새순을 꺾어 나오는 매니큐어, 봉숭아 꽃잎으로 만든 연지곤지, 호박 수꽃으로 만든 호롱불을 켜고, 호박 암꽃으로 립스틱 칠하며, 어린 탱자를 모아 만든 밥을 한 그릇 가득 차리고, 그렇게 소꿉장난하던 옆집의 분자며 아랫집의 금숙이며 다들 지금은 진짜 살림을 잘들 살고 있을 테지!

고마리·여뀌

다음은, 며느리배꼽(사광이풀) 이야기다. 며느리밑씻개에 비해 장소를 크게 가리지 않는 편이다. 그래서 아무 곳에서나 공간만 있으면 덩굴을 이룬다. 그래서 시골 농부들은 이 덩굴을 걷어내려다가 손과 팔을 많이 긁히게 된다. 한 번 긁혀보면 알겠지만 한참 동안 아리고 따끔거려서 입에서 저절로 욕이 나올 정도이다. 그리고 뛰어난 생명력과 번식력으로 뭐든지 잘 휘감고 덮어버려서 농부들이 싫어하는 대표적인 잡초이다. 하지만 그래도 나름의 용도가 있었으니 바로 고양이들의 소화제로 사용되었다. 새콤한 맛이 나며 어린 순은 나물로도 먹을 수 있다. 그런데 이 성가시고 귀찮은 존재가 딱 하나 예쁜 곳이 있었으니 바로 열매다. 며느리밑씻개의 열매에 비해 훨씬 굵고 색깔도 아름답다. 얼마나 열매가 고왔으면 그 이름에도 열매의 특색이 그대로 나와 있겠는가! 며느리배꼽이라는 이름에서 알 수 있듯이 '배꼽'에 해당하는 부분이 바로 이 풀의 열매다. 하기야 오늘날의 젊은이들은 자신의 배꼽에 일부러 악세서리로 치장을 하는 이들도 많다고 하는데 바로 그 배꼽 치장을 자연적으로 하고 있는 식물이 사광이풀 즉 며느리배꼽이다.

정말로 닮아도 너무나 많이 닮았다. 완전 배꼽 피어싱 그대로다.

그러면서도 그 색깔과 빛깔이 얼마나 고운지 마치 꼭 보석을 일부러 얹어놓은 듯하다. 며느리배꼽의 열매는 처음에 백색에서 적자색으로 그리고 얼마 후에는 적색 열매로 변화하고, 그리고 나면 서서히 본격적으로 보석을 닮아 가는데 군청색 혹은 남색으로 최종 반전을 한다. 직접 열매를 한 번 살펴보라. 마치 엄마 뱃속에서 나온 지 얼마 안 되어 탯줄 자국이 남아 있는 아가의 배꼽 같다.

어찌 이 아름다운 열매를 가진 식물에게 미운 며느리를 붙였을까! 앞에서도 말했지만, 일본식 이름 짓기에 덧붙여 사촌뻘 풀에게 미운 '밑씻개'를 이미 붙여 주고 나니 너무 심했다 싶어서 이번에는 귀여운 '배꼽'이라는 이름을 다른 사촌에게 붙여 주었겠다 싶다.

✤ 5. 닭의장풀(닭의밑씻개)

닭의 장풀

반월성에 또 하나 많은 우리 꽃이 닭의장풀꽃이다. 역시 며느리밑씻개처럼 주로 습기 찬 곳을 좋아하는데 꼭 그 생김새가 닭 머리 위의 볏을 닮아 닭의 장 풀이 불리게 되었다. 나는 이 풀을 볼 때마다 그 끝부분 즉, 꽃이 피어난 부분이 어찌나 사마귀를 닮았는지 흡사하다고 느낀다. 사마귀란 벌레는 우리가 알듯이 날렵한 몸매에 길고 날씬한 팔이며 다리며 목이며 따로 노는 세모 모양의 머리를 가진 곤충이다. 이 세모꼴의 사마귀 머리랑 닭의장풀의 꽃을 꼭 한번 비교해 보라. 나만의 생각인지 모르지만, 대부분의 독자들은 거의 흡사한 것을 금방 발견할 것이다. 사마귀 색깔마저 닮았다.

자주닭의장풀

여름철에 짙은 청보라 꽃을 피우며 특히 꽃 꽃받침 부분이 세모꼴이고 꽃 자체의 모양은 마치 청보라색 나비가 날아가는 형상 같다는 느낌이 든다. 청보라색 나비 모양의 꽃잎 안에는 처음부터 작은 콩알 모양의 옅은 연두색 씨가 들어 있다. 그 주위에는 노란색 끝을 가진 수술과 암술이 나비 다리처럼 뻗어 있다. 꽃잎을 따서 손에 문지르면 금방 파랑 물이 든다. 수술 위에 맺혀있는 꽃가루(pollen)는 동물의 정자에 해당하는 역할을 하며 동물의 난자에 해당하는 암술(pistil)로 옮겨가야 씨앗이 맺히게 하는데, 그 일을 주로 담당하는 이가 벌이고, 바람이고, 빗물이다. 벌이나 벌레들이 그 일을 담당하면 그 과정은 충매(蟲媒), 바람이 그 과정을 대신하면 풍매(風媒), 물이 담당하면 수매(收媒)라고 할 수 있다. 요즘은 벌들이 사라지고 곤충들이 사라지면서 이러한 자연에 의한 식물들의 수분(受粉) 활동이 점점 사라지고 사람들이 직접 작물의 수분을 시켜 주는 일들이 점점 증가하고 있다고 한다. 자연을 파괴한 인간들의 업보가 된다.

그 원인이 무엇인지 정확하게 나온 것은 없지만 대체로 '농약과 화학 비료의 과다 사용', '통신기기 발달에 따른 과다한 전자파', '생태계 파괴에 따른 동·식물 공생관계 파괴' 등이 그 원인으로 거론되고 있다.

가장 많은 수분 작업(受粉, pollination)을 담당하는 벌들이 요즘은 많이 사라지고 없다고 하는데 세상에 존재하는 그 많은 종의 식물들 수분 행위를 인간이 대신 다 해줄 수도 없는 일이고 보면 정말 큰일은 큰일이다.

나는 요즘 시골에 가볼 때마다 놀라는 것이 한 가지 더 있다. 집에서 키우는 소들의 교배마저도 이제는 자연적 교배가 아니라 인공수정을 통해서만 이루어진다고 한다. 소들도 자연의 한 부분인데, 왜 그렇게 꼭 인간 위주로 교미를 시킬까 싶다. 이렇게 하다가 정말 잘못하면 소들은 아예 스스로 생식도 못 하는 종(種)으로 퇴화하지나 않을지 모르겠다.

모든 것을 인간이 대신 하는 시대이다 보니 벌들도 자신들의 존재가 필요 없는 존재라고 판단하고 가버린 것은 아닐까? 물론 과학적인 분석에 따르면 '전자파의 영향이다. 아니면 화학약품 범람이 원인이다.' 다양한 분석이 나오고 있기는 하지만 어쨌든 인간이 간섭하지도 않아야 할 부분까지도 생산성 확대라는 미명하에 자행되고 있는 수많은 비(非) 생물적인 자세를 버려야 하겠다. 말이 되는 표현일까? '비(非) 생물적인 태도'! 친환경적인 생활 패턴으로 완전한 회귀는 힘들다 하더라도 적어도 노력 정도는 필요하고 정말 절실히 필요한 시대에 우리가 살아가는 것이다.

닭의장풀은 오늘도 반월성 구석 자리에서 그래도 찾아주는 벌들과 연합하여 끊임없이 씨앗을 만들고 있을 것이다. 다음에 독자들께서 반월성을 찾게 되면 한 번 찾아가서 건강한 자연을 이루고 있을 닭의장풀을 찾아보고 응원해 주기를 바란다. 그리고 조금 전에 말한 수술, 암술, 수분 행위, 꽃잎 등의 영어 단어도 중학교나 고등학교에 다니는 아이가 있으면 알아두게 하면 좋을 듯하다. 각종 시험에도 자주 출제되는 단어들이다. 물론 여담으로 하는 말이지만. 영어 단어도 알고 또 더하여 식물과 환경에 대한 아이들의 관심도 함께 길러주는 멀티태스크의 전형이다.

닭의장풀에 하나만 덧붙이면 물기를 너무 많이 머금고 있다는 것이다. 닭의장풀은 온 포기 자체가 아주 연약한데 과도할 정도로 물기를 많이 머금고 있어서 쉽게 스러지고 쉽게 부러질 정도로 부드럽다. 달리 표현하면 만약 닭의장풀의 씨앗이 건조한 땅에 떨어지면 잘 자라지 못한다. 자그맣게 배배 꼬인다. 그래서 소들에게 이 풀을 너무 많이 주거나 소에게 주는 소죽 안에 닭의장풀을 너무 많이 넣어서 주면 설사를 한다. 그래서 옛날 어린 초동들은 소 꼴을 베어오라는 어른들의 불호령에 후다닥 부피만 많아 보이는 손쉬운 닭의장풀이나 고마리(그랑떼)를 베어다가 두고는 불이 나게 도망가서 놀기 바빴다. 그런데 덩치 푸짐하게 한 무더기 베어다 놓은 닭의장풀이나 고마리는 잠시만 지나면 금방 시들어서 부피가 반으로 줄어든다. 즉 그 많던 수분이 사라지면 볼품없는 부피로 줄어들기가 십상이었다. 도망간 아이에게는 혼쭐나는 저녁이 기다린다.

✱ 6. 반월성 뒤를 흐르는 남천

얼마 전에 필자가 개인적인 용무로 경주를 찾아갔을 때, 시내 곳곳에 크게 플래카드가 나부꼈다. '경축 신라 왕성 발굴 및 복원 공사 시작'

신라 궁궐터라고 전해지는 반월성의 배후가 바로 남천(南川)이다. 형산강(兄山江)의 한 지류로서, 언양 방면인 울산광역시 울주군 두서면(斗西面)에서 흘러오는 복안천(伏安川)과는 반대로 토함산(吐含山) 오동수와 도끼산 등지에서 발원하여 시래로 흘러내린 남천의 상류가 조양과 동방, 배반을 거쳐 경주 시내를 흘러 들어가서 드디어 복안천(伏安川)과 합쳐져서 강다운 면모를 나타내기 시작한다. 그곳이 바로 고속도로 톨게이트 입구와 경주 버스터미널과 김유신 장군 묘 사이를 흐르는 형산강이 된다. 경주시를 지나 양동마을 뒤로하고 안강읍의 동쪽 경계를 흐르다가 방향을 북동으로 꺾어 연일읍을 거쳐 포항시를 가로질러 포항제철소의 영접을 받으며 영일만으로 흘러든다.

이 남천은 비교적 지금도 환경보호가 잘 되어 자연 하천의 모습을 많이 간직하고 있다. 불국사, 조양, 동방, 배반을 거치는 동안 넓은 들판의 무논을 적서주어 쌀농사에 필요한 풍부한 물을 공급해 왔다. 아마도 먼 신라시대부터 이어져 온 쌀 공급원 중의 하나였을 것이다. 안강들, 건천들, 조양들, 동방 배반들, 박달들 등등은 신라라는 왕국의 기본적인 양식을 공급해 주는 터전으로서 오랫동안 그 역할을 수행해 왔다. 그리고 이 들판 중에서 조양들, 동방 배반들이 그 역할을 수행하는 데 있어 중요한 물 공급원이 바로 남천이었다. 이 남천이 불국사 방면에서 흘러서 드디어 경주 시내를 들어가기 시작하는 곳이 반월성 지역이다.

바로 이 남천과 반월성이 마주 접하는 곳에서 가까운 곳에 예부터 전해오는 효불효설화(孝不孝說話)의 터전이 된 '효불효교(孝不孝橋)'가 하나 있다. 물론 역사적 사실인지 단순한 설화인지는 모를 일이지만, 여하튼 이 지역에서 예부터 전승되어 오는 전설로서 '효불효교(孝不孝橋) 전설(傳說)'이다. '경주칠교전설(慶州七橋傳說)' 혹은 '칠성교전설(七星橋傳說)'이라고도 불린다.

효불효교(孝不孝橋)는 경주 동쪽 6리 되는 곳에, 필자의 생각으로는 오늘날 반월성 바로 아래쪽 남천, 즉 경주박물관에서 오릉 쪽으로 가는 도로변 하천이 있는데, 옛날 신라시대 때 아들 형제 일곱을 둔 홀어머니가 밤마다 아들들 몰래 외간 남자를 만나러 다니던 어느 날 이러한 어머니의 외도 사실을 알게 된 일곱 아들들이 함께 모여 의논하였다. 어두운 밤길을 나이 드신 어머니가 밤에 물을 건너다니시는데 이를 어찌 자식

된 도리로 그냥 보고 있을 수만 있겠는가 하며 그 어미가 다니는 냇가에 돌다리를 어머니 몰래 놓아드렸다는 전설이다. 그런데 어떻게 이 사실을 알게 된 어머니는 자신의 나쁜 버릇을 뉘우치고 부끄러워하면서 그 버릇을 스스로 고쳤다고 전하는데, 아마도 필자의 의견으로는 이렇게 생각한다. 신라시대 그 당시에는 재혼도 자유롭고 남녀 간의 연애나 사랑하는 일도 오늘날과는 상당히 다르고 여성들의 자의식(自意識)이나 성 개방 풍조가 상당하였던 것 같다. 그래서 이 전설도 엄연한 사실로 내려오다가 아마도 조선 시대에 와서 이러한 전설은 시대적인 영향으로 많이 수정되지 않았을까 한다. 그냥 일곱 자식이 어머니의 행복을 위해 평생 독수공방으로 보내시는 어머니를 불쌍히 여겨 일부러 돌다리를 놓아드리고 그 깊은 뜻을 알아차린 어머니도 그 효성스러운 아들들의 마음을 읽고 그 외간 남자와 여생을 행복하게 살지 않았을까 싶다. 그러다가 성리학이 우리나라 역사를 많이 후퇴시키는 조선 시대로 들어오면서 집권층들이 보기에 아무리 효성을 나타낸다고 하더라도 너무 문란하다고 여겨서 마지막 부분을 살짝 바꿔 어미가 스스로 개과천선(改過遷善)한 것으로 변경한 듯하다.

그 수많은 역사를 간직한 채 지금도 유유히 흐르고 있는 남천에 가보면 다양한 야생화가 또한 볼만하다. 봄철에는 짙은 향의 탱자나무꽃이 강너머로 내려다보이고, 반월성 높은 절벽 위에서 강물로 떨어지는 연둣빛 참나무꽃이며 감꽃이 필 즈음하여 자잘한 고염나무꽃, 팽나무꽃들이 만개하여 반월성의 숲을 이루고 강물로 꽃을 떨어뜨린다. 비바람 강한 여름을 견디고 가을로 접어들면 참나무들은 도토리를 후두둑 후두둑 강물로 떨어뜨리고 건너편 강가 사과밭 생울타리를 이루는 탱자나무는 또 노랗게 탱자를 달고 있다. 이리하여 가을의 정취를 한층 더 높인다.

X.
건천의 금척 고분군(金尺古墳群) 들꽃 기행

❋ 1. 금척(金尺)

경북 경주시 건천읍 금척리 마을 앞을 통과하는 경주-대구 간 국도변 양편에 40여 기의 크고 작은 고분과 봉황대가 자리하고 있다. 넓은 평지에 고분군(古墳群)이 자리하고 있는데 국도 서쪽 편에 자리하는 고분군의 봉분은 대체로 크기가 크며 거의 온전하고 말끔한 모습으로 보존되고 있지만 도로 반대편의 고분들은 크기가 작고 봉분도 사람들에 의하여 크게 훼손된 상태로 남아 있다. 현재도 밭으로 사용되는 것조차 있다. 아마도 신라시대 왕족 혹은 귀족들의 집단 매장 터가 아니었을까 짐작되는 곳이다. 초기 신라의 6 부족 수장들은 막강한 권력을 가져서 왕과 거의 동급이었다. 특히, 이 지역을 다스렸던 무량 대수촌장 호족 구마례(손씨의 조상) 후손들의 가족 묘터였을지도 모를 일이다. 아직 연구가 더 이루어져야 한다.

실제로 1952년 국도 공사를 하는 중에 봉토의 절반이 파괴된 2기의 고분을 발굴한 결과 신라식의 적석목곽분(積石木槨墳)으로 금제세환식(細環式), 호박옥(琥珀玉), 곡옥(曲玉), 철도(鐵刀) 등이 출토되었다고 전한다.

'금척(金尺)'이란 말 그대로 '금으로 만든 자(尺)'라는 뜻이다. 옛날 신라 진평왕 시절이었다. 선덕여왕의 아버지 되시는 왕이다. 이분이 어느 날 국사를 돌보는 일에 너무 바쁜 나머지 피곤하여 낮에 깜빡 졸고 있었다. 갑자기 왕의 눈앞에 일곱 무지개가 나타나더니 어떤 신선이 금으로 만든 '황금 자'를 왕에게 건네주고 온데간데없이 사라졌다. 진평왕은 깜짝 놀라 잠에서 바로 깨어났다. 그러나 조금 전에 자신의 꿈속에서 무지개 속의 신선으로부터 받았던 그 '황금으로 된 자'가 정말로 자신의 눈앞에 있는 것이었다. 그런데 신선이 알려준 바에 따르면 '죽은 사람도 그 자로 재면 다시 살아나고, 가난한 사람이 소원을 빌면 무엇이든 소원대로 이루어진다.'라고 말했던 기억이 났다. 어쨌든 그 자의 덕택으로 신라는 크게 번창해졌다.

하지만 호사다마라고 했던가! '하늘에서 내린 황금의 자가 있어서 날로 국력이 부강해진다.'라는 소문이 욕심 많은 당나라 황제의 귀에도 들어가게 되었다. 그는 그 금척을 자기가 가지기를 원했고 급기야 신라에 사신을 보내어 그 금척을 자기에게 바치라고 명했다. 하지만 신라왕은 이를 거절하고, 머리를 싸매고 고민하게 되었고 마침내 한 가지 계략을 세웠다. 신라 백성들을 설득하여 이곳 금척리에 크고 작은 여러 개의 봉분을 만들고 그중 한 곳에 '금척'을 묻어버렸다. 그 진짜 장소는 진평왕만 아는 비밀이 되었고 그가 갑자기 병들어 죽자, 아무도 더 이상 그 장소를 알지 못하게 되었다고 한다.

경주에서 대구 방면으로 가는 경부고속도로를 따라 올라가다 보면 건천읍 부근에 이르면 양편으로 여기저기 커다란 고분군을 본 적이 있을 것이다. 국도 4호선을 타고 가면 역시 만날 수 있다. 이 고분군들은 마을 이름을 따서 금척고분군, 방내고분군, 천포 고분군 등으로 부르고 있다.

금척고분군

또 다른 재미난 전설이 하나 더 있는데 내용은 비슷하여 왕만 다르다. 이곳에 세워져 있는 안내문에 따르면 신라 박혁거세 왕이 하늘로부터 금으로 만든 자[尺]를 하사받았는데, 그 자를 가지고서 병든 사람을 낫게 하고 죽은 사람을 고칠 수 있었다고 한다. 그런데 이렇게 되니 당연히 신라라는 나라는 날로 융성하고 그 세력이 팽창하여 북(北)으로 북(北)으로 그 세력 판도를 넓혀가고 있었다. 이에 당나라가 놀라서 그 금으로 만든 자(金尺)를 자기들에게 줄 것을 요구하자 왕은 그 자를 찾지 못하도록 이곳 고분군 어딘가에 숨겨 버렸다. 그래서 중국의 사신이 아무리 찾아보아도 그 많은 고분들을 파헤치고 파헤쳐도 찾지 못하고 돌아갔다는 전설이다. 그래서 그다음부터 이 지역을 금으로 만든 자(金尺)를 숨겨둔 마을이라 해서 금척리라고 부른다고 한다. 물론 아직은 신라가 작은 왕국이었을 때의 신라 귀족, 왕족들이 모두 이곳에 묻혔다고 한다. 어떤 봉분은 크고 어떤 봉분은 작아서 아마도 살아생전 그들의 직위나 신분을 나타내지 않을까 싶다.

그런데 재미난 사실은 왜 하늘에서 신라의 왕에게 금으로 만든 자를 내려주었을까? 필자는 아무리 생각해 보아도 다음과 같은 가설(加設)

외에 다른 추정을 할 수가 없다. 먼저 자[尺]라는 물건이 중요하다. 자[尺]라고 하면 먼저 머릿속에 정확성(正確性), 철두철미(徹頭徹尾), 공명정대(公明正大), 불편부당(不偏不黨), 정의(正義) 등등의 어휘가 생각난다. 일국의 왕으로 만백성을 다스리는 자는 반드시 이와 같은 자[尺]를 가지고 다스려야 함을 의미한다고 하겠다. 다음은 그 자[尺]를 만든 물질이다. 아무리 세월이 가도 변하지 않는 물질이 금(金)이고 모든 행동을 판가름하는 것이 바로 자[尺]이기 때문에 금척(金尺)을 말했을 것이다. 오늘날의 위정자들도 단순한 이러한 진리를 깊이 명심한다면 국민들의 원성을 받지 않고 올바른 정치를 해나갈 수 있을 것이다. 통치를 받는 우리 국민들이 스스로 '금으로 만든 자 즉 금척(金尺)'을 우리의 위정자들에게 내려주어서 본보기를 보이게 하는 것도 좋을 듯하다. 그래서 그 금척(金尺)이 백성들의 아픈 곳, 힘든 곳, 어려운 곳, 가려운 곳을 말끔히 치료해 주는 데 앞장서게 해야겠다. 중요한 것은 오늘날의 위정자들, 그들은 스스로 그러한 잣대를 가지려 하지 않기 때문에 국민인 우리가 그 잣대를 마련해 주어야 한다는 점이다. 요즘에야 어디 하늘에서 그런 금자를 내려주실까? 내로남불이라는 신조어가 유행하고 있다.

❋ 2. 쑥부쟁이와 개쑥부쟁이

쓸쓸히 남겨진 이 고분군에도 가을이 되면 온통 개쑥부쟁이로 화려하게 치장한다. 마치 신라의 혼들이 깨어나서 그 속에 잠든 사람들의 넋을 위로라도 할 양으로 화려한 보랏빛 감도는 하얀 꽃으로 스스로 치장한다. 우리가 흔히 말하는 들국화라고 부르는 꽃인데 생물학(生物學) 상으로 '들국화'라는 식물은 존재하지 않는다고 한다. 보통 우리가 그렇게 들국화라고 부르는 꽃에는 여러 가지 종류가 있다. 쑥부쟁이, 개쑥부쟁이, 구절초, 산국, 감국, 황국 등이 있고 그중에서 가장 흔히 지칭되는 식물이 바로 개쑥부쟁이 혹은 쑥부쟁이다.

쑥부쟁이라는 꽃 이름은 아름답지만 슬픈 전설을 가지고 있다. 전설에 의하면 옛날 충청도 어느 고을에 가난한 대장장이 가족이 살았는데, 그 대장장이의 딸은 가난한 집안 살림 때문에 들에 나가서 쑥을 캐서 부족한 식량을 보충하며 살았다. 그런데 그 처녀가 어느 날 본 사냥꾼에게 반해 온통 그에게 마음을 보내다가 결국은 죽어서 꽃이 되었는데 '쑥을 캐는 불쟁이(대장장이)의 딸'이란 의미로 처음 이 꽃을 '쑥 캐는 불쟁이 딸'이라 불렀다가 차츰 음이 변하여 쑥부쟁이가 되었다고 한다. 죽을 때까지도 그 사냥꾼을 잊지 못한 순박한 시골 처녀의 마음이 그대로 이 꽃에 서려 있어서 언제나 이 꽃은 단정하고 청순한 느낌을 주나 보다.

아마도 쑥 캐는 불쟁이의 딸이 마음속으로 그리던 그 사냥꾼에 대한 마음은 작가 이문열의 자전적 장편 소설 '변경'[20]에 나오는 주인공 인철이 거의 평생을 두고 마음에 그리던 명혜라는 여자아이에 대한 마음과 일맥상통할 것이다. 전혀 조건이 없는 그래서 무조건적으로 끌리는 마음일 것이다.

처음 먼빛으로 바라보다가 마음이 점점 쏠리고 순간적으로 가슴을 파고드는 어쩔 수 없는 동인으로 동경하던 대상이 시간이 지나가면서

---

20) 이문열 장편 소설. 1998. 문학과 지성사. 10권

점점 내면화하게 되고 관념화하면서 점점 더 현실보다는 이상적인 대상으로 스스로 만들어가게 되는 과정을 거치게 된다. 즉 처음 실제로 보았던 사랑의 대상이 어느새 자기가 스스로 형상화하고 관념화한 모습과 뒤섞이면서 신앙 같은 사랑으로 변해간다. 그래서 자신만의 이데아처럼 스스로 꾸미고 스스로 찬미하고 스스로 우상화하면서 '만들어낸 이상형'은 아니었을까 싶다. 사람으로 태어나 짧으면서도 긴 생을 살아가면서 그런 사랑을 만난다는 것은 찰나적인 순간이지만 온몸을 찌릿하게 감전시키는 체험이 될 것이다. 그런 사람은 행복하다.

✽ 3. 들국화 순정

그런데 우리가 흔히 말하는 '들국화'인 쑥부쟁이와 개쑥부쟁이는 얼핏 보아서는 구분하기가 보통 어려운 것이 아니다. 그러면 지금부터 필자가 직접 보고 느낀 바대로 이야기해 보겠다. 쑥부쟁이와 개쑥부쟁이는 서로 거의 비슷하여 일반인들이 구별하기란 매우 어렵다. 약간의 차이가 있는데, 살펴보면 먼저 주로 자생하는 장소가 다르다. 쑥부쟁이는 약간 습한 곳을 좋아하고 개쑥부쟁이는 비교적 건조한 곳을 선호하며 다음으로는 키도 약간 차이가 난다. 쑥부쟁이(Aster yomena Kitam. Honda)는 키기 거의 1m 가까이 되지만 개쑥부쟁이(Aster ciliosus)는 그 절반인 약 50cm 내외이다. 쑥부쟁이는 주로 가을철에 볼 수 있지만 실제로 여름철인 7월부터 시작하여 8월, 9월, 10월경까지 오랫동안 꽃이 피고 개쑥부쟁이는 주로 한여름인 7월 8월경에 핀다. 보통 우리나라의 초가을 들판에 주로 피는 것이 개쑥부쟁이고 여름부터 가을까지 주로 산야에 피는 것이 쑥부쟁이다. 쑥부쟁이의 꽃잎은 자주색에서 흰색으로 탈색해 가며 그 안쪽으로는 동그란 모양의 짙은 노란색 부분이 수술과 암술로 도톰하고 꽃의 중심을 이룬다. 개쑥부쟁이도 역시 꽃잎이 자주색에서 흰색으로 탈색하지만 가운데 동그란 부분은 짙은 노랑이 아니고 약간은 파란빛을 띤 노란색이고 모양도 도톰하지 않고 작다. 이렇게 이야기하면 참으로 알아듣기 힘들다고 생각한다. 그래서 본격 비교를 해볼 참이다.

쑥부쟁이꽃·개쑥부쟁이꽃

첫째, 꽃 모양이다. 먼저 쑥부쟁이는 꽃잎 자체가 개쑥부쟁이에 비해서 많지 않다. 그리고 쑥부쟁이 꽃잎은 통통하며 풍만하여 부드러운 느낌을 주고, 개쑥부쟁이의 꽃잎은 비교적 길쭉길쭉하고 수가 아주 많다. 그리고 꽃은 한 가운데 노란 부분도 차이가 난다. 쑥부쟁이꽃의 가운데 노란 부분은 비교적 풍만하고 도톰하고 부드러운 느낌이고 색깔도 아주 진한 노란 색인 반면 개쑥부쟁이는 비교적 가운데 부분의 크기가 작고 왜소해 보이며 색깔도 약간의 푸른 기운이 감도는 노랑이다. 둘째,

꽃받침이 다르다. 쑥부쟁이의 꽃받침은 역시 통실 통실하며 부드러운 인상이고 개쑥부쟁이의 꽃받침은 가늘고 삐쭉삐쭉 뻗어 있어 약간 날카로운 느낌이 난다. 또한 가장 중요하게는 꽃받침의 형태가 완전히 차이 난다. 쑥부쟁이의 꽃받침은 자세를 매우 단정히 하여 꽃봉오리를 감싸듯 안고 있는 데 비해 개쑥부쟁이의 꽃받침은 자기 맘대로 대충 위쪽으로 삐죽삐죽 뻗어 있고 꽃봉오리를 감싸고 있지 않다. 셋째, 잎이 다르다. 쑥부쟁이의 잎은 표면이 매끄럽고 비교적 짧으며 잎의 가장자리에 톱니 모양이 있는 반면에 개쑥부쟁이의 잎은 표면이 털이 있어 까칠하고 좀 긴 편이고 잎의 가장자리에 톱니 모양이 없다. 넷째, 줄기의 모습도 약간 다르다. 쑥부쟁이의 줄기는 비교적 매끄럽고 녹색인 반면에 개쑥부쟁이의 줄기는 털이 많아 까칠하며 약간의 자주색 기운이 돈다. 다섯째, 꽃이 지고 난 뒤의 모습이 차이가 난다. 쑥부쟁이는 여전히 꽃받침이 씨앗이 들어 있는 봉오리를 감싸고 있으며 오므라들어 있는 반면 개쑥부쟁이의 꽃받침은 사방으로 펼쳐져 있으며 봉오리는 마치 중학생들의 까까머리처럼 털이 보송보송하게 달려 있다.

아주 복잡한 것 같지만 간단히 말해서 늦가을까지 볼 수 있는 꽃은 쑥부쟁이다. 하기야 이 둘은 사촌지간이니 비슷하게 본들 무슨 상관일까마는 그래도 구별할 수 있는 안목은 역시 필요하다 할 것이다.

필자의 학창 시절 한창 인기 있었던 그룹 이름 '들국화'가 있었다. 사람들이 흔히 말하길 우리나라 록 음악의 대부라고 부르는 그 자리매김 해온 전인권 님이 주축이 된 그룹이다. 평범함을 거부하고 오로지 순수와 젊음의 열기와 삶에 대한 열정을 폭발적인 목소리와 가사로 노래하여 젊은이들의 사랑을 많이 받았던 그룹이다. 그 그룹의 이름을 왜 하필이면

'들국화'라고 붙였을까? 아마도 본인들만이 알겠지만, 팬으로서 당연히 추측은 해볼 수 있지 않을까 싶다. 아마도 내가 생각하기엔 '들국화'라는 꽃 즉 쑥부쟁이꽃의 순수성과 간절한 '쑥 캐는 불쟁이 딸'의 사랑을 그들이 노래에 담고 싶어서 그렇게 하지는 않았을까 하는 생각을 하는 나의 추측은 얼토당토않은 것일까? 여하튼, 그 그룹의 노랫말이 생각이 난다.

세상을 너무나 모른다고 나보고 그대는 얘기하지
조금은 걱정된 눈빛으로 조금은 미안한 웃음으로
그래 아마 난 세상을 모르나 봐
혼자 이렇게 먼 길을 떠났나 봐
하지만 후횐 없지 울며 웃던 모든 꿈
그것만이 내 세상
하지만 후횐 없지 찾아 헤맨 모든 꿈
그것만이 내 세상
그것만이 내 세상
세상을 너무나 모른다고 나 또한 너에게 얘기하지
조금은 걱정된 눈빛으로 조금은 미안한 웃음으로
그래 아마 난 세상을 모르나 봐
혼자 그렇게 그 길에 남았나 봐
하지만 후횐 없지 울며 웃던 모든 꿈
그것만이 내 세상
하지만 후횐 없지 가꿔왔던 모든 꿈
그것만이 내 세상

그것만이 내 세상

'그것만이 내 세상'[21]의 노랫말이다. 젊은이의 고뇌가 묻어나는 것 같아 괜히 숙연해진다. 전인권이 사자후(獅子吼)같이 토해내는 이 노랫말은 그의 정열과 패기가 바로 들국화 즉 쑥부쟁이꽃의 순수성에서 출발한 것이리란 느낌을 준다. 필자와 같은 소시민들이 볼 때는 다소의 문제(?)[22]를 안고 있음에도 불구하고 많은 한국인들이 그를 그의 노래를 그의 터질 것 같은 사자후(師子吼)를 좋아하고 지금도 그리워하는 것은 뭔가 모를 그만의 '들국화'다운 순수한 열정을 좋아해서 그럴 것이라 여겨진다. 이곳 건천 지역의 금척고분군, 방내고분군, 천포고분군을 찾아와 보면 분명하게 느끼는바 한 가지는 어떠한 국가든지, 그것이 부족국가든 왕국이든지 간에 일단 충분한 식량 공급이 되지 않으면 나라가 성립될 수 없다는 사실이다. 대부분 이미 알고 있는 것이지만 이러한 사실을 다시 한번 이곳에서 느끼게 될 것이다.

옛날 신라라는 나라의 배경이 되었던 경주 지역을 뒷받침해 주었고 지금도 그러한 곡창지대 역할을 여전히 하고 있는 곳을 크게 나눠서, 양동마을의 지지 기반인 안강 들녘, 건천 아화 들녘, 동방 배반 들녘, 내남 들녘, 불국사 조양 들녘, 외동 모화 들녘, 용강 모량 들녘, 남천 서천 주변 들녘 등지로 나뉘고 그중 가장 핵심적인 쌀 공급 지역이 바로 건천 아화 지역이다.

---

21) 최성원 작사, 작곡, 그룹 들국화 노래
22) 마리화나 등을 사용한 경우를 두고 하는 표현이지만 개인마다 바라보는 관점의 차이가 있음을 인정함

미국쑥쟁이꽃·구절초꽃

그러니 자연히 부족 국가 시절 서라벌의 왕족과 귀족들은 이곳 근처에 모여 살았을 터이고 자신들의 가장 큰 무기인 식량 공급원을 확보하려고 이곳을 점령하고 차지하며 대대로 풍족함을 얻으려 했고 당연히 그 근처에 자신들의 영원한 안식처를 갖고 싶었을 것이다.

몇몇 씨족(氏族)들이 연합하여 부족(部族)을 이루고 차츰 작은 부족들이 연합하거나 아니면 강제로 병합(倂合)되면서 작지만 어엿한 왕국(王國)으로 커나가는 과정을 겪었을 것이다. 그러한 과정에서 어떤 이들은 권력(勸力)을 좇으며, 또 어떤 이들은 부(富)를 탐하며, 혹은 합종연횡하며, 혹은 명분을 좇으며, 그렇게 많은 칼날같이 살아 번뜩이던 그 모든 이들의 꿈과 야망도 지금은 한낱 먼지가 되어 무덤 안에 말없이 잠들어 있을 뿐이다. 한때는 권력깨나 휘둘렀고, 한때는 돈깨나 만졌던 그 모든 잘나가던 이들도 그렇게 모두 봉분이라는 흔적 속에 묻혀 있고, 무리 지어 고분군이라는 흔적만 남기고 잠들어 있으니 이런 것을 두고 세월의 공평함이라 할 것인가.

혹은 그들의 지배를 받고, 혹은 그들로부터 착취를 당하며, 혹은 그들에게 빌붙고, 혹은 그들에게 반항도 하며 살았던 더 많은 민초들도 역시나 비록 봉분은 남아 있지 않지만, 똑같이 그 근처 어딘지 모를 흙 무더기 속에 녹아들어 대지의 작은 부분을 이루고 있으니 말이다. 자신들만의 세상을 만들어 세상을 지배하고 싶어 하며 자신들의 세상을 만들었고 그것을 키우며 인생의 보람으로 느꼈을 그 사나이들과 그들의 사랑을 받았던 여인들, 자녀들이 모두 이곳 고분군에 잠들어 있다고 생각하니 개쑥부쟁이꽃 물결치는 이 가을이 더욱더 애잔한 느낌이 든다.

필자는 한 번씩 백화주(百花酒)를 담아본다. 물론 백 가지 꽃을 채집(採集)하여 술을 담아보는 것인데 야생화 꽃차, 야초(野草) 발효액(醱酵液) 등과 더불어 나의 취미생활 중의 하나인 것이다. 백화주를 담그는 방법은 매우 간단하다. 봄이면 봄꽃을 가을이면 가을꽃을 채취해 사용한다. 반드시 백 가지가 안 되더라도 상관없다. 가능한 대로 많은 종류를 자유로이 따 모아 깨끗이 먼지를 씻어내고 물기를 말린 후 과일주 담그는 방식과 같은 방법으로 하면 된다. 그런데 먹을 수 있는, 즉 독성이 없는 우리나라의 거의 모든 꽃을 다 넣어도 되지만 몇 가지 빼야 할 것이 있는데 쑥부쟁이꽃 종류와 산마늘 종류들이다. 다시 말해서 백화주에 넣지 말아야 할 꽃들 가운데서 대표적인 꽃이 쑥부쟁이꽃 종류와 산마늘의 꽃과 산부추의 꽃이다. 이들 꽃은 매우 화려하고 멋스러운 모습이지만 백화주 재료로서는 각기 단점을 가지고 있다. 먼저, 산마늘 종류는 대단히 매운맛이 나기 때문에 이들을 백화주 속에 넣었다가는 그해의 백화주의 맛을 영 버리기가 십상이다. 보기에는 보라색 꽃이 매우 좋아 보이지만 맛은 너무 매운 것이 탈이다. 그런데 산 마늘도 아니요 산부추도 아닌 쑥부쟁이꽃은 왜 아니 되는가 하면, 이 꽃들은 체취하고 나면, 얼마 가지 못해서 곧바로 꽃잎들이 모두 떨어져 나와 흩어져 버리기 때문에 백화주를 담을 수 없다. 꽃 모양 그대로 남아 있어야 술을 담을 수 있지, 꽃잎 자체의 본래 모양이 흐트러져 버리고 금세 씨앗이 날리기 시작하기 때문에 백화주 재료로서는 부적합하다. 백화주가 뭔 특별한 맛이야 있겠냐만 옛 풍류라 여기며 가끔 담아본다.

참고로 가을철에 가장 좋은 백화주 재료는 하얗고 분홍빛이 감도는 구절초, 노란 산국, 노란 감국, 아직은 푸르거나 붉게 물들기 시작하는 망개나무 열매, 노란 미역취꽃, 하얀 취나물꽃 등이 있다. 혹시 독자들도 한 번 시도해 보시라.

대부분의 우리나라 사람들이 해마다 가을이 되면 꼭 치러야 하는 중요한 한 가지 집안의 큰 행사가 있다. 바로 조상 묘 벌초 행사다. 옛사람들은 왜 그리도 험한 산을 찾아서 어렵게 산소를 모셨는지 이해가 안 될 때도 있지만 그래도 조상의 음덕으로 자손에게 발복하여 후세에는 좀 더 조상보다 나은 삶을 살아가도록 비는 마음에서 산소나마 정성을 다해서 좋은 장소를 고르고 골라서 모셨던 것이니 어이하랴! 그러다 보니 후손인 우리들은 가을이 찾아오고 추석이 다가오면 조상님들의 산소를 찾아서 온 산을 휘젓고 다니며 제초기 소리 요란하게 울리면서 구슬땀을 흘릴 수밖에 없는 운명이 되었다.

그래도 조금 다행인 것은 집안 선산이 있고 또 조상들의 묘지가 모여 있으면 천만 행운인 것이다. 그러나 특별히 명당을 찾아 멀고 먼 산을 넘고 물을 건너 찾아낸 좌청룡 우백호(左靑龍右白虎)의 명당에 모셔져

외따로 떨어진 곳에 산소가 산재해 있으면, 산소를 찾아 이 숲인지 저 숲인지 몰라 헤매는 후손들이 고달픈 시대가 되었다. 시대가 많이 달라지고 또 안 그래도 바쁜 일상 때문에 줄어든 관심도 한몫을 했겠지만 이젠 그렇게 고생하며 조상 묘를 찾아다니며 벌초하는 사람들도 줄어들어 늙고 병든 촌로들뿐이다. 직접 생전에 만나본 적이 있는 자신의 아버지 할아버지 산소야 모를 리 없지만 한 대만 늘어난 증조, 두 대나 늘어난 고조, 더 나아가서 4대조니 5대조니 하는 윗대의 산소를 익히 잘 알고 있는 사람들이 얼마나 될까? 세월이 흘러서 조상을 섬기는 정성이 식어서 그렇다기보다는 예전과는 많이도 달라진 우리들의 생활양식 때문이라고 해야 더 정확할 것이다.

　예전에는 온 가족이 농사일에 매달려 봄부터 가을까지 열심히 농사를 짓다가 이제 가을이 다가오면 그 결실을 거두기를 전후하여 풍요롭고 느긋해진 마음으로 조상의 음덕을 길이고자 기꺼운 마음으로 벌초를 하러 다녔다.

　하지만 이제 세월이 많이 흘렀고 또 세상도 그만큼 많이 변해버렸다. 오늘을 살아가는 우리는 마치 무서운 들짐승에게 쫓겨 달아나듯이 바쁘게 뛰어다니며 살아간다. 하루하루 연이어지는 현대생활에 쫓기는 신세가 된 우리가 언제 시간이 나서 한 번 느긋하게 심산유곡에 조상이 누워계신 산소를 찾아갈 것이며 길도 없는 골짜기를 찾아다닐 것인가? 그러다 보니 참으로 웃지 못할 풍속도 생겨난다. 일면식도 없는 남의 산소 벌초 혹은 성묘를 대행해 주는 사업이 번창하고 아예 어지간히 먼 조상의 산소는 잊어먹고 지내는 일이 흔한 일이 되어버렸다. 어찌어찌하여 아직도 잊지 않고 찾아가는 조상의 산소 벌초 꾼들의 면면을 살펴보면 정말 웃지 못할 일이다. 젊은이들은 거의 없다. 어느 집안이고 모두 노인들 내지 중늙은이들이 대부분이다. 당초 젊은이들의 관심도 부족하지만, 그보다도 시간적 여유가 없다거나 직장생활에 지장이 많다는 자식들의 하소연에 어쩔 수 없이 시골을 지키며 살고 있는 늙은 아버지들이 '내가 살아 있을 동안은 내가 해야지!' 하는 마음으로 자식을 놔두고 스스로 찾아온다.

'휴일이지만 내일은 특근해야 합니다. 집사람이 산일이 다 되어서요. 내일 처가에 혼사가 있어 가봐야 합니다. 막내 녀석의 유치원 체육대회에 부모가 참석해야 합니다.' 뭐 대충 이러한 핑계를 대고 늙은 아버지를 문중 벌초 행사에 내보내는 아들의 마음도 그렇게 편하지는 않겠지만 그래도 오늘날 우리들의 현실이다. 여하튼 우여곡절을 겪으면서 참례한 조상 묘 벌초 행사는 한편으로는 경건하고 또 다른 한 편으로는 조상에 대한 자랑과 자손들의 자랑이 뒤섞여 모처럼 같은 조상을 모시는 혈육들의 정담이 오고 간다.

그러나 벌초 행사에서 필자가 추억하는 것은 역시 들꽃과 관련된다. 그중에서도 특히 아직도 옛 풍속이 심한 경주 지역에 있는 선영의 넓은 터에서 벌초를 전후하여 군데군데 수놓듯 피어나는 들꽃들을 보노라면 힘든 벌초 작업의 고단함도 잊게 한다. 그중에서도 벌초 시기와 거의 맞물려 피어나는 들꽃은 쑥부쟁이, 개쑥부쟁이, 무릇, 미역취, 취나물, 이질풀 등이 눈에 띄게 아름답다. 거기다가 더하여 연두색의 과정을 거치고 연노란색을 거쳐 이제 막 빨갛게 물들어 가는 망개 열매, 터지기 직전의 제피 열매(초피나무 열매), 제법 맛이 들어가는 '깨금' 열매(헤이즐넛) - 비늘잎에 싸여 토실토실한 개암 열매, 어린 나뭇잎은 호랑나비 애벌레가 먹는다는 이제 막 달리기 시작하는 산초 열매(경주 지역 사투리로는 난두나무 열매) 등 다양한 산 열매들이 제각기 때를 약간씩 달리하며 익어간다. 여기에 빨갛게 물들어 가는 누리장나무 열매도 한 몫을 한다.

감국·해국

박정희 대통령 시절에 한창이었던 산림녹화사업의 덕택으로 헐벗고 붉은색 황토로 뒤덮였던 우리나라 산지 대부분이 이제는 녹음이 짙어 밀림을 이룰 뿐만 아니라 홍수조절과 공기 정화작용 등에도 많은 혜택을 주고 있는 것이 분명한 사실이다. 정치적 공과를 차치하고라도 일단 산림 녹화의 공은 확실한 것 같다. 그런데 이렇게 성공한 산림 녹화 사업이 가지고 있는 단점 - 단점이라고 하기보다는 아쉬움 -하나가 바로 야생화와 산나물 터전이 점차 사라진다는 점이다. 과거에 산에서 땔감을 하고 집에 기르던 소를 산에 들여서 방목하고 할 때만 해도 산속 군데군데에 비어 있는 공간마다 들꽃이며 산나물들이 수북이 자라고 있었지만, 오늘날의 산에는 다만 잘 자라서 키 큰 나무들이 밀림을 이루면서 키 작은 들꽃이나 산나물들은 차차 자연히 녹아서 없어지고 말았다. 그나마 겨우 그 명맥을 유지할 수 있는 공간은 바로 산 군데군데 퍼져있는 산소 공간뿐이다. 그래서 긴급하게 산소 터로 피난 아닌 피난을 와서 정착한 들꽃들이 오밀조밀 모여서 피어난 묘터가 많이 생기게 되었다. 물론 천지 사방으로 날아가던 온갖 들꽃 씨앗과 산나물 씨앗들이 키 큰 나무숲에 떨어지면 자연 도태되고 다행히 산소 자리에 떨어지면 충분한 햇볕을 받아서 성공적으로 자라서 다시 후손을 이어가게 되는 것이다.

필자의 선영에도 이런 현상이 잘 나타나 있다. 야산 지역에 위치한 선영에서 발견되는 들꽃은 주로 할미꽃, 씀바귀, 개쑥부쟁이, 미역취, 무릇, 솜방망이, 꿀풀 등이며, 비교적 깊은 산속에 위치한 선영에서 발견되는 들꽃은 쑥부쟁이, 구절초, 은방울꽃, 둥굴레, 꿩의 다리, 노루오줌, 눈개승마 등이다.

해마다 벌초를 할 때면 유난히 화사하게 피어나는 들꽃 중에 가장 많은 것은 역시나 구절초와 쑥부쟁이류이다. 얼마 전까지만 해도 직접 손으로 낫을 들고 풀을 베어내던 시절엔 그래도 아쉬워서 그러한 들꽃들은 남겨놓고 풀을 베곤 하였다. 하지만 어느 순간부터 불어오는 기계화 바람 탓에 이제는 산소가 있는 곳마다 예초기 기계 소음만 요란하고 무참하게 예초기 칼날에 쓰러지는 구절초며 쑥부쟁이가 가련하기만 하게 되었다. 그렇지만 가장자리 혹은 칼날을 용케도 피한 들꽃은 가능하면 군데군데 남겨놓고자 노력한다. 그나마 노곤한 벌초 작업 속에서 얻을 수 있는 작지만 행복한 낭만이다. 인가와 비교적 가까운 야산의 선영에서는 할미꽃, 개쑥부쟁이랑 미역취 무릇꽃들이 잠시 낭만에 젖게 하고 심산의 선영에서는 주로 둥굴레 꽃, 노루오줌꽃, 구절초, 꿩의다리, 쑥부쟁이 꽃들이 또 그렇게 한다.

XI.
부산 해운대 들꽃 기행

❋ 1. 동백섬의 동백꽃

해운대 동백섬 입구에서 출발하여 청사포까지 부산에서 가장 아름다운 길을 걸어보자. 조선비치호텔 정문에서 출발하여 동백섬을 한 바퀴 돌고 다시 해운대 백사장을 걸어서 미포항에 닿고 이어서 달맞이 길을 따라 달맞이 언덕을 오르다가 왼편 해송 솔숲으로 빠지는 걷기 둘레길을 따라 청사포로 가든지 아니면 옛 동해남부선 철길을 따라 청사포를 거쳐 송정까지 가든지 대략 두어 시간이면 가능한 걷기 길이다.

동백꽃

동백섬은 이름 그대로 동백이 자생하는 섬이란 뜻에서 유래된 섬 이름이다. 실제로 지금은 섬이 아니다. 원래 섬이었던 곳이 모래가 섬과 육지를 이어주는 사구를 만들어서 결국 자연스럽게 이어져 육지의 일부가 되었다. 섬 곳곳에 자생하거나 인공적으로 식재한 동백나무가 사철 푸르름을 더해주고 있고 겨울부터 봄철까지 연이어 온갖 종류의 동백꽃을 빨간색으로, 하얀색으로, 때로는 분홍색으로 선보여 주고 있다.

겹동백꽃

우리나라 토속 종인 동백(冬柏)은 겨울에 피는 꽃이라고 해서 한자로 동백이라고 부르지만 같은 한자 문화권인 중국과 일본에서는 다르게 부른다. 먼저 중국에서는 해홍화(海紅花)라고 부른다. 신라시대 때 우리나라에서 중국으로 도입되어 간 식물이라고 해서 해홍화라고 한다고 한다. 중국에서는 외국에서 건너온 식물에 대해서 바다 해(海)자를 붙인다고 한다. 중국의 책자 〈이태백시집주〉에서 해홍화(동백)의 신라 유래설을 증명해 주고 있다. 혹은 중국에서 흔히 사용되는 말로서 산다(山茶)라고도 한다. 그래서 우리나라에서도 산다화라는 말이 사용되기도 한다. 왜냐하면 동백나무가 차나무와 거의 비슷한 차나무과에 속하기 때문에 그 특성을 잘 아는 사람들이 산에서 나는 차나무란 이름을 붙였을 것이다.

차나무꽃·산다화꽃

일본에서는 동백을 쓰바끼[椿] 즉 봄[春]에 꽃이 피는 나무[木]라고 부른다. 그래서 저 유명한 프랑스 알렉상드르 뒤마(Alexandre Dumas, 1824~1895)의 작품 'La Dame aux camelias'를 일본인들이 자기 나라말을 따서 '춘희(椿姬)'라고 번역하였고 그것을 우리나라 당시 식자들이 그대로 춘희라고 번역하여 공연까지 했다고 하니 무식이 대단했다고 볼 수 있다. 그냥 우리말로 번역하면 '동백 아가씨'로 하면 가장 적절할 것인데 일본에서 교육받은 식민시대 지식인들의 입맛에는 일본식 명명이 더 좋았을 수도 있었겠다 싶다.

여하튼 이 작품을 베르디는 다시 1853년에 오페라로 만들어 'La Traviata'를 세상에 내놓기도 했다. 화류계 여성이 젊은 부르조아(Bourgeois) 청년과 사랑에 빠지지만 결국 신분의 벽을 넘지 못하고 죽어가는 순애보적인 사랑을 그린 작품이다.

이 작품에서도 알 수 있듯이 서양에서는 원래 동백꽃이 없었다. 동백은 모두 동양에서만 자생하는데 자바, 네팔, 보루네오, 필리핀, 한국, 일본, 중국, 인도차이나 등지에서 자생하는 것으로 알려져 있다. 그런데 체코의 선교사 G. J. Camellus가 아시아 지역을 여행하면서 필리핀에서 동백나무 씨앗을 구해 서양에 소개하면서 그의 이름을 따서 카멜리아라는 이름을 붙여 주었다고 한다. 그래서 서양의 동백나무는 모두 그 후손들이라고 보면 정확하다.

우리나라 토종의 동백을 포함하여 전 세계적으로 매우 다양하다. 앞에서도 알아보았듯이 우리나라 토종의 동백은 빨간색, 하얀색, 분홍색 동백과 산다화가 있다. 동백꽃과 산다화는 같은 동백꽃 나무이지만 약간 다른 종을 가리킨다. 동백꽃은 아래쪽 부분 반은 통꽃 형태를 취하고 있고 위쪽 반은 꽃잎이 갈라져 있다. 그리고 꽃이 질 때 통꽃 그대로 떨어지는 데 비해 산다화는 꽃잎이 모두 따로따로 하나씩 꽃이 떨어진다. 그래서 누구나 쉽게 동백꽃과 산다화를 구분할 수 있다.

물론 필자는 학술적으로 정확히는 잘 알지 못하지만, 일반적으로 그렇게 구분하여 부르고 있다. 대체로 좀 일찍부터 거의 11월경부터 산다화가 피기 시작하고 꽃도 비교적 동백에 비해서 작다. 애기동백이라고 하는 종의 동백도 실제로 산다화 종류에 속한다고 보면 된다.

화려한 동백꽃은 목단화처럼 향기를 갖고 있지 않다. 그래서 벌들을 불러 모아서 수분하지 못하고 달콤한 꿀을 많이 함유하고 있어서 비교적 큰 덩치 동박새를 불러 모아 수분하고 반대급부로 꿀을 먹도록 허락한다. 우리나라 남해안 지역에 가면 동네 어린아이들이 떨어진 동백 통꽃을 주어서 아래쪽 끝부분을 입에 넣고 쪽쪽 꿀을 빨아 먹었다고 한다. 달콤한 맛이 지금도 추억으로 가진 많은 중장년층 어른들이 잘 기억하고 있을 추억거리다.

동백은 꽃이 지고 나면 그 자리에 탐스럽게 생긴 반질반질한 동근 열매를 맺고 그 속에 서너 개의 각진 씨앗을 맺는다. 딱딱한 그 겉껍질을 깨고 씨앗의 알맹이를 가지고 방앗간에 가면 그 유명한 동백기름을 생산할 수 있다. 식용으로도 최고급의 식용유가 되고 머리에 바르는 훌륭한 머릿기름으로도 쓰인다.

앞 권에서 이미 밝혔듯이 경상도, 강원 등 다른 지역에서의 동백기름과는 전혀 다른 종류다. 김유정 소설 [동백꽃]에 나오는 동백나무는 생강나무이고 그 열매로 짜서 만들 기름도 동백기름이라고 부르는데 그 기름은 주로 호롱불 원료로 사용되었다. 가장 흔한 우리의 조명등 원료로 쓰인 것이다.

우리나라의 동백은 빨강 동백, 분홍 동백, 흰색 동백, 겹동백, 산다화 등 매우 다양하다. 그래서 임진왜란 때 도요토미 히데요시가 부하를 시켜서 우리나라에서 호랑이, 적송, 겹동백, 도공, 까치 등등 전리품을 탈취해 오도록 일부러 시키기도 했다는 말이 전해온다. 얼마 전에 뉴스를 통해서 알게 된 사실은 일본의 어느 절에서 임진왜란 때 탈취해 간 겹동백이 다시 고국으로 돌아와서 식재되는 모습을 보여주었다.

차나무과에 속하는 동백꽃은 암술과 수술이 같이 있으며 줄기의 끝부분 혹은 겨드랑이 부분에 피어난다. 꽃잎은 5~7개 정도 되고 아랫부분에는 합쳐져 있고 윗부분에서 갈라져 있다. 산다화는 꽃잎이 따로따로 떨어지지만, 동백꽃은 통꽃이 떨어진다. 수술은 꽃의 가운데에 둥근 원 모양으로 노란색을 띠고 있다. 푸른색 열매는 10월경에 검붉은색으로 둥글게 익어간다.

✿ 2. 인어상 가는 길의 사스레피나무꽃

해운대 동백섬은 유명한 조용필의 노래 '돌아와요 부산항에'에도 나오는 섬이지만 그렇게 큰 섬은 아니다. 한 바퀴 걸어서 돌아 나오는데 30여 분이면 족하다. 산책 코스로서는 최고의 장소다. 그래서 인근의 해운대 고층아파트 단지에 살고 있는 수많은 주민들이 아침저녁으로 운동하는 장소이기도 하지만 부산을 찾아오는 거의 모든 사람들이 반드시 들러서 직접 걸어가면서 부산을 체험하는 곳이기도 하다. 동백섬 산의 맨 정상에는 최치원의 비석이 있다. 옛날 신라의 석학이었던 해운(海雲) 최치원(崔致遠)이 이곳에 와서 학문을 닦고 풍류를 즐겼다고 전해오고 있다. 그래서 최치원의 호를 따서 해운대라고 지명을 붙였다고 한다. 그는 경주 사량부 출신으로 계원필경, 토황소격문 등으로 유명하다.

해운대 운무

사스레피나무

동백섬 입구에서 조금만 걸어 들어가면 노무현 대통령 때 아시아 태평양 정상회담(APEC)이 열렸던 누리마루라는 장소가 나온다. 행사장이 그대로 잘 보존되고 있다. 원래 수산대학교(현 부경대학교) 연구소가 있던 자리를 새로 정비하여 건립한 것이다. 누리마루를 지나 조금 더 나아가면 동백섬 등대와 마주하게 된다. 우리나라 남해와 동해가 갈라지는 지점에 위치한 이 등대는 아주 낭만적인 데이트 장소로도 유명하다. 푸른 부산 앞바다를 배경으로 사진 촬영하기에 그지없이 좋은 포인트다.

등대를 지나면서 차로를 벗어나서 해안 산책길로 걸어가자. 인어상이 있는 곳까지 이어지고 결국 해운대 백사장으로 이어지는 산책로이다. 이 걷기 길을 따라 걷다 보면 산책로 양옆으로 해송과 함께 유난히 짙푸른 잎을 일 년 내내 자랑하고 있는 사스레피나무를 만나게 된다. 사스레피나무는 우리나라 남해안 바닷가 산기슭에 자라고 있는 토종 나무로 매우 특이한 모양과 습성을 가지고 있다. 우리나라를 비롯하여 일본, 중국, 인도 등지에서도 자라고 있는 물푸레나무 목의 1~3m까지 자라는 사철 푸른 나무이다. 잎의 앞면은 윤이 나는 녹색이고 뒷면은 노란색이 가미된 녹색이다. 타원형의 형태를 가진 잎은 일 년 내내 볼 수 있다. 꽃은 자잘하고 노르스름한 흰색으로 피어난다. 다닥다닥 좁쌀처럼 나뭇가지에 붙어서 피어난다. 묵은 가지의 잎겨드랑이 부분에 주로 꽃을 피운다. 꽃의 크기는 5mm 정도 아주 작아서 자세히 보지 않으면 꽃인 줄도 모르고 지나칠 수 있다.

자세히 꽃을 살펴보면 매우 정교하고 앙증맞게 조밀하게 돋아나 있다. 좀 더 컸으면 좋으련만 하고 욕심을 부려보지만 역시 자연 그대로의 사스레피나무꽃으로도 충분하다. 더군다나 해운대 바닷가 파도가 몰려와서 부딪치는 갯바위 솔숲이 이어진 길을 따라 인어상(人魚像)으로 걸어가면서 즐기는 사스레피나무꽃은 진정 세월을 잊게 하는 풍류다.

일본에서는 이 사스레피나무의 나뭇가지를 대단히 귀하게 여겨서 반드시 신사의 종교 행사 때 사용하기도 한다고 한다. 우리나라에서는 특별한 용도는 없고 다만 해안 지역에서 화목으로 사용된 것 같다. 척박한 해안 지역에서는 산림이 풍부하지 않아서 손쉽게 구해지는 사스레피나무, 꽝꽝나무, 똥나무 같은 나무를 화목으로 많이 이용한 것 같다.

이제 걸음을 재촉하여 사스레피나무 군락을 지나 인어상 쪽의 바윗길로 접어들어 인어상을 구경한 뒤 해운대 백사장으로 내려가자. 오른쪽으로 펼쳐진 더 넓은 태평양의 물결이 수천 년, 수만 년 연이어 밀려와서 부딪히며 깎아 놓은 바위 절벽을 감상하면서 드디어 백사장에 도착한다. 필자는 대학에 다녔던 시절에 무슨 울분에서 그랬는지는 모르지만, 친구들과 이곳 인어상 근처 바위에 올라 소주 몇 병과 값싼 호루래기 회 한 봉지를 들고 올라앉아 난상 토론을 벌였던 기억이 난다. 그때 그 소주 맛, 그 회 맛이야 느끼기에는 입맛이 너무 까다롭게 고급화되었지만, 그래도 그 기분은 다시 느낄 수 있기를 바랄 뿐이다. 며칠이 지나도 회로 먹을 수 있었던 그 값싼 호루래기 회가 왜 지금 다시 생각이 날까!

❀ 3. 청사포 젖꼭지 나무

우리나라 최고의 해수욕장 해운대는 이름 그대로 해운 최치원이 이곳에서 심신을 수련하고 학문을 닦았던 것에서 유래했다. 지금이야 전국 최고의 피서지로 알려졌지만 불과 얼마 전만 해도 그렇게까지 유명세를 타지 못했다. 불과 오래되지 않은 과거에는 오히려 송도 해수욕장이 더 유명하여 관광객들로 붐비고 케이블카가 생기고 거북섬 위에 출렁다리가 생기고 바닷속에는 다이빙대가 생기고 당시의 송도 해수욕장의 유명세는 대단하였다고 한다. 산업화가 진행되고 해수욕이 대중화되면서 차차 더 넓고 자연 풍광이 좋은 해운대로 그 유명세가 옮겨오게 된 것이다.

젖꼭지 나무·동백섬 등대

해운대 해수욕장은 방금 돌아온 동백섬을 기점으로 우리나라의 첫 번째 동해안 구역에 속한다. 동해안은 비교적 더 맑은 물과 더 깨끗한 모래로 평판이 나 있고 아직은 덜 개발되어 송도 해수욕장에 비하여 사람들이 더 선호하게 되어 오늘과 같이 발전하게 되었다. 오늘날의 해운대는 우리나라 최고급 아파트가 들어서고 최고 시설의 백화점이나 회의장 전시장 등 사회 기반 시설도 잘 갖추어지게 되어 최고의 주거지역 및 관광지가 되었다. 세계 최대의 백화점, 우리나라 최고급에 속하는 아파트촌, 최고 시설의 요트 계류장 시설, 최고 시설의 각종 편의 시설 등이 속속 들어서 있는 해운대는 부산을 넘어 전국 최고의 명소가 되고 있고 길거리에는 외국인들이 흘러넘치고 있다.

그런데 이렇게 유명한 해운대의 백사장이 자꾸 유실되고 있다는 사실을 생각하면 안타깝기가 그지없다. 그래서 부산시가 해마다 엄청난 양의 모래를 옮겨와서 여기 이 해운대 백사장에 투입하고 있다. 그리고 바닷속에 모래 유실 방지를 위한 보까지 설치했다고 하니 문제가 제법 심각한가 보다. 가만히 놓아두면 해운대 백사장의 폭이 점점 줄어들어 해수욕장 구실을 못 할 수도 있기 때문에 막대한 비용을 들여서라도 모래를 투입하지 않을 수 없다.

그런데 백사장의 모래가 왜 자꾸 사라지는가? 그것은 아주 간단하다. 해안선의 모양을 자꾸 인간들이 바꾸고 변형시키기 때문이다. 토양 유실을 막는다는 핑계로 제방을 쌓고 리조트 개발을 위해서 사구를 제거하고 건물을 짓고 해안의 해송 숲을 제거하고 도로를 만드는 등 해안선을 자꾸 괴롭히고 있을 뿐만 아니라 바닷속에서 막대한 양의 모래를 퍼 올려서 공사장으로 보내기 때문이다. 육지로부터의 자연스러운 모래 공급 원천은 차단하고 자꾸 강제로 바다의 모래를 강탈하고 있으니 바다인들 가만히 있겠는가 싶다. 억지로라도 해수욕장의 모래라도 가져가고 싶을 것이다.

이런저런 생각을 하면서 해운대 백사장을 걷다 보니 벌써 백사장의 끝 미포항에 다다르게 된다. 이 미포항 선착장에서 배를 타고 오륙도 관광이나 태종대 관광을 할 수 있다. 하지만 우리는 길을 물어 달맞이 길로 걸어갈 것이다.

걸어가다 보면 달맞이길로 접어들고 잘 가꾸어진 가로수 길이 나온다. 이 달맞이 길은 해운대 명소들 가운데 하나로서 많은 사람들이 찾아오는 언덕길이다. 수많은 고급 레스토랑과 카페들이 주위에 즐비하고 고급 빌라촌과 고층아파트 촌이 형성되어 있다. 왜냐하면 이곳에서의 풍광이 이태리 나폴리를 능가할 정도로 뛰어나기 때문이다. 검푸른 동해와 점점이 떠 있는 오륙도 섬, 멀리 내다보이는 태종대 해식애 절벽, 그리고 멋진 야경을 자랑하는 광안대교 등 이 모든 뷰(view)를 한눈에 다 볼 수 있는 곳이기 때문이다.

이 가로수 길을 계속 걸어가다 보면 언덕길의 정상 부근에 이르게 되고, 그 정상에는 멋진 정자가 풍광을 더욱 멋지게 하고 우리를 맞이할 것이다. 이제 조금 더 내리막길로 내려가다가 청사포로 빠지는 넓은 길이 있지만, 그 길을 놔두고 정자 조금 못 미치는 곳에서 해송 숲으로 이어지는 걷기 길이 새로이 조성되어 있다. 울창한 해송 숲 사이로 난 이 길은 정말로 한적한 숲속 느낌과 함께 싱싱한 동해의 풍광을 함께 느낄 수 있는 곳이다. 물론 이 숲속에서는 해송뿐만 아니라 사스레피나무를 비롯한 다양한 종류의 수종을 만날 수 있다.

그중에서 가장 특이한 나무가 있다. 이름도 참으로 특이한 젖꼭지 나무다. 꽃도 아름답고 열매도 식용이 가능한 특이한 토종 들꽃나무다. 무화과 과에 속하는 우리나라 고유종 나무로서 야생 무화과라고 보면 정확할 것이다. 보통 우리가 무화과라고 하면 중동 지역 원산의 커다란 열매를 연상할 수 있지만, 우리나라 토종 무화과인 젖꼭지 나무는 축소된 무화과로 보면 정확할 것 같다.

왜 하필이면 그 많고 많은 명칭 중에서 젖꼭지 나무라고 이름을 지어주었을까? 그것은 아주 단순하고 간단하다. 생긴 모양이 꼭 그러하기 때문이다. 이제 갓 아이를 생산한 젊은 새댁의 젖꼭지를 닮아서 도톰하고 봉긋 솟아있어서 처음 본 사람도 분명 그렇게 느낄 것이다. 그런데 정말로 더 놀라운 것은 이 열매를 누르거나 따면 정말로 젖과 같이 하얀 액체가 나온다는 사실이다. 그래서 우리 조상들이 아마도 확신을 하고 그렇게 이름을 지은 것 같다. 사실 입에 올리기 좀 쑥스럽지만 그래도 들꽃의 이름이니 그냥 마음 편하게 불러 보았다.

이 걷기 길을 따라 청사포까지 이어진 숲길을 걷다 보면 수많은 젖꼭지 나무를 만날 수 있다. 무슨 계절에 가느냐에 따라서 약간의 차이는 있겠지만 꼭 꽃이나 열매를 보려면 봄철부터 여름철 사이에 가보면 될 것이다.

젖꼭지 나무는 높이는 8m 정도까지 자란다. 회갈색의 줄기와 10~20cm 정도 크기의 잎은 앞면이 짙은 녹색이고 뒷면은 비교적 연한 녹색이다. 암꽃 수꽃이 다르게 달린다. 수꽃은 원통형 이삭 형태이고 암꽃은 하나씩 잎겨드랑이에 달린다. 열매는 익으면 먹을 수 있고 달달한 맛이 난다.

해운대 백사장 끝에 있는 미포항에서 앞에서 말한 것처럼 달맞이 길로 접어들지 말고 옛 동해남부선 철길을 따라 걸어가는 철길 산책로도 보존되어 있다. 이 옛 철길을 따라 걸어서 청사포로 갈 수도 있는데 그 위의 해송 숲 걷기 길과 평행을 이루고 있어서 비슷한 풍광을 즐길 수 있지만 조금 더 낭만적인 걷기 길을 원하면 옛 동해남부선 철길을 권하고 싶다. 젖꼭지 나무를 만나기 조금 더 쉬운 곳이 바로 이 철길 산책로이다. 철길은 최대한 동해안에 접하여 달리고 있어서 더욱더 아찔함과 생생한 풍광을 즐길 수 있다.

이 철길을 따라 걷다 보면 바다가 접한 곳곳에 과거 군사정부 시절 철통같은 경계 태세를 유지하기 위해 조성된 간첩의 육지 접근 방지용 초소 잔해들이 널려 있다. 그중에서 제일 돋보이는 지점에 과거의 초소 터가 나온다. 그곳이 이 철길 걷기 길의 핵심적인 포인트가 된다. 이곳에서 동해를 내려다보면서 호연지기도 맛보기 바란다. 물론 이 포인트에도 젖꼭지 나무가 몇 그루 자라고 있다.

드디어 도착한 청사포(青沙浦)는 아마도 부산 지역에서 가장 깨끗한 청정지역 가운데 한 곳이다. 과거에 얼마나 이곳의 모래가 깨끗했으면 푸른색이 나는 모래라고 하여 청사포라고 이름을 붙여주었을까 싶다. 맑은 바다와 깨끗한 주위 산으로 인해 아늑하고 청정한 느낌을 주는 조그마한 어항이다. 그러나 지금은 어항의 기능보다는 카페와 레스토랑 등으로 젊은이들이 많이 붐비는 장소가 되었다. 청사포에서 싱싱한 회를 즐기거나 조개구이로 긴 여정의 마무리를 하는 것도 좋을 듯하다.

XII.
이차돈의 전설을 따라 백률사(栢栗寺) 가는 길

✱ 1. 백률사(栢栗寺) 전설(傳說)

경주 시내의 동쪽 석탈해왕릉과 경주 이씨(李氏)의 시조 이알평 공을 모시는 표암제와 가까운 곳에 소금강이라 불리는 야트막한 야산이 있다. 경주 포항 간 국도로 들어가기 직전이며 경주 감포 간 국도를 약간 비켜선 자리에 있다. 고구려에서 전해져온 불교를 받아들이느냐 마느냐를 두고 신라가 한창 분분한 의견으로 시끄러울 때 나타난 이차돈의 순교로 마침내 신라에서 불교가 공인되고 공식화되어 널리 귀족과 민간에게도 전파되게 되었다는 전설 같은 이야기는 아마도 모두 다 잘 알고 있을 것이다. 어느 시대 어느 지역이든지 언제나 선구자는 어려운 고비를 맞이하게 되고 그 고비를 이기고 넘어서면 승리자가 되고 못 이기면 실패자가 되지만 먼저 간 길을 후세인들이 기억해 줄 만큼 선각자들의 족적은 크게 보이기 마련이다.

원래 삼국시대 초기까지 우리나라에서는 산신령, 삼신할매, 용왕신, 바위신, 당나무 수호신 등등 수많은 신령들에 대한 민간 신앙이 널리 퍼져 있었다. 물론 이러한 민간 신앙이 일본으로 전파되어 일본의 '신교'로 발전되어 역으로 일제강점기 때 우리나라에 다시 들어와서 우리를 괴롭혔던 '거꾸로의 역사'도 있었지만, 그 기원은 역시 우리나라다. 일본의 고사기에 따르면 신들이 사는 고천원(高天原)에서 천조대신 아마테라스 오미카미, 가미, 스사노오 미코토 등의 신들이 하늘에서 내려와 천지개벽을 이루고 결국 아마테라스의 손자 니니기가 가야 세력을 데리고 왜열도의 큐슈지방으로 정착하고, 아마테라스의 남동생 스사노오가 신라 세력을 이끌고 혼슈지방의 이즈모 지역으로 내려와서 각기 땅을 개척하다가 니니기의 후손(손자) 1대 왕 신무가 야마토 왜를 개창 했다고 한다. 정권 싸움에서 아마도 졌을 스사노오는 신라 세력들과 함께 신을 섬기는 임무를 맡아 그때부터 신궁과 신사를 관장하는 종교 지도자 집단이 된다. 물론 일본의 모든 신사나 신궁에는 겉으로는 천조대신 아마테라스를 모시지만, 사실은 모두 우리 민족의 영웅들을 주신으로 모시고 있다. 가야신, 백제신, 신라신 그리고 고구려 신들이 모두 신사나 신궁의 주신으로 섬겨지고 있다.

백률사

그런데 고구려, 백제, 신라 삼국이 초기 고대국가의 틀을 벗어나 강력한 중앙집권적 고대 왕국으로 거듭나기 위해서는 하나의 이데올로기로 전 국민을 하나로 묶어둘 필요가 있었고 마침 중국으로부터 전파되어 들어온 불교가 그 중요한 이념의 자리를 차지하게 되었다. 그러나 처음부터 백성들은 이 외래종교인 불교를 터부시하고 잘 따르지 않았던 것 같다. 여전히 백성들은 자신들의 집단 -

씨족, 부족, 지역마다 다른 -기존의 삼신, 산신령을 비롯한 기존의 신교 신앙을 지키고 생활하던 차에 정권을 가진 지배 세력들이 불교를 이용하여 하나의 이데올로기로 통합할 필요성을 느끼고 이를 잘 활용했던 것 같다. 하지만 그 과정에서 기존의 질서와 배치되는 신흥종교인 불교는 많은 저항에 부딪히고 결국 어떠한 형태로든 어느 정도의 희생을 거쳐서 불교가 대중들에게 받아들여진 것으로 보인다.

백률사 부도

그 증거로서 우리나라의 모든 절에 가면 아직도 산신각이라는 전혀 불교와는 맞지 않는 전각이 있다. 본래의 불교 교리에는 산신령 개념은 없다. 단지 불교가 우리나라로 들어올 당시의 민중들이 믿고 있던 민간 신앙의 대표적인 대상인 산신령을 불교사원 안에 들여앉힘으로써 민중들이 거부감을 느끼지 않고 쉬이 절을 찾아오게 하는 도구로 활용했던 것이다. 그래서 오늘날에도 절에 가면 쉽게 산신각을 만날 수 있다. 꼭 한 번 확인해 보기 바란다. 즉 이러한 삼신이나 산신령을 신앙의 대상으로 모시던 우리의 전통 종교가 가야, 신라, 백제, 고구려의 이주민들과 함께 왜열도로 전파되어 그들의 토속 종교화하였다.

"내 목을 잘라보라. 그러면 분명히 하얀 피가 솟아날 것이고 이는 곧 부처님의 능력을 증명해 보이는 기적이니, 이후로는 불교를 숭상해야 할 것입니다."라는 말을 남기고 정말로 자신의 목을 치게 하니 과연 그의 예언대로 목에서 흰 피가 솟아 나옴에 모두 놀라며 과연 그를 우러러 왕부터 시작하여 모든 대신들이 불교를 받아들이게 되었다고 하는 옛날이야기를 어릴 때 향토 역사에 일가견이 있었던 부친[23]께 수없이 많이 들어서 필자의 머릿속에서는 마치 정설처럼 굳어져 버렸다. 이 이야기가 사실인지 신화인지는 중요하지 않다. 외래종교인 불교가 정착하기 위해서는 뭔가 극적이고 신비적인 반전 카드가 필요했을 것이고 그래서 자연스럽게 생겨난 멋진 드라마였을 수도 있을 내용이 중요한 것이다. 그때 이차돈의 하얀 피가 솟구쳐 가장 멀리 날아간 곳이 바로 지금의 백률사가 있는 자리라고도 하였다. 그것을 기념하여 그곳에 절을 세웠다고 전한다. 물론 어릴 때 자주 들었던 전설 같은 이야기다.

헤르만 헷세의 성장 소설 '싯다르타(Siddhartha, eine indische Dichtung)' 속에 나오는 주인공 싯다르타는 가장 고귀한 계급인 브라만 계급의 풍요와 부러움을 다 버리고 친구인 고빈다와 함께 영원한 깨달음을 찾기 위하여 사문이 되어 고행의 길로 들어선다. 몇 년간의 산속 고행을 하던 중 드디어 큰 깨달음을 얻어서 고귀한 존재가 된 고타마 부처님 소식을 듣고 찾아가서 그의 설법을 듣고 크게 감화받아서 친구 고빈다는 부처님의 제자로 귀의하여 수행을 계속하지만, 주인공

---

23) 경주 지역 향토사학자 이삼우(1928~1984)

싯다르타는 스스로 깨닫지 못하고 설법을 듣거나 교육을 통해서는 결코 완벽한 깨달음은 있을 수 없다는 자신의 신념에 따라 또다시 고행의 길로 들어선다. 시대 최고의 미인 카말라를 만나 육체적 사랑을 하여 아들을 얻고, 거상(巨商) 카마스와미를 만나 큰 재산가가 되어 온갖 영화를 누리기도 하고, 도박과 음주가무의 혼란에 스스로 빠져 타락도 해보며 온갖 인생의 길들을 체험한다. 그러다 결국 마지막에 어느 강가에 이르러 과거 잠시 인연을 맺었던 바주데바라는 사공을 만나 강물이 주는 무언의 가르침을 통해 진정한 깨달음을 얻게 된다.

주인공 싯다르타의 깨달음은 진정한 진리의 깨달음은 결코 누구의 가르침이나 교육을 통해서 얻어지는 것이 아니라 오로지 스스로 하는 성찰을 통해 순 진리를 깨달음으로써 이루어진다는 것이리라. 이차돈의 희생이 아무리 소중하고 의미 있다고 하더라도 결국은 내가 직접 경험해 보고 체험해 보지 못한 것은 나 자신에게는 그렇게 절대적인 의미를 지닐 수는 없는 것이다.

물론 신라의 이차돈 역시 분명히 나름의 사색과 정진을 통해 자신의 내면에 존재하는 몇 개의 - 혹은 두 개의 - 자아를 끌어내어 끝이 없어 보일 것 같은 번민과 고뇌의 과정을 겪으면서 나름의 결론에 도달하여 생과 사가 하나가 되는 깨달음의 경지에 이르게 되었을 것이다.

시간(時間)이란 본래 존재하지 않는다는 깨달음을 얻기까지 그 길고도 고통스러운 번뇌의 과정을 겪은 싯다르타처럼 이차돈 역시 자신의 신념을 위해서 목숨을 바칠 수 있다는 것은 우리가 철석같이 믿고 있는 시간이라는 개념을 이미 존재하지 않는 것으로 받아들이고 스스로 체험적으로 깨달았다는 것이다. 과거, 현재, 미래가 결국 하나인데 시간이 어찌 존재할 것이며 시간이 존재하지 않는데 어찌 삶과 죽음이 다를 수 있겠는가? 하여 자신의 신념을 위하며 목숨조차도 버릴 수 있지 않았을까? 우리 같은 범인(凡人)들이 어찌 그 심오한 깨달음을 충분히 이해할 수 있으랴만, 그런 삶 또한 의미 있지 않을까 짐작 정도는 할 수 있으리라.

여하튼 분명하지는 않지만, 백률사는 다른 이름으로 자추사(刺楸寺)라고도 불리는데, 정확한 창립 일에 관한 기록이 남아 있지 않다. 그러나 이 절의 대웅전 안에는 이차돈(異次頓)의 공양석당(供養石幢)이 봉안되어 있었던 것으로 보아서 분명히 당시 새로운 종교인 불교를 신라의 국교(國敎)로 세우기 위해 순교한 그의 희생을 기리기 위해 건립한 절로 여겨진다. 이러한 순교의 역사를 추정해 보면 그 건립 시기가 아마도 신라 제23대 법흥왕(法興王) 15년 때인 527년쯤이라 추정된다. 물론 이차돈이 순교한 장소는 흥륜사로서 신라 최초의 절이었다. 물론 그 절은 이차돈이 세웠고 이후 신라불교 중흥의 시발점이 되었다. 법흥왕과 그 뒤를 이은 진흥왕도 퇴위한 뒤 잠시 흥륜사에서 중이 되어 불도를 닦았다고 한다.

✿ 2. 오동나무꽃

이 절에 오를 때는 꼭 산기슭 초입에 있는 주차장에 차를 두고 산길을 걸어서 올라가 보기 바란다. 백률사까지 오르는 길은 비교적 짧은 길이지만 이 지방에서는 소금강산이라고 불리는 산으로서 근동의 수많은 등산객이 반드시 거쳐 가는 유명한 등산 코스의 입구이므로 한번 걸어서 가보면 가벼운 트레킹이 주는 쾌감에 더하여 신라인들의 정취가 물씬 풍겨오는 느낌을 느낄 수 있을 것이다.

오동나무

자 이제 차를 주차했으니, 소금강산의 백률사로 오르는 등산길을 따라 올라가 보자. 입구에는 밭이 하나 있는데 그 밭의 도로 쪽 끝부분에 큰 오동나무가 한 그루 서 있다. 해마다 이곳을 자주 찾아가는 필자는 오동나무의 꽃을 유심히 보고, 또 떨어진 오동나무꽃을 주어서 만져보고 냄새를 맡아보기도 했는데 그런 경험은 아마도 이곳에 오면 으레 하는 습관이 되었다. 우리나라는 예부터 어느 집에서 딸아이가 새로이 태어나면 그 아이의 아버지나 할아버지가 집 근처에 오동나무를 심어 그 아이가 자라서 시집갈 때를 대비했다고 전한다.

그래서 아이가 자라면 그와 동시에 오동나무도 함께 자라서, 그 여자아이가 어린 티를 벗고 어느덧 성숙하여 시집을 갈 때쯤이 되면 제법 많이 자라서 훌륭한 목재로 쓰이게 되었다. 얼마나 오동나무가 빨리 자라는지 한 여름철에 어린 오동나무 묘목이 자라는 것을 한 번이라도 본 사람이면 깜짝깜짝 놀란 경험을 해본 사람들이 많을 듯하다. 그래서 필자가 국민학교를 다닐 무렵에는 시골에 보리나 여타 곡식 대신 오동나무 묘목을 재배하는 농가가 제법 몇 군데 있었다. 어느 정도 묘목으로 자라면 캐어내서 시장에 내다 팔곤 했는데 곡식 농사보다는 수지가 더 좋았을 것이다.

어쨌든, 귀한 딸이 자라서 시집을 갈 때 장롱이 되어 함께 가야 하는 오동나무이기에 키울 때도 보통 정성이 아니다. 물도 주고 혹시나 병들어 죽을까 보냐 하고 정성을 들여 키웠다. 그래서 사람 사는 마을 근처 곳곳에, 민가가 있는 곳은 어디든지 아직도 오동나무가 잘 자라고 있다. 그래서 분명히 들판으로 보이거나 야산처럼 보이는 곳에 오동나무가 있으면 그곳에 거의 십중팔구 옛날에 집이 있었던 적이 있다는 물증이 된다.

물론 오동나무와 마찬가지로 분명히 야산인데 감나무가 자라고 있으면 그래서 가을이면 잘 익은 감들이 옹기종기 매달려 있으면 역시 그곳도 과거에 민가가 자리 잡았던 곳이다. 지금은 다 버리고 떠나 도회지로 나가버린 주인을 그리워하며 여전히 자라고 있는 오동나무와 감나무들은 과거의 그 북적거리던 사람들을 다 기억이나 하고 있을까! 지금이야 직접 장롱을 만들어 시집보내는 집이야 흔할까마는 옛 전통에 따라 심어지고 지금은 버려진 오동나무가 스스로 씨앗을 맺고 새로운 번식을 하여 여전히 그 멋진 연보라색 꽃을 피워 올리고 있다.

장(欌)이라 함은 장롱을 주로 일컬어서 하는 말이겠으나 장(欌)의 종류에도 아마 여러 가지가 있는 것으로 알고 있다. 우리가 흔히 듣는 말로는 수납장, 자개장, 장롱, 더 이상 생각이 나지 않지만, 그 밖에도 추측하건대 수많은 종류의 장(欌)이 있을 것이다. 시집가는 딸아이, 시집가는 손녀딸 아이를 위해 직접 정성으로 기른 오동나무를 잘라 장인에게 들고 가서 장롱을 주문해서 소중하게 딸아이, 손녀딸 아이와 함께 보내는 아버지, 할아버지의 그 고운 마음을 이해하기란 요즘 같은 세월에는 어쩐지 어려울 것 같아 아쉽기만 하다. 비록 실제로 오동나무로 장롱 만들어 시집 보내지 못하더라도 마음만은 오늘도 우리는 여전히 우리 조상들의 그런 정성으로 키우고 그런 정성으로 시집보내고 있지 않나 싶다. 또 오동나무로 만든 악기도 굉장히 고급으로 여겨졌으며 그 음색이 세월에도 굴하지 않고 끝끝내 자신의 원래 음으로 남아 있다고 전한다.

오동나무꽃

나는 많은 꽃을 만나고 관련된 다양한 경험을 해보지만, 그 많은 종류의 꽃들 가운데 특히 오동나무꽃을 굉장히 좋아한다. 오동나무는 아마도 우리나라의 꽃 중에서는 나무의 높이가 제일 큰 나무에서 달리는 꽃이 아닐까 싶다.

오동나무의 키는 상당하여 큰 것은 10m 이상이나 되는 것도 본 적이 있다. 그 높은 나무에서 그것도 여름이 시작되는 오뉴월에 나팔같이 생긴 연한 보라색 꽃을 소리 없이 뚝뚝 떨어뜨리는 오동나무는 분명히 점잖은 꽃이며, 꽃으로서는 드물게 나름 기품을 알고 있으며, 처연함도 알고 있으며, 그렇다고 불쌍하지는 더욱 않으며, 독야청청할 기백도 있어 보이며, 무엇보다 꽃이 가지고 있는 그 연한 보라색으로 인해 신비롭기조차 하다. 보라색이되 너무 짙어서 열정이 지나칠 듯해 보이지 않으며, 나무에서 떨어질 때는 결코, 요란하지 않아서 그 큰 덩치로 인한 위협도 전혀 느껴지지 않는다. 밑바닥에 구멍을 가진 채 떨어진 오동나무 꽃송이는 통꽃으로서 달콤한 향까지 가지고 이어서 땅을 기어다니는 개미들이 꿀을 즐길 수 있는 기회도 주는 것 같아 보인다. 주워서 한번 만져보라. 약간 끈적끈적한 느낌이 날 것이다. 전혀 무해하니 그냥 두어도 좋다.

그런데 이 오동나무 잎은 또 다른 용도가 있었다. 시골에 화장실이 개선되지 못했던 시절에는 수세식이 아닌 재래식 화장실이 대부분이었고 당연히 불청객 파리가 언제나 알을 낳으려 호시탐탐 달려들고 눈치껏 덤벼들기 마련이고 그 결과 화장실에는 언제나 구더기가 바글거렸다. 지금 이야기는 그렇게 오래전의 이야기도 아니다. 불과 30~40여 년 전 우리나라 시골 이야기이다. 이때 구더기를 한 방에 퇴치하는 방법이 몇 가지 있었는데 그중 한두 가지 소개한다면, 바로 오동나무 잎과 할미꽃잎을 화장실 안에 넣어두는 것이다. 순식간에 사라진다. 그 많든 구더기들이. 아마도 오동나무 잎의 특이한 냄새 때문인지 아니면 할미꽃잎에서 나오는 강력한 독성 때문인지 여하튼 한동안 평화가 찾아오고 다시금 화장실 가는 것이 모험이 아닌 일상이 된다. 말 그대로 우한을 비우는 해우소가 될 수 있다.

✼ 3. 굴참나무 숲을 지나 대나무 숲으로

신라 4대 석탈해왕 만큼 출신이 모호한 경우도 찾기 힘들 것이다. '들꽃 기행 I'의 '토함산의 봄' 부분에서도 밝혔듯이 어찌 보면 한 시대의 풍운아였던 석탈해 이사금이 잠들어 있는 곳이 바로 백률사로 가는 길의 초입 부분이다. 석탈해왕릉을 지나 곧바로 낮은 야산 쪽으로 방향을 틀면 백률사 가는 길로 들어선다. 입구에 백률사라는 표지가 있어 찾기 쉬울 것이다. 백률사 주차장을 지나 이 길을 따라 서서히 오르막길을 걸어 들어가면 제일 먼저 나타나는 것이 바로 동천동 마애삼존석불좌상이다.

백률사에 소속된 경상북도 유형문화유산 제194호인 이 유물은 자연석 바위에 새겨진 삼존불 좌상으로 신라시대 마애석불 연구에 귀중한 자료라고 한다. 통일신라시대 작품으로 생각되며 중앙에는 3미터 정도 높이의 여래상(如來像)이 위치하고 좌우에 각각 협시불(脇侍佛)이다. 이 삼존불을 찾는 사람들이 끊임없다. 아마도 영험한 불력이 있는지 아니면 오래전부터 민간 신앙의 대상으로 거추장스러운 예식(例式)을 따르지 않고 자유롭게 소원을 빌 수 있어서 자연히 찾는 발길이 이어진다. 그래서 그런지 이 삼존불 앞에는 촛불이 끊임없이 불타고 있어서 무슨 소원을 이루려고 하는지 연일 촛농을 흘리며 타오르고 있다.

   삼국 중 신라에 불교가 가장 늦게 전파되었다고 한다. 늦은 국가 출발도 그렇지만 신라는 처음부터 귀족들 특히 육촌장들의 힘이 강했다. 이들이 신앙으로 한 것은 삼신교 즉 오늘날 일본 신도의 원형이었다. 그래서 삼신을 비롯하여 산신령 혹은 영험한 자연물을 대상으로 공을 들이고 신앙했다. 그래서 아마도 불교가 처음 신라로 들어왔을 때 토착민들이 쉽게 불교를 받아들이도록 기존의 영험한 바위 등에 부처를 조각해서 자연스럽게 불교가 토속 종교에 스며들게 하지 않았을까 필자는 생각한다.

   이 삼존불좌상을 둘러싸고 있는 숲은 굴참나무 숲이다. 흔히 참나무라고 부르는 6가지 나무 무리 중에서 굴참나무의 특징이 가장 돋보인다. 그것은 바로 참나무 종류 중에서 가장 껍질이 두껍다는 점이다. 그래서 예부터 화전민들이 사는 깊은 산골에서는 굴피집을 짓는 데 이 나무껍질이 사용되었다. 이 나무의 껍질이 서양에서는 코르크로 사용되기 때문에 당연히 방수 효과가 뛰어나서 지붕 재료로 사용되어도 좋았을 것이다. 오늘날에도 포도주병의 안쪽 마개의 재료로 사용된다. 부드럽고 가벼우며 방수가 뛰어나고 또한 참나무 향기도 가지고 있기 때문에 널리 사용된다.

굴참나무

 이곳 굴참나무 숲은 전체적으로 삐죽하게 크게 자란 굴참나무로 이루어져 있지만, 각각 나무들의 둥치가 그렇게 굵은 편은 아니다. 딱정벌레, 개미, 하늘소, 사슴벌레를 비롯하여 온갖 종류의 산 벌레들이 굴참나무의 수액을 얻어먹으려고 굴참나무 둥치를 오르락내리락 분주히 오가는 것을 볼 수 있을 것이다. 특히 힘이 무척 세서 자신의 몸무게보다 무거운 돌도 들어 올릴 수 있는 하늘소나 뺀질뺀질한 껍질에 윤이 나는 사슴벌레들도 한몫 끼어서 찾아든다.

 우리나라 사람들에게 있어서 예부터 가장 많이 사랑받아 온 나무답게 '정말로 나무다운 나무'라서 '참나무'란 이름을 부여받은 무리에 속한다. 참다운 나무라면 과연 그 의미를 잘 알 것이다. 나무 중에 진짜 나무요, 나무 중에 제일 중요하기 때문에 참나무라고 했을 것이다. 먼저, 참나무 숲은 그 어느 다른 나무로 구성된 숲보다 더 맑고 신선한 공기를 풀어내어 삼림욕을 가능케 해준다. 다음으로, 흉년이나 가뭄이 들어 농사를 망치게 될 때 가장 손쉽게 의존할 수 있는 도토리를 제공해 주는 귀중한 나무로서 구황식품의 보고였다. 세 번째로, 다른 나무들이 대체로 삐뚤삐뚤 굽어가며 자라는 데 비해 참나무류의 나무들은 변함없이 곧게 자란다.

대나무숲

이렇게 참다운 삼림욕을 하면서 굴참나무 숲을 지나면 바로 경주 사람들이 금강산(金剛山)이라고 부르는 산 초입에 이르게 되고 이제는 대숲이 나온다. 좁은 길 양편으로 빽빽이 들어선 대숲은 '솨아 솨아'하는 소리를 내면서 몸을 흔들고 찾아드는 사람을 맞이한다. 기다리고 있었다는 듯이 어서 오라고 온몸으로 손짓을 하며 반긴다. 아마도 한적한 숲에서 외로이 기다리다 지쳐서 그럴지도 모르겠다.

이 대숲은 얼마 전에 새로이 길을 단장하면서 약간 좁아졌지만, 여전히 그대로의 모습을 간직하고 있다. 흔히 왕대라고 하는 대나무로 이루어진

이 대숲은 백률사를 찾는 이들의 머리를 식혀주기에 딱 안성맞춤인 곳이다. 가지고 있던 모든 번뇌를 잠시라도 씻어버리고 대숲이 시키는 대로 머릿속을 비우면 한결 가벼운 마음으로 백률사로 간다. 26살의 젊은 이차돈(異次頓)의 생각이 자신의 생명과 나라의 불교 포교라는 막중대사 사이를 오고 가며 가졌던 번뇌를 생각하면서 한 사람의 위대한 결단을 생각하면서 걷다 보면 나의 작은 번민과 고뇌는 필부의 하잘것없는 것이 되고 이내 마음이 진정되어 갈 것이다.

들꽃 기행 2

초판 1쇄 인쇄 2025년 6월 17일
초판 1쇄 발행 2025년 6월 27일

지은이   이상열

펴낸이   김지홍
디자인   최이서

펴낸곳   도서출판 북트리
주소   서울시 금천구 서부샛길 606 30층
등록   2016년 10월 24일 제2016-000071호
전화   0505-300-3158
팩스   0303-3445-3158
이메일   booktree11@naver.com
홈페이지 www.booktree11.co.kr

정가   25,000원
ISBN   979-11-6467-187-8 (03810)

- 이 책은 저자권에 등록된 도서로 저작권법에 따라 무단전재 및 복제와 인용을 금지합니다.
- 이 책 내용의 전부 및 일부를 이용하려면 저작권자와 도서출판 북트리의 서면동의를 받아야 합니다.
- 잘못된 책은 구입하신 서점에서 바꾸어 드립니다.